降本增效

增效

企业全流程
精益运营实战

视频版

杨华 —— 主编

化学工业出版社

·北京·

内容简介

　　《降本增效：企业全流程精益运营实战（视频版）》是一本聚焦企业绩效优化与成本控制的实战指南。全书分为上、下两篇，上篇"聚焦绩效：优化管理，业绩飞跃"深入剖析绩效管理与业绩增长的关系，通过搭建高效绩效体系、目标锁定与战略解码、增量收益与奖金激励机制设计、绩效考核科学推行等章节，系统阐述如何通过精准的绩效管理驱动企业业绩飞跃。下篇"成本控制：精简冗余，盈利倍增"则从研发、采购、生产、物流、销售、人力及财务等全流程角度，提出了一系列切实可行的成本控制策略，助力企业精简冗余、盈利倍增。

　　本书特色鲜明，一是内容全面且实战性强，覆盖企业运营的各个环节，提供大量范本与实例，便于读者直接应用；二是结构清晰，逻辑严谨，从理论到实践，层层递进，易于理解；三是融入视频元素，通过视频讲解，使复杂的管理概念与操作方法更加直观易懂，提升学习效率与效果。

　　本书适合企业管理者、企业部门负责人、企业运营及财务人员等阅读，无论是希望提升企业绩效、优化成本结构的创业者，还是寻求职业发展、提升管理能力的职场人士，都能从中获得宝贵的启示与实用的方法。

图书在版编目（CIP）数据

　　降本增效 ： 企业全流程精益运营实战 ： 视频版 ／杨华主编． -- 北京 ： 化学工业出版社，2025．9．
ISBN 978-7-122-48429-1

　　Ⅰ．F275.3

　　中国国家版本馆CIP数据核字第2025JM1004号

责任编辑：陈　蕾	装帧设计：溢思视觉设计／程超　E-mail: isstudio@126.com
责任校对：李　爽	

出版发行：化学工业出版社（北京市东城区青年湖南街 13 号　邮政编码 100011）
印　　装：三河市双峰印刷装订有限公司
787mm×1092mm　1/16　印张 16　字数 323 千字　　　2025 年 10 月北京第 1 版第 1 次印刷

购书咨询：010-64518888　　　　　　　　　售后服务：010-64518899
网　　址：http://www.cip.com.cn
凡购买本书，如有缺损质量问题，本社销售中心负责调换。

定　　价：88.00 元

前言

制造业作为国家的基石，承载着立国、兴国、强国的重任。构建具有全球竞争力的制造业体系，是提升国家综合实力、核心竞争力，确保国家安全，推动可持续发展的关键路径。近年来，中国制造不仅在数量上实现了飞跃，在质量上也取得了显著进步。然而，面对日益激烈的市场竞争和不断变化的市场格局，中国制造正面临严峻挑战，亟须向中高端产品与市场转型。

若想在激烈的市场竞争中崭露头角、站稳脚跟，中国制造必须紧握两大法宝——可靠的品质与合理的成本。这就要求我们从硬件、软件两大维度发力。对于硬件而言，加大对前沿生产工艺与先进生产设备的投入力度，是提升产品质量、提高生产效率的关键；聚焦软件层面，全面普及卓越绩效、六西格玛、精益管理、质量诊断、质量持续改进等先进的生产管理模式与方法，注重优化内部管理策略、强化管理能力，可为产品质量进阶与生产效率跃升注入动力。

精益管理理念尤为重要，其倡导企业以最精简的资源投入，涵盖人力、设备、资金、物料、时间以及空间等要素，创造最大化的价值产出，为客户呈现新颖的产品与高效及时的服务。虽说精益管理的终极目标是企业利润最大化，但在实际管理中，企业应将更多的精力放在消除生产环节的各类浪费现象上，使成本管控实现极致优化。

《降本增效：企业全流程精益运营实战（视频版）》一书以深入浅出的内容、浅显易懂的语言，为读者提供一份实操手册。全书分上、下两篇，上篇"聚焦绩效：优化管理，业绩飞跃"，下篇"成本控制：精简冗余，盈利倍增"，以直观鲜活、图文并茂的形式，全方位、深层次地剖析企业增效降本的精要与细节，将抽象的管理理论转化为易于操作的实用指南，旨在为广大读者呈现一份完备翔实、极具深度的学习宝典。

本书随书附赠杨华老师的讲课视频（共计 9 个），读者可以手机扫描前后勒口二维码，随时随地观看学习。

由于编者水平有限，书中难免存在疏漏。我们诚挚地邀请读者提出宝贵的意见和建议，帮助我们不断完善和提升。

编者

目录

上 篇
聚焦绩效：优化管理，业绩飞跃

导读　绩效引擎：精准驱动业绩增长 ···002

一、绩效管理与业绩增长的关系 ··002

二、五大导向力促进业绩增长 ··004

第一章　搭建高效绩效体系 ···008

第一节　高效绩效体系概述 ··008

一、明确体系目标，引领绩效方向 ····································008

二、了解体系组成，洞悉运作机制 ····································009

三、梳理设计思路，构建科学框架 ····································009

四、遵循构建原则，确保体系质量 ····································010

第二节　流程精细构建，推动有序管理 ····························013

一、科学制订绩效计划，锚定工作方向 ····························014

二、强化绩效实施管理，保障目标达成 ····························016

三、严格开展绩效评估，确保客观公正 ····························017

四、深入推进绩效反馈，促进有效沟通 ····························018

五、持续推动绩效改进，实现螺旋上升 ····························019

第三节　甄选绩效评价法，保证公平透明 ····························021

一、图尺度评价法：简洁直观的绩效度量 ····························021

【范本 1-1】某企业图尺度评价法示例 ···················· 023

二、关键绩效指标法：聚焦关键驱动绩效 ···················· 024

三、目标管理考核法：以目标为导向的绩效管理 ···················· 026

四、360 度绩效评价法：全方位多视角的绩效审视 ···················· 028

五、行为锚定等级评价法：行为导向的精准评估 ···················· 030

六、强制分布法：正态分布下的绩效排序 ···················· 031

【范本 1-2】某企业关键绩效指标词典 ···················· 033

第二章　目标锁定：精准指导战略解码 ···················· 040

第一节　企业战略解码的工具 ···················· 040

一、平衡计分卡（BSC） ···················· 040

二、杜邦分析法 ···················· 042

第二节　科学拆解，步步为营 ···················· 043

一、梳理企业战略 ···················· 043

二、绘制战略地图 ···················· 044

三、识别战略主题 ···················· 046

四、制定战略目标（年度经营目标） ···················· 047

【范本 2-1】某公司年度目标体系 ···················· 048

第三节　业务融合，目标无缝对接 ···················· 048

一、部门绩效目标设计 ···················· 048

【范本 2-2】海外销售部 ×× 年度经营目标 ···················· 056

二、岗位绩效目标设计 ···················· 056

第三章　增量收益与奖金激励机制设计 ···················· 059

第一节　增量绩效概念解析 ···················· 059

一、增量绩效的定义 ···················· 059

二、增量绩效管理的思维 ···················· 060

三、增量绩效的评估方法 ···················· 060

四、增量绩效激励导向 ···················· 061

第二节　增量收益源开发策略 ···················· 062

一、增量收益源的定义 ···················· 062

二、增量收益源的类型 ·· 062

三、增量收益源的评估 ·· 063

【范本3-1】某企业事业部增量收益源评估 ·········· 066

四、各部门增量收益源实例展示 ······························ 068

五、增量收益源评估实用表单 ································· 070

第三节　增量绩效机制 ··· 072

一、增量绩效制整体思路 ····································· 072

二、增量绩效制设计步骤 ····································· 072

三、部门增量绩效设计 ······································· 076

第四章　绩效考核科学推行 ·· 092

第一节　收集整理考核数据 ··· 092

一、数据收集的基础工作——数据建模 ··················· 092

二、数据收集的要求 ··· 094

三、数据收集的内容 ··· 095

四、数据收集与统计的时间 ································· 095

五、数据收集的方法 ··· 097

六、数据的验证部门 ··· 100

七、数据的提报与汇总 ······································· 102

【范本4-1】某企业绩效数据规划与统计 ·············· 103

第二节　考核数据验证与评估 ······································ 107

一、进行考核数据验证 ······································· 107

二、绩效完成情况评估 ······································· 109

【范本4-2】总经理绩效考核得分表 ···················· 110

第三节　绩效考核数据分析 ··· 111

一、考核数据分析的目的 ····································· 111

二、考核数据分析的方法 ····································· 111

三、考核数据分析的流程 ····································· 112

四、绩效考核分析报告 ······································· 113

下 篇
成本控制：精简冗余，盈利倍增

导读　降本增效：成本控制，重塑利润格局············120

一、解密成本控制·····················120

二、成本控制，全员皆为关键推动者·············121

第五章　研发成本降低：企业发展的关键策略······122

第一节　设计决定产品的成本·············122

一、不控制研发成本的后果·············122

二、产品成本影响因素剖析·············124

第二节　基于生命周期的研发成本控制·········126

一、生命周期成本的概念·············127

二、生命周期成本的分类·············127

三、产品成本降低的关键在研发阶段········128

四、生命周期研发成本管理的关键········130

第六章　采购成本控制：企业成本控制的核心······137

第一节　采购成本降低概述·············137

一、采购成本观念转化·············137

二、采购成本降低的基础·············141

第二节　采购成本降低的方法·············143

一、运用 VA/VE 分析降低采购成本········143

二、基于产品周期成本的深度分析········144

三、借助目标成本法精准降低采购成本······146

四、推行早期供应商参与策略··········147

五、通过集权采购实现规模降本·········147

六、采用招标采购有效降低成本·········148

七、运用 ABC 分类法控制采购成本·······149

八、采取按需订货（Lot for Lot）降低成本····151

九、利用定量采购控制成本···········152

十、借助定期采购控制成本 ···················· 152

十一、运用经济批量采购法 ···················· 153

第七章　生产成本雕琢：细节之处见真章 ···················· 155

第一节　生产成本构成全面解析 ···················· 155

一、直接材料成本 ···················· 155

二、直接人工成本 ···················· 156

三、制造费用 ···················· 157

第二节　工艺优化驱动成本降低 ···················· 158

一、深度剖析现有工艺，挖掘成本降低潜力 ···················· 158

二、谨慎权衡新工艺引入的利弊，实现长期成本优化 ···················· 160

三、简化与优化流程，削减生产过程成本 ···················· 161

四、应用新技术，降低资源消耗与成本 ···················· 161

五、协同工艺优化与质量控制，确保成本与质量平衡 ···················· 162

第三节　物料管控精细化降本策略 ···················· 163

一、加强物料管理的基础工作 ···················· 163

二、库存管理精细化与智能化 ···················· 169

三、物料使用效率提升 ···················· 171

第八章　物流成本破解：智慧物流，成本骤降 ···················· 177

第一节　仓储革新，空间利用最大化 ···················· 177

一、合理规划仓库布局 ···················· 177

二、选用高效存储设备 ···················· 180

三、库存管理信息化 ···················· 182

四、仓储作业流程优化 ···················· 183

第二节　外包决策，智慧管理 ···················· 185

一、物流外包的优势 ···················· 185

二、物流外包的要点 ···················· 186

第九章　销售成本优化：精准营销，效益最大化 ···················· 188

第一节　销售渠道调整，销售成本降低 ···················· 188

一、调整销售渠道 ···················· 188

二、强化与合作伙伴的关系 ···················· 191

三、整合物流与供应链 ·· 192

四、加强销售数据分析与管理 ·· 193

第二节　促销分析，ROI 最大化 ·· 194

一、精准定位促销目标群体 ·· 194

二、合理规划促销资源投入 ·· 197

三、实时监测，灵活调整促销策略 ·· 199

四、活动后评估，再降促销成本 ·· 201

第十章　人力成本迷局破解：从节流到增值 ···························· 205

第一节　人力成本全面解析 ·· 205

一、深度剖析人力成本的构成 ·· 205

二、从"成本负担"到"价值源泉"的观念转变 ··················· 208

第二节　人力资源管理全过程降本 ·· 211

一、人力资源规划环节成本降低 ·· 211

二、招聘录用环节成本降低 ·· 214

三、培训与发展环节成本降低 ·· 217

四、绩效管理成本降低 ·· 220

五、薪酬福利成本降低 ·· 222

六、劳动关系管理成本降低 ·· 224

七、离职管理成本降低 ·· 226

第十一章　财务成本剖析：精打细算，积累财富 ······················ 229

第一节　资金成本，精细核算 ·· 229

一、优化资本结构 ·· 229

二、加强资金管理 ·· 231

三、合理使用金融工具 ·· 233

四、加强信用管理与合作 ·· 235

第二节　财务费用，严格管控 ·· 236

一、利息支出控制 ·· 236

二、手续费控制 ·· 239

三、汇兑损失控制 ·· 241

参考文献 ··· 244

上 篇

聚焦绩效：
优化管理，业绩飞跃

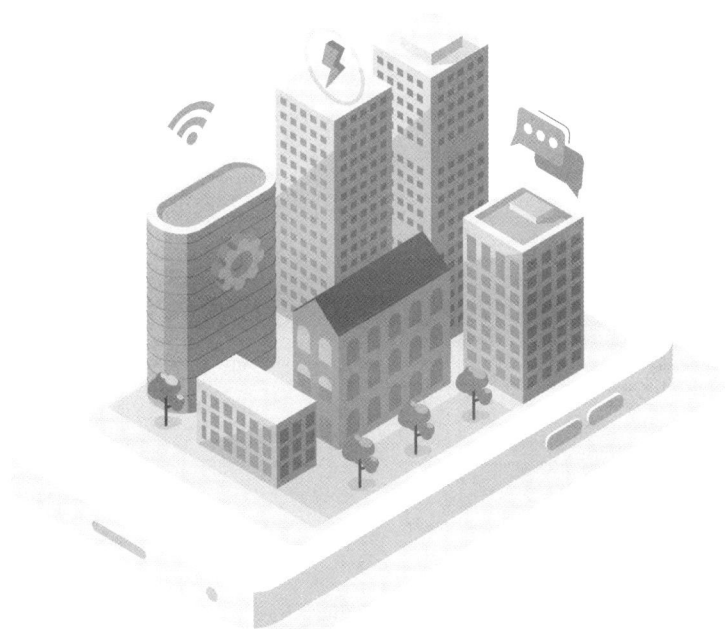

绩效引擎：精准驱动业绩增长

在当今竞争激烈的商业环境中，企业的核心目标之一便是实现业绩增长，而绩效管理在其中扮演着至关重要的角色，堪称业绩增长的强大引擎。

一、绩效管理与业绩增长的关系

绩效管理是实现业绩增长的重要手段，通过明确目标、激励员工、持续沟通、提升能力、优化资源、改进与创新等多个方面的作用（如下图所示），可为企业业绩增长提供全方位的支持和动力。绩效管理就像一台强劲的引擎，驱动着企业不断前进，实现业绩的持续增长。

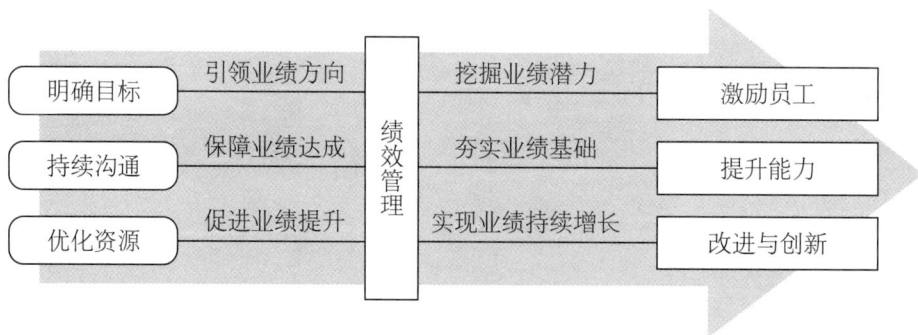

绩效管理是业绩增长的引擎

（一）明确目标，引领业绩方向

绩效管理的首要任务是将企业的战略目标进行拆解，并转化为各部门和员工的具体工作目标。通过这种层层分解的方式，可以让每一位员工都明确知晓自己的工作内容，从而使全体员工的工作方向与企业的战略目标保持一致。

例如，一家互联网电商企业制定了"年度市场份额提升20%"的战略目标，并通过绩效管理，将这一目标细化为市场推广部门的客户获取数量、销售部门的销售额增长率、客服部门的客户满意度等指标。在明确目标的指引下，员工的工作更具有针对性和方向性，企业资源投入也能更精准，从而为业绩增长奠定坚实基础。

（二）激励员工，挖掘业绩潜力

合理的绩效管理体系应建立有效的激励机制，充分激发员工的工作积极性和创造力。当工作成果与薪酬、奖金、晋升、荣誉等紧密挂钩时，员工会更有动力去提高业绩。

例如，某科技企业建立了项目创新奖励制度，对成功开发出具有市场竞争力的产品的团队，给予高额奖金和晋升机会。这一举措极大地激发了研发人员的工作热情，他们积极进行技术创新和产品优化，不断推出优质产品，提升了企业的市场竞争力，直接促进了企业业绩增长。据统计，在实施激励机制的一年里，企业的新产品销售额增长了30%。

（三）持续沟通，保障业绩达成

绩效管理强调持续沟通与反馈，这也是确保业绩目标顺利达成的关键。在绩效周期内，管理者应与员工进行定期沟通，了解工作中存在的问题，并为员工提供指导和支持，帮助员工及时调整工作方法和策略，避免出现工作偏差。

例如，一家制造企业的生产部门主管每周与员工进行工作进度沟通，发现某条生产线在生产效率上存在问题，通过分析，是设备老化和操作流程不合理造成的，因此及时进行了设备更新和流程优化，使该生产线的生产效率提高了20%，确保了生产任务按时完成，进而促进了企业业绩的增长。

（四）提升能力，夯实业绩基础

绩效管理不仅是对工作结果的考核，更是对员工能力的评估。通过绩效评估，企业能够发现员工的短板，并为员工制订个性化的培训和发展计划，帮助员工不断提升专业技能和综合素质。员工能力不断提升，能够更好地应对工作挑战，为企业创造更高的价值。

例如，一家连锁餐饮企业为员工定期开展服务技能培训和管理能力培训，并通过绩效管理来评估员工的学习效果和实践情况。经过一段时间的培训，员工的服务水平显著提高，顾客满意度大幅提升，企业的客流量和销售额也不断增长，从而为业绩增长奠定了坚实的基础。

（五）优化资源，促进业绩提升

通过绩效管理，企业能够对各部门和员工的工作情况进行全面、客观的评估。基于评估结果，企业可以将资源向业绩优秀的部门和员工倾斜，提高资源的利用效率。对于业绩不佳的部门，企业应进行深入分析，找出问题所在，合理配置资源，避免浪费。

例如，某企业在绩效评估中发现，某业务部门的投入产出比明显高于其他部门，于是加大了对该部门的投入，包括人力、资金和技术支持等，使该部门的业务规模迅速扩大，业绩快速增长。而对于另一个绩效不佳的部门，企业进行了资源整合和业务流程优化，最终提高了该部门的工作效率。

（六）改进与创新，实现业绩持续增长

绩效管理强调持续改进，通过对绩效结果进行分析和总结，企业可以发现业务流程、管理模式等方面存在的问题，并及时采取措施进行改进和优化。同时，还能鼓励员工提出创新的想法和建议，提高工作效率和质量。这种持续改进和创新的机制能够帮助企业不断适应市场变化，提升竞争力，实现业绩持续增长。

例如，某互联网公司通过定期绩效评估和数据分析发现，用户对产品的某些功能评价不佳，于是对产品进行了优化和升级，最终提高了用户满意度和市场份额，促进了业绩增长。

二、五大导向力促进业绩增长

在 HR 行业中，广泛流传着下图这样一个公式。

企业管理 ≈ 绩效管理 ≈ 人力资源管理

通过这一公式可以发现，绩效管理在企业管理体系中占据着核心地位。绩效直观反映了企业的业绩与效益，即企业的收入和利润，这也是企业经营的核心目标所在。而绩效管理的本质其实是对人的管理。因为，企业的所有事务最终都要靠人来完成，人在企业发展中起着关键的作用。然而，绩效管理绝不是简单地制定几张绩效考核表，它是一个基于目标管理的动态过程，要以人的价值创造为核心，以企业文化为导向，来实现企业利益最大化。

（一）价值导向

价值导向是绩效管理体系的核心。许多企业在开展绩效管理（目标考核）时，都会将经营目标尤其是财务指标，作为重要的依据，因为这体现了企业的基本价值。可以说，一个不创造价值、无法盈利的企业，在市场中是难以立足的。而没有价值导向的绩效管理，也会成为企业发展的阻碍。企业价值的实现，源于客户价值的满足，而客户价值的满足，又依赖于员工价值的达成。所以，企业价值、客户价值、员工价值，共同构成了绩效管理价值导向的"铁三角"，如下图所示。

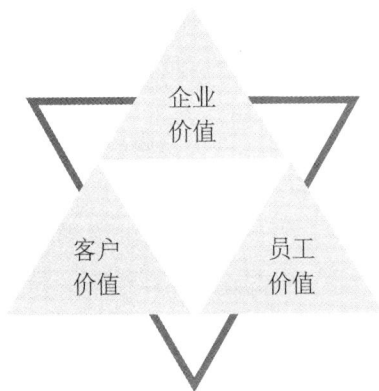

绩效管理价值导向的"铁三角"

平衡计分卡被誉为"最好用的绩效管理工具"，通过分析我们会发现，它的本质就是围绕企业战略目标进行的价值导向管理。在财务、顾客、内部过程、学习与创新这四个维度中，财务维度强调企业价值，如营业收入、利润率等指标；顾客维度聚焦于客户价值，如客户满意度、退货率等；学习与创新维度则关注员工价值，包括培训学习、知识分享情况等。此外，一些大型集团化企业可能还需要关注股东价值如投资回报率，以及社会价值如社会责任履行情况等内容。

（二）效率导向

价值导向的目标是"把蛋糕做大"，而效率导向则是"把蛋糕做好"。在"平衡积分卡"的内部过程维度中，生产周期、成本、新产品开发速度、合格率等指标，反映了企业内部运营的质量和效率，这正是效率导向的体现。企业应从研发、销售、生产、人力资源等多个领域入手，挖掘企业价值的驱动因素，构建适合自身发展结构的绩效管理模型。

对员工实施绩效管理时，很多企业采用"ABC模型"，即根据评分将员工划分为ABC三个等级，这也是效率导向的表现形式。它与GE公司前CEO杰克·韦尔奇提出的"活力曲线法"类似，都是根据"业绩—员工数量"维度构建正态分布图（如下图所示）。在这个分布图中，业绩排名前 20% 的是 A 类员工，业绩居中 70% 的是 B 类员工，业绩排在末位 10% 的是 C 类员工。GE 公司根据这条"活力曲线"实施"末位淘汰"制。而有些企业则借鉴"活力曲线"模型，进行绩效奖金分配或岗位调整。

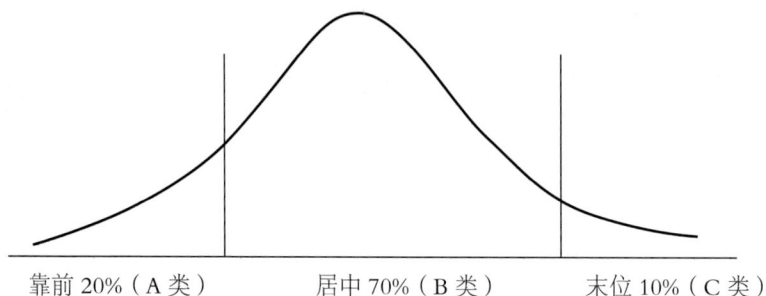

靠前 20%（A 类）　　　居中 70%（B 类）　　　末位 10%（C 类）

GE 公司的活力曲线示意图

另外，还有一种以"绩效—潜能"为维度构建的"九宫格"绩效分布图（如下图所示），对企业开展动态绩效管理和人才管理具有很强的指导意义。这两种方法都是高效的绩效管理工具，HR 可以根据企业自身的管理实际情况，参考运用。

	低 ← 潜能 → 高	
一般员工 对症下药	潜力员工 积极帮扶	明星员工 重点关注
问题员工 严厉督促	大众员工 奖罚并重	中坚力量 责任驱动
末位人群 淘汰对象	积极员工 培训提升	老练员工 职业规划

高（业绩）低　　低 ← 潜能 → 高

绩效潜能"九宫格"分布图

（三）结果导向

在集体决策和个体行动中，人们常常会陷入任务思维模式，而忽略了结果的重要性。以绩效考核为例，当企业设置"及时交货率、招聘完成率"等考核指标时，员工往往只关注是否完成了交货任务、是否完成了招聘任务，而忽视了交货质量及人才保留情况。但实际上，"及时交货""完成招聘"只是任务，"合格交货""人才有效保留"才是期望的结果。只有以结果为导向的绩效行为，才能真正满足客户需求和管理需求。

以创新闻名的 Google 公司，从创立初期就采用 OKR（Objectives and Key Results，目标与关键结果）考核制度，只对"关键结果"进行测量，有效地了解项目的完成进度和实际效果。Google 公司的 OKR 绩效制度按层次分为个人 OKR、团队 OKR、公司 OKR，共同支撑起了整体的绩效管理体系。可以说，Google 公司的 OKR 制度，是对 KPI 体系进行的整体性"结果导向"优化。

（四）责任导向

在绩效管理体系中，无论是对员工、部门还是管理层，在制定考核指标时，都应该明确与之匹配的责任。仅仅在每个岗位、部门分配一定权重的"营业收入"指标，并不是真正意义上的责任导向。真正的责任，是唯一的、100% 的责任。中国有句老话"一个和尚挑水吃，两个和尚抬水吃，三个和尚没水吃"，三个和尚没水吃的根本原因，就是责任的缺失。

在一些服务行业或政府办事机构，"首席问责制"是一种常见的以责任为导向的管理机制。对于企业来说，将"首席问责制"与流程分工相结合，会更有效率。当然，"权利、责任、利益"是管理的三要素，仅有责任导向是不够的，与合理的利益分配机制相协同，才能发挥出最佳的效果。

（五）变革导向

事实上，经营环境和管理模式始终处于不断变化之中，不存在一劳永逸的绩效管理工具，也没有一成不变的经营管理模式。

1993 年，三星集团李健熙提出了"除了老婆孩子，其他都要变"的变革口号，推动三星集团绩效管理模式从"注重数量"向"注重质量"转变，助力三星集团赢得了新一轮的发展机遇。在中国企业界，也不乏变革的声音，比如小米公司的"去 KPI 化"，海尔公司的"人单合一"，华为公司的"班长竞争"等。

这些理念和实践，都是对绩效管理的创新与探索，体现了企业对绩效变革的追求。在这个瞬息万变的时代，企业唯有积极应对变化，不断调整和优化绩效管理体系，才能适应时代的发展需求。

第一章　搭建高效绩效体系

在当今竞争激烈的商业环境中，搭建高效的绩效体系成为企业卓越发展的关键所在。所谓高效绩效体系，绝非简单的考核制度，而是一套全面精细的管理架构。其中流程精细构建至关重要，每一个环节都应紧密相扣，从目标设定到执行监督，再到结果反馈，环环推动企业有序管理，确保各项工作有条不紊地开展。甄选合适的评价法是确保体系公平透明的基石，只有采用科学合理的评价方式，才能让员工信服，激发员工的工作积极性。精准筛选KPI则直击绩效核心，使企业资源聚焦于关键领域，助力企业达成战略目标，在激烈的市场竞争中脱颖而出。

* * *

第一节　高效绩效体系概述

绩效管理体系是一套有机的综合的流程和系统，专注于建立、收集、处理和监控绩效数据。高效的绩效管理体系既能增强企业的决策能力，又能通过一系列测量指标帮助企业实现策略目标和经营计划。

一、明确体系目标，引领绩效方向

（一）目标

优秀的绩效管理体系应达到以下目标。

（1）强化内部激励、监督与约束机制。

（2）提高员工工作质量和工作效率。

（3）推动企业战略目标与年度各项生产经营目标顺利实现。

（4）切实改善企业绩效水平。

（二）内容

绩效管理体系的构建应围绕企业战略定位和战略目标，将经营任务自上而下传递，使各个层级的员工都积极行动起来，不断提升和改善绩效，形成企业核心竞争力，切实推进企业战略目标实现，具体包括以下几个方面内容。

（1）明确各级组织、各个岗位的绩效管理职责、流程和责任。

（2）明确各级组织和岗位的绩效目标，并与企业的战略目标保持一致，努力提高企业整体的运作能力。

（3）确保各级组织、各个岗位的战略目标与年度经营目标顺利完成。

（4）为人力资源管理与开发等提供依据。

二、了解体系组成，洞悉运作机制

绩效管理体系通常由以下几个部分组成。

（1）企业使命、愿景、核心价值观、战略方针。

（2）企业目标。

（3）绩效计划。

（4）绩效考核流程与考核机制。

（5）绩效辅导与绩效改进机制。

（6）绩效考核结果应用。

（7）绩效优化机制。

（8）绩效文化。

三、梳理设计思路，构建科学框架

企业的绩效管理体系应以战略为导向，从而确保高效的经营和管理秩序。绩效管理体系的设计思路如表 1-1 所示。

表 1-1　绩效管理体系的设计思路

序号	基本思路	具体说明
1	以战略为导向	通过 KPI（Key Performance Indicator，关键绩效指标）将企业的战略目标落实到各层级与各岗位上
2	绩效透明化	（1）为高层管理者提供了解下属工作业绩的工具 （2）建立公平、合理、全方位的绩效考核与沟通管理机制 （3）系统、客观地评估经营绩效
3	管理系统化	（1）以系统化的绩效管理代替随机的"人管人" （2）上层对下层以绩效管理为主，不对日常经营进行干预，保证责、权、利分明
4	绩效与激励机制相结合	（1）合理地将绩效表现与激励机制相结合 （2）为关键人才、突出贡献者提供高于市场水平的薪酬以及培训机会等

四、遵循构建原则，确保体系质量

绩效管理体系构建是企业管理的关键环节，需要遵循一系列基本原则，确保体系的科学性、有效性和可持续性，为企业实现战略目标提供有力支持。图1-1是绩效管理体系构建的基本原则。

图 1-1　绩效管理体系构建的基本原则

（一）战略导向原则

绩效管理体系应围绕企业战略目标展开，是企业实现战略目标的重要工具。企业的战略规划决定了绩效管理的方向和重点，绩效管理的重点工作之一就是将企业的战略目标逐级分解到组织、流程和个人。各个级别和各个层面的绩效管理工作形成一个有机的整体，整个企业就会有良好的绩效表现。企业绩效管理的三个层面具体如表1-2所示。

表 1-2　绩效管理的三个层面

层面		说明
第一个层面	组织绩效	组织绩效是指在某一时期内组织任务完成的数量、质量、效率及盈利情况，组织绩效的评价通常使用数量、质量、时间和成本这样的指标，例如，成本下降10%、年销售环比增长20%、利润率提升20%、市场占有率比上一年度提高15%等
第二个层面	流程绩效	流程是指工作活动的流向与顺序，包括实际工作过程中的环节、步骤和程序。流程绩效管理的目的是通过建立科学合理的指标体系，监控流程绩效，同时运用分析方法找出导致业务出现问题的根本原因，并在以后的工作中及时改进。实施流程绩效管理，企业需要建立一套完整的管理制度，包括日清日结管理制度，例会决策制度，信息、报表、报告反馈制度等
第三个层面	个人绩效	员工个人绩效是指员工工作活动所达到的阶段性成果。个人绩效管理的目的是激发员工工作的积极性，提高员工的业务能力，包括员工绩效计划、绩效指导、绩效评估、结果运用（培训和提升、激励）等内容

（二）公平公正原则

公平公正是绩效管理体系的基石。在整个绩效管理过程中，从绩效目标的设定、绩效评估的实施到绩效结果的应用，都应以客观事实为依据，确保对所有员工一视同仁，避免主观偏见和人为因素干扰。企业应制定明确、统一的绩效标准和评估流程并严格执行，同时让员工清楚知晓考核的内容和方式。对于不同岗位的员工，还应综合考虑工作复杂性、难度和贡献度等因素，确保绩效评估结果能够真实反映员工的工作表现。企业应建立申诉机制，当员工对绩效评估结果有异议时，可以提出申诉，以保障员工的合法权益，增强员工对绩效管理体系的信任感。

（三）全员参与原则

绩效管理不仅是人力资源部门或管理层的职责，还与企业全体员工有关，如图1-2所示。企业高层管理者应为绩效管理体系的构建提供战略指导和支持，明确企业的发展方向和目标；中层管理者负责将企业战略目标转化为部门目标，并对员工进行指导和监督；基层员工应积极参与绩效目标的制定和执行，知晓自己的工作对企业的贡献，主动提升自己的工作绩效。通过全员参与，可以使绩效管理体系深入人心，在企业形成良好的绩效文化，从而提高员工的工作积极性和主动性。

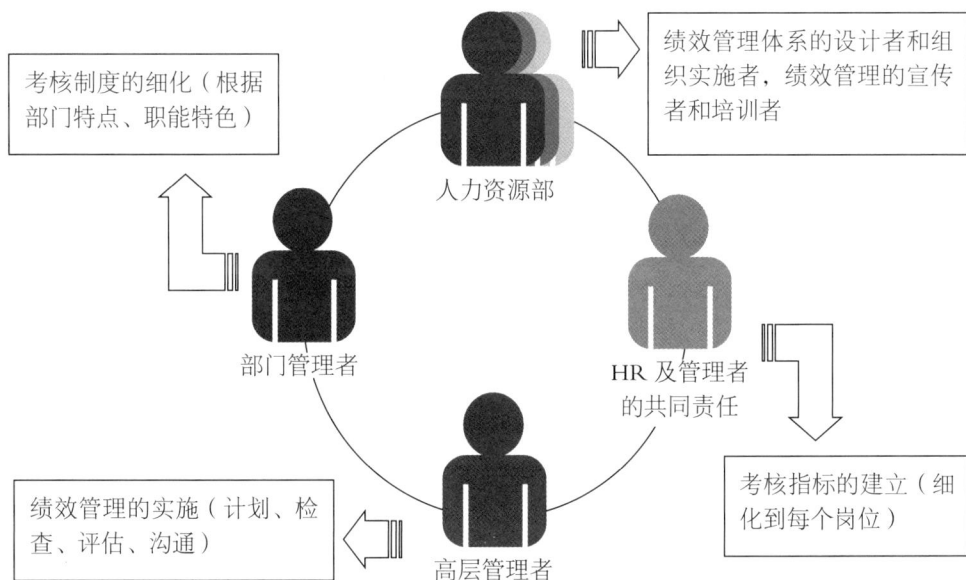

图1-2　绩效管理中的角色

相关部门在绩效管理过程中的分工如图1-3所示。

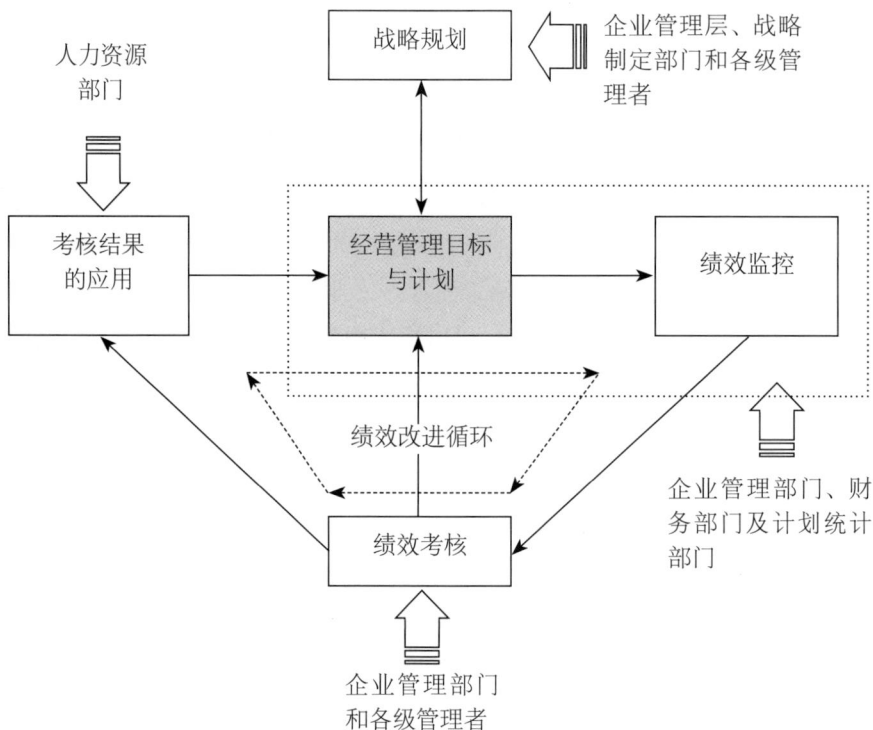

图 1-3 相关部门在绩效管理过程中的分工

（四）沟通反馈原则

沟通与反馈贯穿于绩效管理的全过程。在绩效计划制订阶段，管理人员与员工要进行充分的沟通，共同确定绩效目标和计划，并确保员工深刻理解目标的意义和要求。在绩效执行过程中，管理人员要及时了解员工的工作进展，为员工提供必要的指导和支持，同时对员工的工作表现进行评估，肯定成绩，指出不足，帮助员工不断改进。绩效评估结束后，管理人员与员工要进行正式的绩效面谈，与员工一起分析工作中的问题与不足，帮助员工制定改进措施和发展计划。良好的沟通与反馈能够增强员工与管理者之间的信任感，提高员工对绩效管理的认可度，促进员工绩效不断提升。

（五）持续改进原则

绩效管理是一个循环的过程，包括绩效计划、绩效实施、绩效评估、绩效反馈和绩效改进等环节（如图 1-4 所示）。企业的内外部环境不断变化，员工的能力和需求也在不断发展，因此，绩效管理体系需要持续改进和优化。通过对绩效评估结果进行分析与总结，企业可以发现绩效管理体系中存在的问题和不足，及时调整绩效目标、指标和评估方法，完善绩效管理流程。同时，根据员工的绩效表现，企业还可以为员工制订有针对性的培训和发展计划，帮助员工提高业务技能，从而提升企业整体的绩效水平。

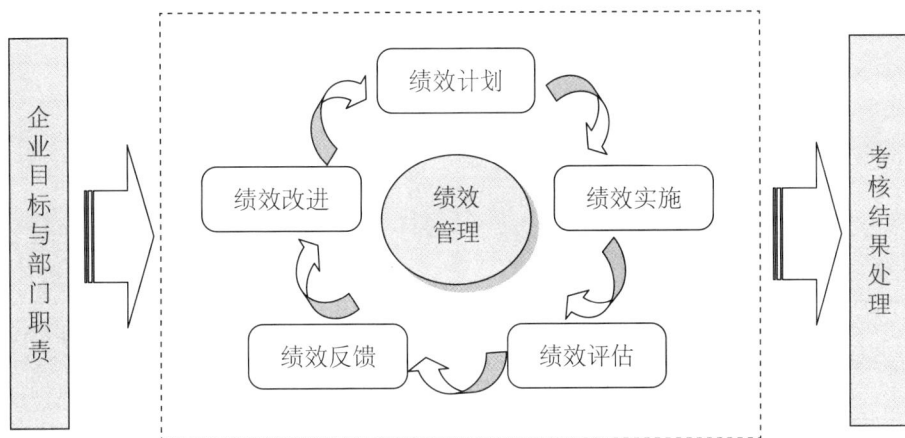

图1-4　绩效管理的循环

（六）激励原则

绩效管理的目的之一是鼓励员工积极工作，努力提高工作绩效。绩效管理体系应设计合理的激励机制，将员工绩效与薪酬、晋升、培训、荣誉等挂钩。企业应对绩效优异的员工给予充分的肯定和认可，以激发员工的工作积极性和创造力；对绩效不佳的员工，应给予帮助和指导，制订合理的绩效提升计划。激励措施应是多样化的，以满足不同员工的需求，同时要具有一定的挑战性，让员工通过努力去实现目标，从而充分发挥绩效管理的激励作用。

第二节　流程精细构建，推动有序管理

规范的绩效管理流程，能够确保企业的战略目标被层层分解并有效传递到各个部门和岗位。规范的流程为绩效评估提供了统一、客观的标准和方法。从确定合理的绩效指标和标准，到选择合适的评估主体和评估方式，再到严格按照既定流程实施评估，都能有效减少评估过程中的主观随意性和不公平现象。

绩效管理流程是一个系统性的过程（如图1-5所示），旨在通过一系列有序的步骤，提升员工和组织的绩效。

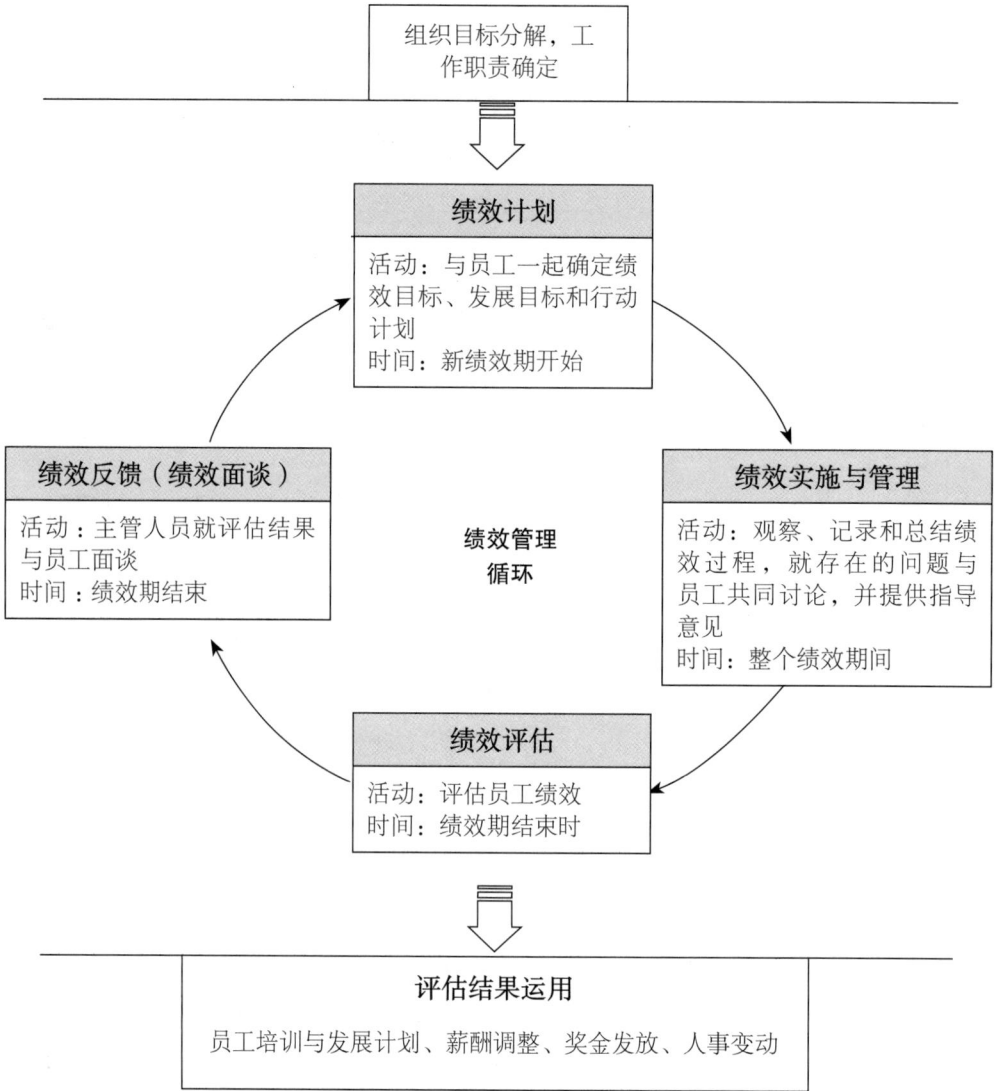

图1-5　绩效管理流程

一、科学制订绩效计划，锚定工作方向

制订绩效计划是绩效管理流程的起点，也是绩效管理体系的重要组成部分，它是管理者与员工就一定考核周期内的工作目标、任务、标准以及行动方案达成一致意见并形成约定的过程。

（一）绩效计划的内容

绩效计划包括图1-6所示内容。

绩效目标 ●------● 行动计划

绩效指标 ●------● **绩效计划的内容** ●------● 资源支持与权限

绩效标准 ●------● 绩效沟通与反馈机制

图1-6　绩效计划的内容

（1）绩效目标

绩效目标是对考核周期内员工工作成果的预期，应与企业的战略目标紧密相连，并根据部门职责和岗位要求进行细化。

绩效目标不仅要明确具体，具有可衡量性、可实现性、相关性和时限性（即SMART原则），还应与企业整体的发展方向保持一致。例如，企业的战略目标是提升市场占有率，那么销售部门就应设定具体的产品销售数量、新客户开发数量等绩效目标。

（2）绩效指标

绩效指标是反映绩效目标达成情况的具体维度和标准，是对绩效目标的进一步细化和量化，为绩效评估提供了明确的依据。常见的绩效指标有关键绩效指标（KPI）、工作目标设定（GS）等。

绩效指标可以是定量的，如销售额、生产效率、成本降低率等；也可以是定性的，如工作态度、团队合作、创新能力等。

（3）绩效标准

绩效标准明确了绩效指标的具体要求和水平，即对员工工作成果和行为表现的期望，为绩效评估提供了具体的参考尺度。

比如，对于"客户满意度"这一指标，绩效标准可以设定为达到85%以上。

绩效标准可以分为不同的等级，如优秀、良好、合格、不合格等，每个等级都有明确的描述和界定。

例如，对于"产品合格率"这一绩效指标，绩效标准可以是，优秀：达到98%以上，良好：95%～97%，合格：90%～94%，不合格：低于90%。通过设定合理的绩效标准，能让员工清楚地知道自己努力的方向，管理者也能够更客观、准确地评估员工的绩效。

（4）行动计划

行动计划是为实现员工绩效目标而制定的具体行动方案和步骤，它明确了员工考核周期内的工作任务、时间安排以及资源需求等。行动计划应具有可操作性和指导性，能帮助员工有条不紊地推进工作。

例如，为了实现销售额增长的目标，销售代表的行动计划可能包括每周拜访一定数量的新客户、定期回访老客户、参加行业展会拓展业务渠道等具体任务，并有明确的任务时间节点和所需的资源支持，如市场调研资料、销售费用等。

（5）资源支持与权限

在绩效计划中，需要明确员工完成工作任务所需的资源，包括人力、物力、财力以及信息等方面。例如，员工可能需要特定的培训课程来提升技能，需要相关的设备或软件来提高工作效率，需要一定的资金来开展业务活动等。同时，也要明确员工在工作中拥有的权限，确保员工能够顺利开展工作，如决策权、资源调配权等。清晰的资源支持和权限界定，有助于员工更好地履行职责，实现绩效目标。

（6）绩效沟通与反馈机制

绩效计划的实施需要持续的沟通和反馈。在绩效计划中应明确沟通的方式、频率和内容，如定期的绩效面谈、工作进展汇报等，以便于管理者及时了解员工的工作开展情况，提供必要的指导和支持；员工能够及时反馈工作中遇到的问题和困难。同时，建立有效的绩效反馈机制，当员工的工作出现偏差时，管理者能够及时纠正和调整，确保绩效目标顺利实现。

（二）绩效计划的层次

绩效计划按责任主体，可分为公司绩效计划、部门绩效计划以及个人绩效计划三个层次。一般来讲，公司绩效计划会分解为部门绩效计划，部门绩效计划又会分解为个人绩效计划；员工个人绩效计划的完成情况决定了部门绩效计划的实施，部门绩效计划又影响着公司整体绩效计划的完成。

二、强化绩效实施管理，保障目标达成

一般来说，绩效实施首先要确定考评者，然后进行考评前动员和培训，并开展持续有效的沟通，最后收集信息，流程如图 1-7 所示。

| 确定考评者 | → | 考评前动员 | → | 考评前培训 | → | 持续绩效沟通 | → | 收集绩效信息 |

图 1-7　绩效实施流程

（一）确定考评者

在现代企业中，对员工进行考评时，考评者仍以上级主管为主。但为了更充分、完整、客观地评估员工的工作表现，员工自己、同事、下属甚至客户都已成为考评主体的重要组成部分，他们都可以提供绩效评分。

（二）考评前动员

为了让全体员工理解绩效考评并支持绩效考评，在实施绩效考评前一定要进行有效的、有针对性的宣传动员活动。同时，为了保证绩效考核有效落实，绩效考评目标必须由企业上下级共同协商确定。

（三）考评前培训

对管理人员进行培训，可以提高其业务能力，减少考评中的人为非正常差错。

对员工进行培训，一方面可以加强员工对绩效考评的理解与认识；另一方面也可以提高员工的综合业务技能。

（四）持续绩效沟通

如今的工作环境已不像过去那样稳定，竞争不断加剧，变化因素也在逐渐增加。因此，在绩效实施的过程中进行持续的绩效沟通，可以帮助企业不断适应环境的变化，及时地对计划做出调整。在绩效期开始时制订的绩效计划，随着环境因素的变化很可能变得不切实际或无法实现。因此，通过绩效实施过程中员工与管理人员的双向沟通，企业可以对绩效计划进行有效调整。

（五）收集绩效信息

一般来说，收集的绩效信息主要包括以下内容。

（1）工作目标或任务的完成情况。

（2）来自客户的积极的和消极的信息反馈。

（3）工作绩效突出的行为表现。

（4）工作绩效不佳的行为表现等。

三、严格开展绩效评估，确保客观公正

一般来说，绩效评估包括以下几方面的内容，如图1-8所示。

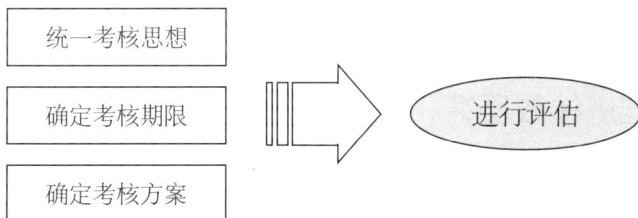

图1-8　绩效评估

（一）统一考核思想

（1）绩效考核必须严谨。对于考核中发现的问题，企业应制定合理的措施加以解决，而不是简单地扣员工的工资。

（2）考核过程应秉持"公正"原则，考核的目的是让员工和企业实现双赢，而不是让老板成为员工的敌人。

（二）确定考核期限

（1）在大多数企业里，绩效考核一般每年或每半年开展一次。除此之外，新员工试用期结束时要进行一次考核。新员工上岗后的第一年中也要进行多次考核。

（2）可以对每个员工从上岗当天开始进行考核，也可以对所有员工在同一时间进行考核。

这两种做法有各自的优缺点，如果一个企业有许多员工，那么交错考核则更具优势。如果所有考核同时进行，那么可能会没有足够的时间对每个员工进行充分的考核。

（三）确定考核方案

考核方案主要有图 1-9 所示的两种。

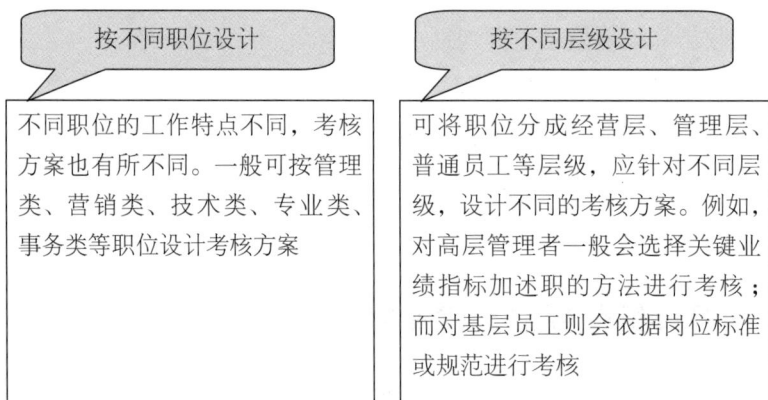

按不同职位设计

不同职位的工作特点不同，考核方案也有所不同。一般可按管理类、营销类、技术类、专业类、事务类等职位设计考核方案

按不同层级设计

可将职位分成经营层、管理层、普通员工等层级，应针对不同层级，设计不同的考核方案。例如，对高层管理者一般会选择关键业绩指标加述职的方法进行考核；而对基层员工则会依据岗位标准或规范进行考核

图 1-9　考核方案的分类

四、深入推进绩效反馈，促进有效沟通

绩效反馈其实就是绩效面谈。管理人员和员工做好面谈准备，并掌握面谈技巧，方可进行面谈，如图 1-10 所示。

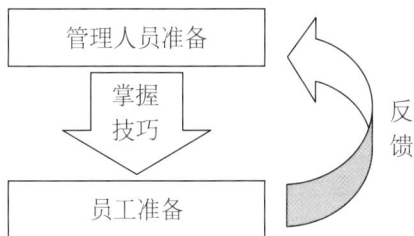

图 1-10　绩效反馈准备工作

（一）管理人员应该做的准备

管理人员作为主导人员，在进行绩效反馈前，应做好以下准备工作。

（1）选择适宜的时间。

（2）安排适宜的场地。

（3）获取面谈对象的考核资料。

（4）确定面谈的程序。

（二）员工应该做的准备

在进行绩效反馈前，员工应做好以下准备工作。

（1）知晓自己的绩效考核结果。

（2）明确自己需要改进的地方。

（3）准备好向管理人员提出的问题。

（4）将自己当前的工作安排好。

（三）绩效沟通技巧

绩效沟通时要注意以下技巧。

（1）与员工建立信任的关系。

（2）向员工清楚地说明面谈的目的。

（3）鼓励员工说话。

（4）认真倾听。

（5）避免对立和冲突。

（6）该结束时立即结束。

五、持续推动绩效改进，实现螺旋上升

绩效改进的流程如图 1-11 所示。

```
        ┌──────────────┐
        │  确定改进内容  │
        └──────┬───────┘
               ↓
        ┌──────────────┐◄─────────────┐
        │  制订改进计划  │              │
        └──────┬───────┘              │
               ↓                      │
        ┌──────────────┐              │
        │  实施改进计划  │              │
        └──────┬───────┘              │
               ↓           未通过       │
            ╱──────╲ ─────────────────┘
           ⟨  测评  ⟩
            ╲──────╱
               ↓ 通过
        ┌──────────────┐
        │  持续改进     │
        └──────────────┘
```

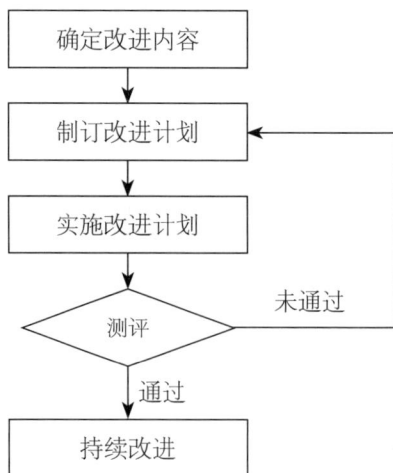

图1-11　绩效改进流程

（一）确定改进内容

应由管理人员和员工合力来确定改进内容。

（1）鼓励员工提出自己的想法和建议。

（2）共同分析差距产生的原因，准确识别问题的根源，为后续制订改进计划提供依据。

（3）明确绩效改进所需的资源。

（4）共同设定明确的绩效目标，并确保目标具有可行性。

（二）制订改进计划

一个有效的绩效改进计划应满足下列四点要求。

（1）相关性。计划内容应与员工绩效改进相关。

（2）时间性。计划应有时间限制。

（3）明确具体。计划内容应明确具体。

（4）双方认同。管理人员与员工对改进计划应达成共识。

（三）实施改进计划

（1）根据需要，为员工提供必要的资源支持，如人力、物力、财力等。

（2）与员工保持持续良好的沟通，当员工遇到问题时，及时向其提供指导和帮助，并与相关部门进行协调。

（3）在绩效计划执行过程中如果发现存在不合理之处或无法达到预期效果，管理者应与员工共同分析原因，及时对解决方案进行调整和优化。

（4）定期督促员工按照绩效改进计划推进工作。

（5）对绩效计划执行得好的员工给予适当的奖励，以增强员工的自信心和工作动力。

（四）持续改进

绩效改进并不是一次性的工作，而是一个持续不断的过程。

（1）总结经验教训：管理者应定期对绩效改进过程进行总结和评估，及时发现问题和不足，并采取相应的纠正措施。

（2）建立长效机制：将绩效改进纳入企业的日常管理体系，形成持续改进的文化和机制，不断提升员工和企业的绩效水平。

第三节 甄选绩效评价法，保证公平透明

在企业的运营中，绩效管理是提升组织效能、促进员工发展的关键环节。而科学、公平、透明的绩效评价方法，则是确保绩效管理发挥作用的核心要素。它不仅关系到员工的切身利益，也影响企业的整体氛围与发展战略的实现。绩效评价方法有很多种，以下介绍一些常见的类型。

一、图尺度评价法：简洁直观的绩效度量

图尺度评价法（Graphic Rating Scale，GRS），是一种最普遍、最常用的绩效评价方法。它列举了一些绩效构成要素，如工作质量、数量、工作态度、合作精神等，同时还给出了每个要素的不同绩效水平，一般用5分制或10分制表示。例如，对"工作质量"这一要素，1分代表"非常差，经常出现严重错误"，5分代表"非常出色，几乎无任何错误"。评价者根据员工的实际表现，在每个要素上进行打分，最后计算出总分。这种方法简单易懂，易于操作，能为员工提供量化的绩效评价结果，但评价标准较为主观，可能导致不同评价者的评价尺度不一致。

（一）评价所选择的要素

评价所选择的要素有两类：与工作有关的要素和与个人特征相关的要素。与工作有关的要素是工作质量和工作数量；而个人特征要素则涉及依赖性、积极性、适应能力和合作精神等。评价者通过确定最能描述员工及其业绩的每种因素的比重来完成这项工作。

表1-3　图尺度评价法示例

评价因素		较差，不符合要求	低于一般，需要改进，有时不符合要求	一般，一直符合要求	良好，经常超出要求	优秀，不断地超出要求
工作数量	考虑完成的工作量，生产效率是否达到可接受的水平					
可靠性	考虑对员工完成工作承诺的信任程度					
工作质量	在进行工作指派时，要考虑到准确、精密、整洁和完成情况					
积极性	考虑员工是否自信、机智并愿意承担责任					
适应能力	考虑员工是否具备应对需求变化和条件变化的能力					

有些企业为评价者对每一因素做出评价提供了灵活的空间。当评价者做出最高或最低的评价时，应写明理由。

在表1-3中，对每种因素和每一等级也做出了定义。为了得到一个较高的评价，员工必须不断地超额完成工作。对各因素和等级定义得越精确，评价者就会越公正地考评员工的业绩。当评价者对每个因素和等级都按同样的方法定义，则会取得整个企业业绩评价的一致性。

（二）应用步骤

图尺度评价法的操作步骤如图1-12所示。

列举绩效构成要素 ┈┈┈ 即列举一些构成绩效的要素，如质量、数量、积极性、工作态度等

确定绩效等级 ┈┈┈ 即确定跨越范围的绩效等级，如从"很不令人满意"至"非常优异"，从"很差"到"优秀"

进行考评 ┈┈┈ 即针对被考评者，从每一项考评要素中找出最能符合其绩效状况的等级和分数

加总分数 ┈┈┈ 将被考评者所得到的全部分值进行加总，即得到其最终的工作绩效考评结果

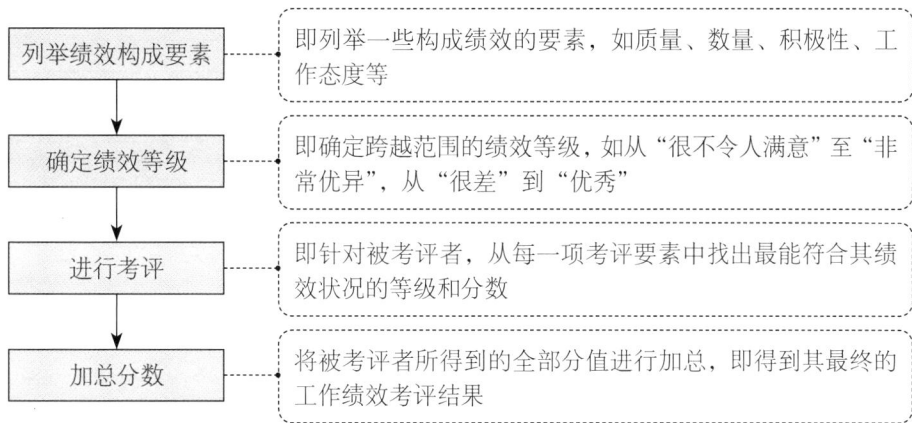

图1-12　图尺度评价法的操作步骤

【范本1-1】▶▶▶

某企业图尺度评价法示例

序号	一般性工作绩效考评要素		考评尺度	等级及得分	考评依据或评语
1	质量	所完成工作的精确度、彻底性和可接受性	A.100 ～ 90 B.90 ～ 80 C.80 ～ 70 D.70 ～ 60 E.60 以下		
2	生产效率	在某一特定的时间段中生产的产品数量和效率	A.100 ～ 90 B.90 ～ 80 C.80 ～ 70 D.70 ～ 60 E.60 以下		
3	业务知识	实践经验和技术能力，以及在工作中对业务知识的运用	A.100 ～ 90 B.90 ～ 80 C.80 ～ 70 D.70 ～ 60 E.60 以下		
4	可信度	在完成任务和听从指挥方面的可信程度	A.100 ～ 90 B.90 ～ 80 C.80 ～ 70 D.70 ～ 60 E.60 以下		

续表

序号	一般性工作绩效考评要素		考评尺度	等级及得分	考评依据或评语
5	勤勉性	上下班的准时程度、休息与用餐时间的遵守情况以及总体的出勤率	A.100～90 B.90～80 C.80～70 D.70～60 E.60以下		
6	独立性	完成工作需要监督的程度	A.100～90 B.90～80 C.80～70 D.70～60 E.60以下		
总计					

说明：请根据被考评者的实际工作情况，对照上表中的内容，认真、公正地对每个要素评分，最后汇总得出总分。

A——出色：在工作中表现突出，并远远超过其他人。

B——很好：很好地完成本职工作，工作质量高，成绩优秀。

C——良好：能胜任和独立地完成工作，达到了工作标准的要求。

D——有待提高：在有些工作中，能力和技能都存在缺陷，有必要提高。

E——不合要求：不能胜任现在的工作。

二、关键绩效指标法：聚焦关键驱动绩效

关键绩效指标法（KPI）是基于企业战略目标的一种绩效评估工具。基于 KPI 的绩效管理体系是企业经营管理的关键环节之一，如图 1-13 所示。

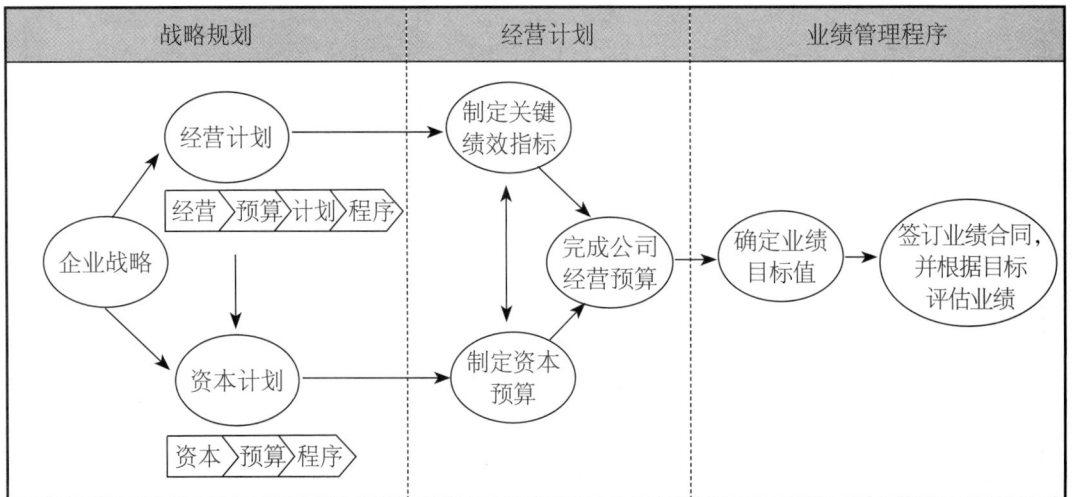

图 1-13　基于 KPI 的绩效管理体系

（一）关键绩效指标法的重要性

关键绩效指标法对企业战略目标的实现具有重要意义，如图 1-14 所示。

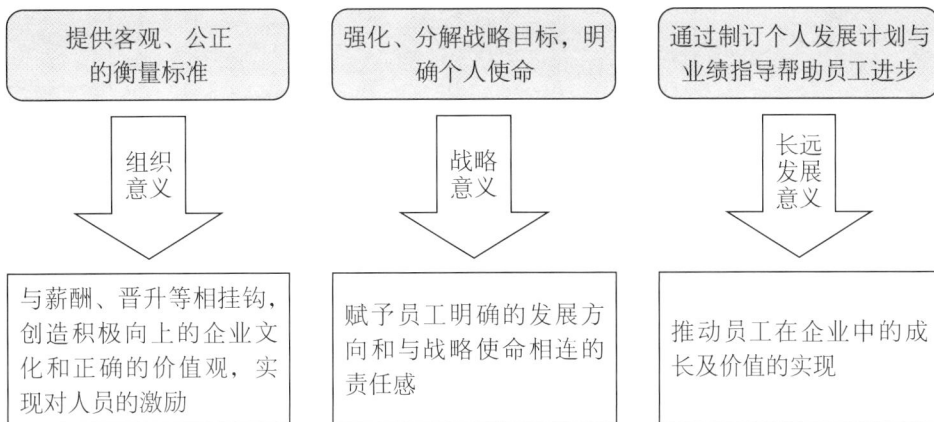

图 1-14 关键绩效指标法的意义

（二）关键绩效指标法的设计原则

科学实施关键绩效指标法，首先必须建立有效的由绩效驱动的经营和管理模式。在设计关键绩效指标时应遵循表 1-4 所示原则。

表 1-4 关键绩效指标的设计原则

序号	设计原则	描述
1	以价值为驱动	（1）联结股东回报与企业经营业绩 （2）建立以价值创造为核心的企业文化
2	业绩透明化	（1）坦率地、公平地、跨越组织等级地审核业绩和沟通 （2）系统地、客观地评估业绩
3	流程系统化	（1）与战略规划、资本计划、经营/预算计划、人力资源管理等程序紧密相连 （2）系统地、有层次地计划、审核工作流程
4	激励机制	（1）使考核结果与薪酬、非物质奖惩等激励机制紧密相连 （2）拉大业绩突出者与其他人的薪酬差距
5	淘汰机制	对业绩考核不过关、不胜任工作的员工，进行调职或淘汰
6	可行性高	（1）参考国外先进管理经验，并结合中国实际情况 （2）通过合理的过渡方案逐步解决实施中的障碍

（三）关键绩效指标法实施的关键

关键绩效指标法实施的关键是制定关键绩效指标和签订绩效合同，如图 1-15 所示。

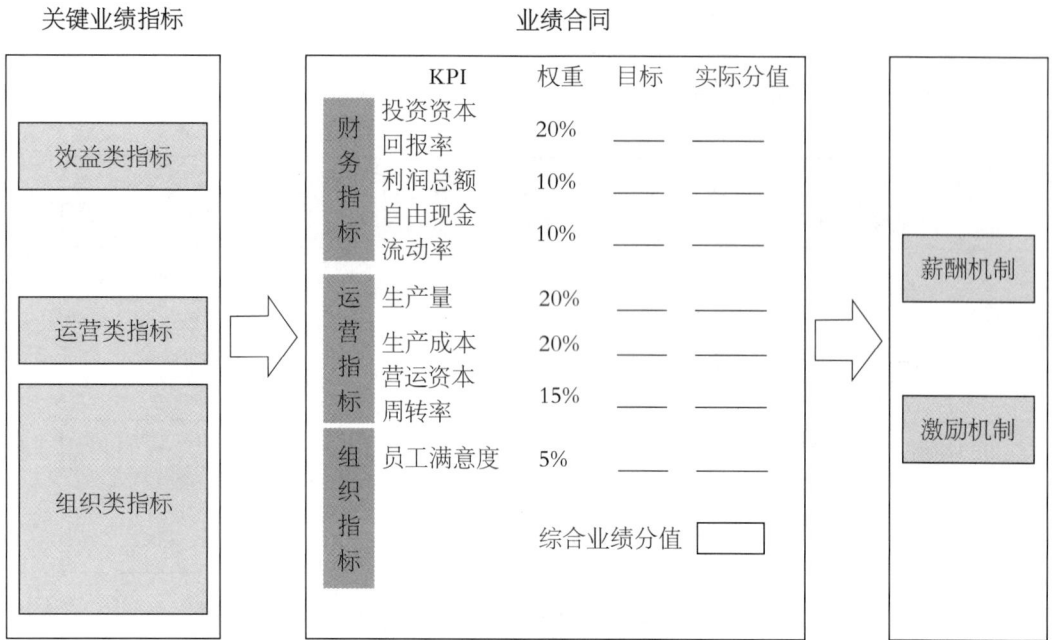

图 1-15　关键绩效指标法实施的关键

三、目标管理考核法：以目标为导向的绩效管理

在企业战略目标既定的前提下，目标管理考核法是效率比较高的绩效考核工具。目标管理考核法使各级部门及员工知晓自己需要完成的工作目标，从而可以把时间和精力投入最大程度实现这些目标的行动中去。

（一）绩效目标的设定

在目标管理考核法中，绩效目标的设定从企业的最高管理层开始，他们提出企业的使命和战略目标，然后通过部门层层往下传递，直至各个员工（见图 1-16）。个人的绩效目标如果能够完成，那么它就是最有助于企业战略目标实现的绩效产出。通常情况下，个人目标是由员工及其上级主管协商制定的，而且在目标设定的同时，他们也需要就特定的绩效标准以及如何测量目标的完成达成共识。

企业一旦确定以目标管理为基础进行绩效评估，那就必须为每个员工确定绩效目标。目标管理考核法的实施能否成功，在于这些绩效目标是否描述得贴切和清晰。确定绩效目标通常是员工及其上级主管共同努力的结果。各层级的绩效目标是否能够清晰合理地设置，直接决定着绩效评估的有效性。

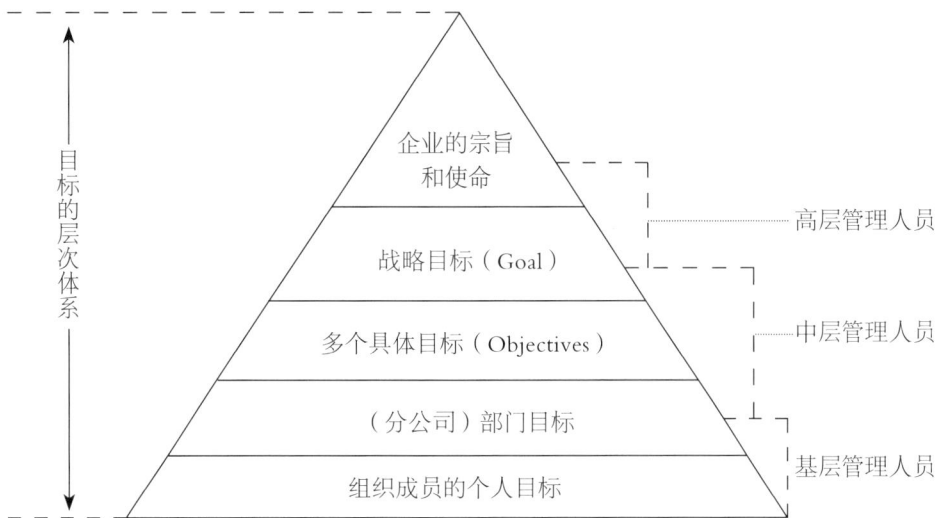

图 1-16　绩效目标结构图

（二）设定目标时要注重系统方法

实现目标的过程是由现在到将来、由小目标到大目标一步一步推进的；但是设定目标的最高效方法则与实现目标的过程正好相反，是运用"剥洋葱法"，由将来到现在、由大目标到小目标层层分解。目标的实现和设定过程如图 1-17 所示。

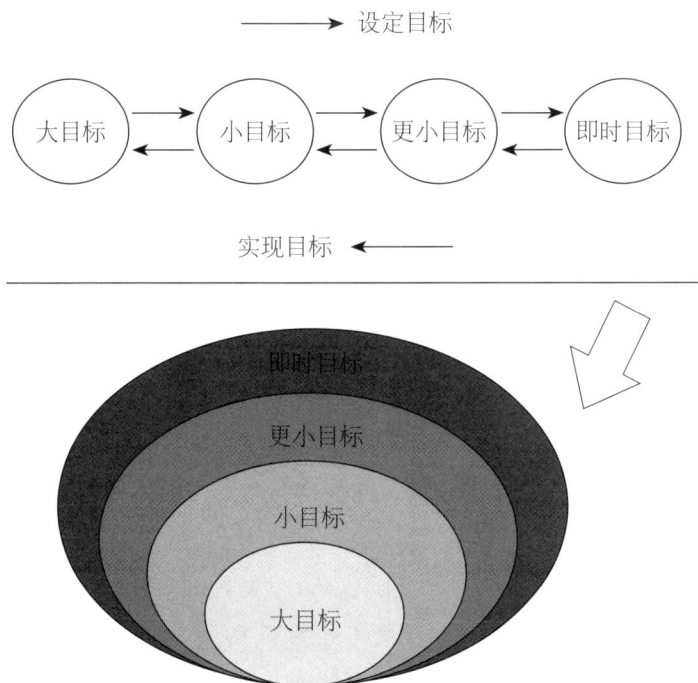

图 1-17　目标的实现和设定过程

（三）目标管理考核法的操作步骤

目标管理考核法的具体操作，可以分四个步骤，如图 1-18 所示。

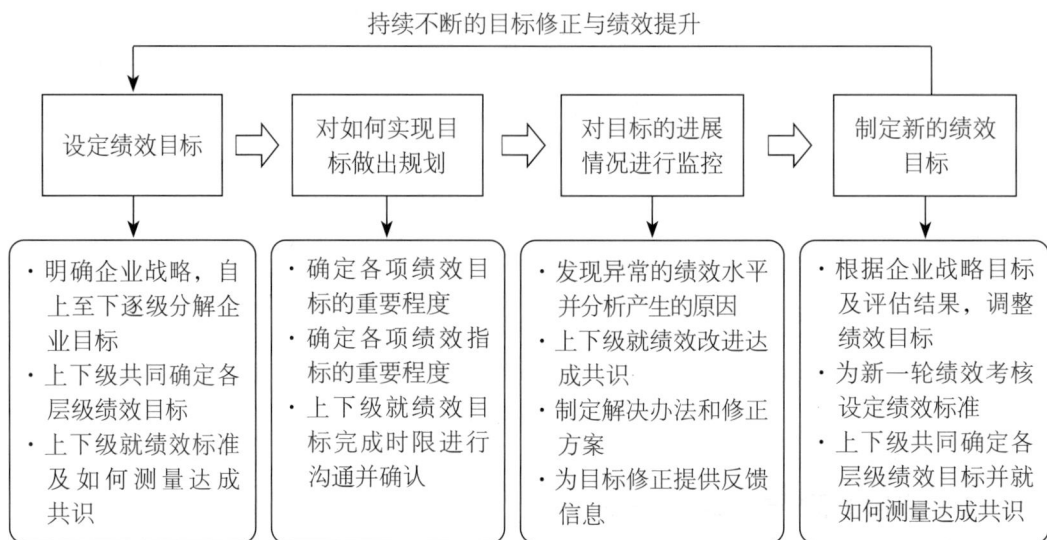

持续不断的目标修正与绩效提升

| 设定绩效目标 | ⇒ | 对如何实现目标做出规划 | ⇒ | 对目标的进展情况进行监控 | ⇒ | 制定新的绩效目标 |

· 明确企业战略，自上至下逐级分解企业目标
· 上下级共同确定各层级绩效目标
· 上下级就绩效标准及如何测量达成共识

· 确定各项绩效目标的重要程度
· 确定各项绩效指标的重要程度
· 上下级就绩效目标完成时限进行沟通并确认

· 发现异常的绩效水平并分析产生的原因
· 上下级就绩效改进达成共识
· 制定解决办法和修正方案
· 为目标修正提供反馈信息

· 根据企业战略目标及评估结果，调整绩效目标
· 为新一轮绩效考核设定绩效标准
· 上下级共同确定各层级绩效目标并就如何测量达成共识

图 1-18　目标管理考核法的操作步骤

四、360度绩效评价法：全方位多视角的绩效审视

360 度绩效评价也称作"360 度绩效考核法"或者"全方位考核法"。360 度绩效评价法，是通过员工自身、上级领导、直接下属、同事乃至客户等全方位、多维度的视角，对员工个人的工作绩效进行全面考察。这种评估方式能够深入洞察员工在沟通技巧、人际关系、领导能力以及行政能力等诸多方面的表现。通过这种全面且理想的绩效评估模式，被评估者不仅可以广泛收集来自上级、下属、同事以及客户等不同主体的多元反馈，还能从这些丰富多样的信息中，清晰地认识自身的优势、不足以及未来的发展需求，从而有针对性地规划职业发展路径，让职业发展之路更加顺畅无阻。

（一）360度绩效评价法的特点

360 度绩效评价法作为一种全面且深入的绩效评估方式，具有以下显著特点。

1. 评估主体多元化

与传统的仅由上级进行评价的方式不同，360 度绩效评价法的评估主体涵盖了员工自己、上级、下属、同事以及客户等多个层面（如图 1-19 所示）。不同主体从各自的视角出发，提供多维度的评价信息。上级从工作目标达成、监督管理的角度评价；同事基于团队协作、工作配合情况进行反馈；下属从领导风格、指导帮助等方面给出意见；客户则从服务质量、业务往来感受进行评价。这种多元化的评估主体，使评价结果更全面、客观，避免了单一评价主体的局限性和片面性。

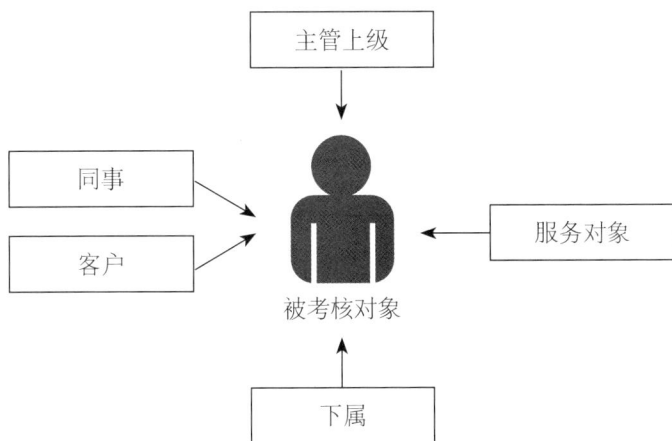

图 1-19　360 度绩效评价法的评估主体

2. 信息来源广泛

由于涉及多个评估主体，信息来源极为广泛。员工在工作中的表现，无论是向上级的汇报、与同事的合作、对下属的管理，还是与客户的业务往来，都能在绩效评价中得以体现。广泛的信息来源有助于全面评价员工的工作表现，为绩效评估提供充分依据。

3. 强调双向沟通与反馈

该评价方法十分注重双向沟通与反馈。在评价过程中，员工不仅是被评价的对象，从评估主体那获得反馈意见，还可以对其他评估主体进行评价。这种双向的沟通与反馈机制，能够让员工更好地了解自己在他人眼中的形象和表现，明确自身的优势与不足，从而有针对性地进行改进和提升。同时，也促进了企业内部的信息交流和沟通，增强了员工之间的理解与信任。

4. 注重员工发展

360 度绩效评价法的结果表单中，均有个人发展计划和指导栏，这些意见和建议可为被评价者的职业发展提供帮助。同时，360 度绩效评价法还能够提高企业的竞争优势，强化企业的核心价值观。

5. 对企业环境要求较高

要想有效实施 360 度绩效评价法，需要有良好的组织文化和氛围作为支撑。企业应建立开放、公平、信任的企业文化，鼓励员工积极参与评价过程，真实地表达自己的意见和看法。同时，企业还应具备一定的管理基础和资源，能够有效地组织和实施评价活动，收集和处理大量的反馈信息，并对评价结果进行合理运用。否则，可能会导致评价过程流于形式，甚至引发员工之间的矛盾和冲突。

6.评价成本较高

由于涉及多个评估主体和复杂的评价流程，360度绩效评价法的实施成本相对较高。这包括时间成本，如组织评价、收集信息、分析数据等，都需要耗费大量时间；人力成本，需要由专门的人员进行组织和协调；培训成本，为了确保评价的准确性和公正性，需要对评估主体进行培训。较高的评价成本在一定程度上限制了该方法在一些企业中的应用。

（二）360度绩效评价法的实施步骤

360度绩效评价法的实施步骤如表1-5所示。

表1-5　360度绩效评价法的实施步骤

序号	步骤	说明
1	需求和可行性分析	在使用360度绩效评价法之前，要进行需求和可行性分析。企业确定实施该方法后，应编制基于职位胜任模型的调查问卷，这些问卷可以针对本企业的特殊要求来编制，也可以向咨询公司购买，但不能简单搬用其他国家和不同行业的问卷
2	组建360度评估队伍	对于评价者，无论是由被评价者自己选择还是由上级指定，都应得到评价者的同意，这样才能保证被评价者对考核结果的认同和接受
3	培训和指导	对评价者进行评估流程和方法的培训和指导。对被评价者进行如何接受他人反馈的培训，可以采用讲座和个别辅导的方式，以确保评价目的和方法的可靠性
4	数据处理和结果报告	目前，已有专门的360度绩效评价软件对统计评分和结果报告提供支持，包括多种统计图表的绘制和呈现，使用起来相当方便。企业管理部门针对反馈的问题制订行动计划时，可由咨询公司实施，由他们独立进行数据处理和结果报告
5	效果评价	就是客观评价这种考核方法的效果，同时，总结经验和不足，找出存在的问题，不断完善整个评价系统

由于360度绩效评价法中包括下属、同事及其他人员的评价，因此要检查数据收集过程是否符合要求。在数据处理时，还应当考虑不同测评评价准确性的差异。

五、行为锚定等级评价法：行为导向的精准评估

行为锚定等级评价法结合了关键事件法和图尺度评价法的优点。它首先确定与绩效相关的关键行为，然后为每个绩效等级制定一个行为锚定标准，即不同绩效水平下的具体行为表现。例如，对于"客户服务"这一绩效维度，"5分"的行为锚定标准可能是"总是主动超越客户期望，成功解决客户的复杂问题，得到客户高度赞扬"；"1分"的行为锚定标准可能是"经常忽视客户需求，导致客户投诉"。评价者根据员工的实际行为表现，对

照行为锚定标准进行打分。该方法能为员工提供明确的绩效期望和改进方向，评价结果相对客观，但开发成本较高，需要大量的时间和精力来确定关键行为和行为锚定标准，适用于管理人员和员工的行为等级评定。

实施行为锚定等级评价法，通常要按照图 1-20 所示五个步骤进行。

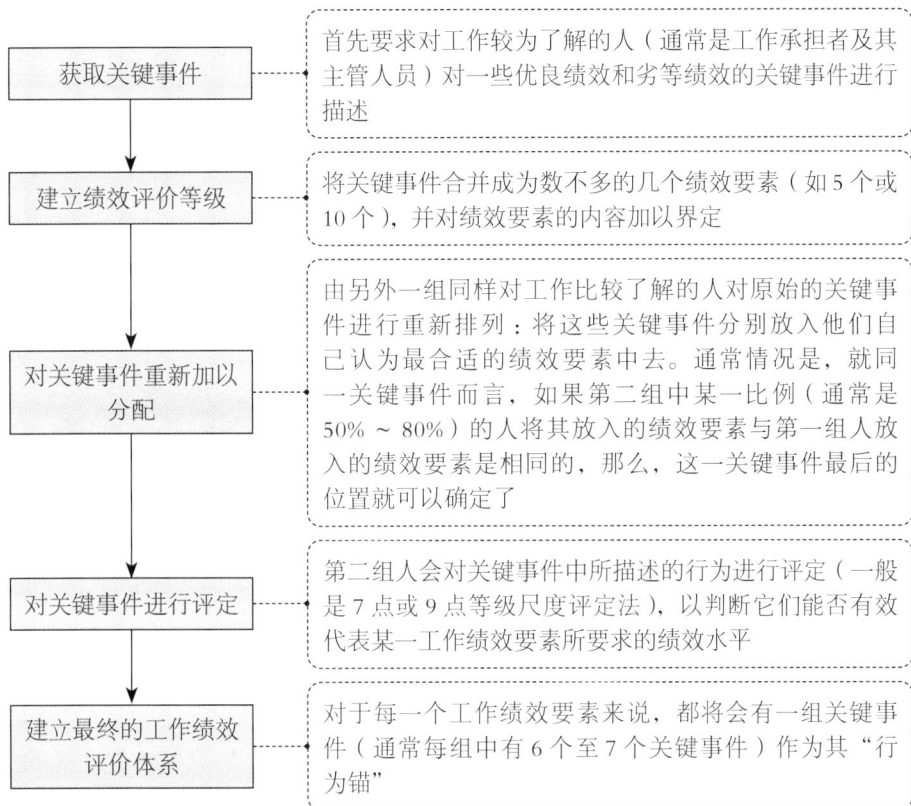

图 1-20　行为锚定等级评价法的实施步骤

六、强制分布法：正态分布下的绩效排序

强制分布法是指按照"两头小，中间大"的正态分布规律，先确定各等级所占的比例，然后将每位员工的绩效按照优劣程度，强制列入其中某一等级的绩效评估方法，适用于工作绩效难以通过数量来评估的情况。

（一）基本内容介绍

这种方法是基于一个有争议的假设，即所有小组中都有同样优秀、一般、较差表现的员工分布。

一般来说，各个等级的比例分布应该接近正态分布。例如，如果按照"出色""很好"

"良好""有待改进""不符合要求" 5 个等级进行强制分布，则如表 1-6 所示。

表 1-6　各个等级的比例分布

等级	出色	很好	良好	有待改进	不符合要求
比例	15%	25%	40%	10%	10%

强制分布法与"按照一条曲线进行等级评定"的意思基本相同。使用这种方法，就意味着要提前确定按照什么样的比例将被评价者分别分布到每一个工作绩效等级中去，如图 1-21 所示。

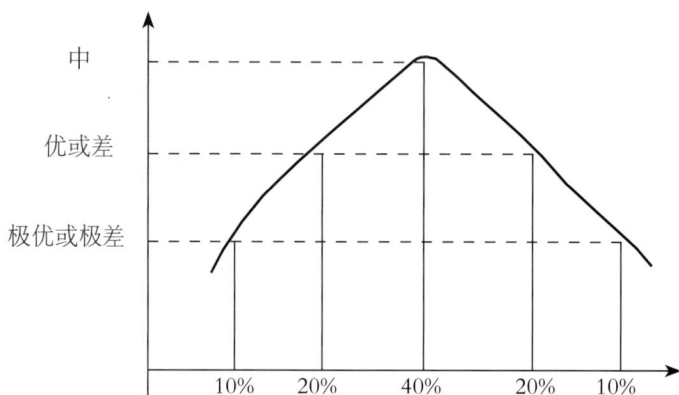

图 1-21　强制分布法图例

这种方法的优点是有利于管理控制，特别是在引入员工淘汰机制的企业中，它能准确筛选出淘汰对象。员工会担心多次落入绩效最低区间而被解聘，因而这种方法也具有强制激励和鞭策功能。当然，它的缺点也同样明显，如果一个部门的员工都十分优秀，如果强制进行正态分布划分等级，可能会带来多方面的弊端。

（二）实施步骤

这种评价工具的实施步骤通常是这样的：

（1）将被评价的每一名员工的姓名分别写在一张小卡片上。

（2）根据每一种评价要素来对员工进行评价。

（3）根据评价结果将这些代表员工的卡片放到相应的工作绩效等级中去。

（三）注意事项

强制分布法的比例规定只是一个对总体比例的控制，具体到各个部门，可以有一定的上下浮动。例如，有的部门可能只有几个人，很难要求它严格地按照比例分布来进行评定。另外，很多公司将部门整体的业绩完成情况与部门内部员工绩效等级的比例联系起来，当部门整体的业绩完成情况较好时，部门内部员工被评定为较高绩效等级的比例相对较高；相反，如果部门整体的业绩完成情况不好，那么部门内部的员工被评定为较高绩效等级的比例相对较低。如果将部门整体业绩完成情况分为 A、B、C、D、E 等五个等级，当部门整体业绩完成情况为 A 级时，部门内部员工绩效等级的比例分布如表 1-7 所示。

表1-7　员工绩效等级比例分布（整体业绩完成情况为 A 级）

等级	出色	很好	良好	有待改进	不符合要求
比例	15%	25%	40%	20%	0%

当整体业绩完成情况为 D 级时，部门内部员工绩效等级的比例分布如表 1-8 所示。

表1-8　员工绩效等级比例分布（整体业绩完成情况为 D 级）

等级	出色	很好	良好	有待改进	不符合要求
比例	0%	10%	25%	45%	20%

绩效管理的评价方法多种多样，每种方法都有其优缺点。在实际应用中，企业应根据自身的战略目标、企业文化、岗位特点等因素，选择合适的评价方法，并确保评价过程的公平透明。根据合理的评价标准、充分的沟通与培训、透明的评价过程以及持续的反馈与改进，建立科学、公正的绩效评价体系，可激励员工积极工作，提升企业的整体绩效，实现企业与员工的共同发展。

【范本 1-2】▶▶

某企业关键绩效指标词典

一、财务指标（基本指标）

关键绩效指标	指标定义 / 计算公式	数据来源
净资产收益率	净资产收益率 =（净利润 / 平均净资产）× 100%	企业年度会计报表
总资产报酬率	总资产报酬率 =（息税前利润总额 / 平均资产总额）× 100%	利润及利润分配表和基本情况表
总资产周转率	总资产周转率（次）= 主营业务收入净额 / 平均资产总额	利润及利润分配表
流动资产周转率	流动资产周转率（次）= 主营业务收入净额 / 平均流动资产总额	资产负债表
资产负债率	资产负债率 =（负债总额 / 资产总额）× 100%	资产负债表

续表

关键绩效指标	指标定义／计算公式	数据来源
已获利息倍数	已获利息倍数＝息税前利润总额／利息支出	利润及利润分配表和基本情况表
销售（营业）增长率	销售（营业）增长率＝（本年主营业务收入增长额／上年主营业务收入总额）×100%	利润及利润分配表和基本情况表
资本积累率	资本积累率＝（本年所有者权益增长额／年初所有者权益额）×100%	资产负债表
资本保值增值率	资本保值增值率＝（扣除客观因素后的年末所有者权益额／年初所有者权益额）×100%	资产总量及保值增值情况表
主营业务利润率	主营业务利润率＝（主营业务利润／主营业务收入净额）×100%	利润及利润分配表
盈余现金保障倍数	盈余现金保障倍数＝经营现金净流量／净利润	现金流量表
成本费用利润率	成本费用利润率＝（利润总额／成本费用总额）×100%	利润及利润分配表
存货周转率	存货周转率（次）＝主营业务成本／存货平均余额	利润及利润分配表
应收账款周转率	应收账款周转率（次）＝主营业务收入净额／应收账款平均余额	资产负债表及资产减值准备、投资及固定资产情况表
不良资产比率	不良资产比率＝（年末不良资产总额／年末资产总额）×100%	资产负债表和基本情况表
现金流动负债比率	现金流动负债比率＝年经营现金净流量／年末流动负债×100%	资产负债表
新业务增长率	新业务增长率＝（当年新业务收入净额／当年主营业务收入净额）×100%	基本情况表
内销额增长率	内销额增长率＝（当年内销收入净额－上年内销收入净额／上年内销收入净额）×100%	利润及利润分配表
速动比率	速动比率＝（速动资产／流动负债）×100%	资产负债表
三年资本平均增长率	三年资本平均增长率＝[（年末所有者权益总额／三年前年末所有者权益总额）$^{\frac{1}{3}}$－1]×100%	资产负债表
三年销售平均增长率	三年销售平均增长率＝[（当年主营业务收入总额／三年前主营业务收入总额）$^{\frac{1}{3}}$－1]×100%	利润及利润分配表
技术投入比率	技术投入比率＝（当年技术转让费支出与研发投入／当年主营业务收入净额）×100%	基本情况表

二、组织类指标

关键绩效指标	指标定义 / 计算公式	数据来源
经营者基本素质	指企业现任领导班子的智力素质、品德素质和能力素质等，具体包括知识结构、道德品质、敬业精神、开拓创新能力、团结协作能力、组织能力和科学决策水平等	人力资源部人员情况报表
产品市场占有能力	指企业主导产品由于技术含量、功能性质、质量水平、品牌优势、营销策略等因素决定的市场占有能力。可以借助企业销售收入净额与行业销售收入净额的比值来加以判断	企业经营计划
基础管理水平	指企业在生产经营过程中形成和采用的维系企业正常运转及生存与发展的企业组织结构、内部经营管理模式、各项基础管理制度、激励与约束机制、信息支持系统、安全生产管理制度等	企业管理年报
发展创新能力	指企业在市场竞争中为保持竞争优势，不断根据外部环境进行自我调整和革新的能力，包括管理创新、产品创新、技术创新、服务创新、观念创新等	人力资源考核报告
经营发展战略	指企业科技投入、产品开发、市场营销、设备更新、项目规划、资产重组、资本筹措及人力资源等方面的策略	企业经营计划
在岗员工素质状况	指企业普通员工的文化水平、道德水准、专业技能、组织纪律性、参与企业管理的积极性及爱岗敬业精神等方面	人力资源部人员统计表
技术装备更新水平（服务硬环境）	技术装备更新水平是工业企业专用的评价指标，指企业主要生产设备的先进程度和生产适用性、技术水平、开工及闲置状况、更新改造情况、技术投入水平以及采用的环保技术措施等。服务硬环境是指商场等商贸、服务场所的装饰装潢、环境卫生、设备性能等情况	固定资产统计表
综合社会贡献	指企业对经济增长、社会发展、环境保护等方面的综合影响，主要包括对国民经济及区域经济增长的贡献、提供就业和再就业机会、履行社会责任与义务以及信用情况、对财政税收的贡献和对环境的保护等	人力资源统计报表

三、营运类指标

关键绩效指标	指标定义/计算公式	数据来源
人力成本总额控制率	实际人力成本/计划人力成本×100%	企业年度会计报表
书面流程和制度所占的百分率（ISO标准）	书面化流程和制度的数目/需要制定的流程和制度总数×100%	书面化流程与制度的规定
各部门预算准确率	（1−超出或未达到的预算/部门预算）×100%	各部门费用预算达成率
股东及董事满意度	股东及董事对董办工作的满意度	满意度调查
与股东、董事沟通的及时性、准确性	及时、准确与股东、董事沟通的程度	上级评价
工作制度和工作流程实施、改进比率	实施的新制度和流程数/制定的新制度和流程总数×100%	集团组织评估
创新建议采纳率	被采纳的创新建议数量/部门建议总数量×100%	创新建议采纳记录
员工培训与激励满意度	满意度调查问卷得分=满意度调查平均百分比×100	集团组织评估
企业文化建设任务达成率	企业文化建设实际达到的效果/预期达到的效果×100%	工作记录
机构内设控制率	集团下实际部门及岗位设置数/计划设置数×100%	人力资源部上报文件
人员编制控制率	实际人力/计划人力编制×100%	人力资源部上报文件
与研究及政府部门建立联系	与国家研究部门及政府部门联系的广泛与密切程度	上级评价
绩效考核按时完成率	按时完成的绩效考核数/绩效考核总数×100%	绩效考核记录
工作目标按计划完成率	实际完成工作量/计划完成量×100%	工作记录
风险控制（账龄或余货倍数）情况	资信管理制度完善，账务记载完整、清晰，分公司、商业三账一致；按规定进行账龄（或余货倍数）分析，建立了风险预警系统	集团组织评估
财务报表分析及时性及准确性	各种报表分析及其他财务资料报送及时、全面，内容正确，符合要求	工作记录
回款计划达成率	实际回款额/预算回款额×100%	工作记录

续表

关键绩效指标	指标定义/计算公式	数据来源
部门工资福利控制率	实际人工费用/计划人工费用预算×100%	人力资源部上报文件
关键人才流失率	关键人才流失人数/关键人才总数×100%	人力资源部上报文件
工资总额控制率	集团控制范围内工资总额不超预算的××%	财务报告
人员选拔	选拔人员质量高、到岗周期短，各部门领导满意	人力资源部上报文件
部门员工满意度	部门满意度指标达到××%（年终全体员工民主评议满意度达到××%）	集团组织评估
组建学习型团队	学习完成率＝参加学习次数/公司规定的学习次数×100%	工作记录
制度执行情况	（100分−每违反制度操作一次扣10分）×权重	工作记录
部门费用预算目标达成率	当期部门实际费用发生额/当期部门预算×100%	财务报告
文印管理	内部行文和印章管理出现一次差错扣20分；满分100分	工作记录
安全保卫重大事故发生率	安全保卫重大事故发生一次，此项指标为0；没有发生，此项指标为1	工作记录
设备维修及时率	维修及时率＝维修完成时间−设备出现故障时间，小于5小时为1；大于5小时为0	集团组织评估
上级满意度（追踪、督办、协调、反馈）	满意度得分＝满意度调查平均百分比×100%	工作记录
费用控制率	当期部门实际费用发生额/当期部门预算×100%	工作记录
专项职能管理满意度	满意度调查问卷得分＝满意度调查平均百分比×100	工作记录
会计业务准确率	当期会计业务出错次数/当期完成会计业务量×100%	工作记录
编制与申报财务报表及时率	当期及时编制与申报报表次数/当期应该编制与申报报表次数×100%	工作记录

续表

关键绩效指标	指标定义/计算公式	数据来源
依法取得税收优惠政策	通过努力，取得公司尚未享有或优于已享有的优惠政策	集团组织评估
质量控制目标	客户非关键质量问题投诉一次扣10分；重大质量问题全扣；满分100分	工作记录
集团采购到货及时率	没有按照要求的到货时间到货的，出现一次扣30分（与需求方事先约定的除外，满分100分）	工作记录
采购质量	原辅包装材料合格率在98%以上得满分；合格率在90%～97%，扣10分；合格率在90%以下，全扣	工作记录
司机行车安全性	损失在2000元以上的大事故此项分数全扣；一般小事故扣10分；满分100分	工作记录
采购员廉政建设	每季度对采购人员进行一次廉政培训和检查，检查没有发现问题的，得满分；出现问题的此项全扣	集团组织
大小会议安排满意度	客户投诉一次扣10分；满分100分	集团组织
项目可行性分析报告完成率	可行性报告完成率=可行性分析报告完成数量/投资项目调研数量×100%	集团组织评估
战略规划项目完成率	按照计划进度完成项目数/总项目数×100%	工作记录
固定资产管理	1分：没有完整的资产管理文档库 3分：资料基本完整，及时更新，及时统计 4分：能建立主动收集相关信息的渠道，确保固定资产无损失；制定相关的管理制度，并监督执行 5分：超出领导期望	工作记录
建立档案管理体系	1分：文档不完整，整理不及时 3分：文档无遗漏，所有文档进行了编号，能按规定或要求第一时间提交 4分：有计划有系统地管理文档，建立了文档收集渠道 5分：超出上级及员工的期望，满意率高	工作记录
文件传递	1分：态度差，文件传递有差错 3分：文件传递及时准确，较少延迟 4分：文件传递100%准确及时，资料齐备 5分：积极主动，双向沟通，确保文件流转高效，文件传递100%准确及时	工作记录

续表

关键绩效指标	指标定义/计算公式	数据来源
车辆维护	1分：工作被动，有一定安全隐患 3分：按时完成车辆年审，及时保养和维修车辆，无安全隐患 4分：建立车辆管理档案，有计划地进行车辆管理和车辆维护，宣传交通安全知识 5分：超出上级及员工的期望，满意率高	工作记录
办公耗材等采购	3分：有计划性地了解需求，及时采购 4分：工作计划性强且及时，采购物品物美价廉，贵重耗材提交三家报价单，制定相应的采购管理办法 5分：采购管理办法完善并有效执行	集团组织评估
总部办公信息发布	1分：被动地完成信息发布工作 3分：及时收集、整理、更新有关（会议、差旅等）信息，准确及时发布信息，较少差错 4分：准确及时发布信息，无差错 5分：主动开发信息服务方式，有创新，超出主管期望，准确及时发布信息，没有差错	工作记录
接待工作	1分：态度一般，被动地完成基本工作 3分：态度好，积极主动，工作符合礼仪标准，较少投诉 4分：态度好，积极主动，工作表现达到经理要求 5分：态度好，热情，服务标准和效率超出主管和客户的期望；前台布置新颖，充分提升公司形象	工作记录
合同审核	1分：被动工作，不够熟悉公司业务 3分：合同完整、易于理解，能够及时制定 4分：能指导内部客户，提升合同制定和谈判的水平 5分：内部客户对合同满意，合同条款对公司有利	工作记录

第二章　目标锁定：精准指导战略解码

战略解码就是系统破译企业战略，将企业战略转化为全体员工可理解、可执行的行为，让每个员工都知晓自己的日常工作与企业战略之间的联系，确保每一个管理者都愿意根据企业战略来管理并指导员工提升绩效的过程。也就是说，战略解码是将企业战略转化为具体行动的过程，是"化战略为行动"的有效工具。对于战略解码，通常采用集体研讨的形式，对企业战略目标进行拆解，同时制订出具体的行动计划，并以员工能够理解的形式清晰地描述出来，然后将责任逐层分解到人，确保企业战略有效执行。

* * *

第一节　企业战略解码的工具

企业战略解码是将宏观的企业战略转化为具体的、可操作的目标和行动方案的过程，这一过程需要借助有效的工具来实现。

一、平衡计分卡（BSC）

平衡计分卡（BSC）是加强企业战略执行力的最有效的战略管理工具是在战略目标的牵引下，从财务、客户、内部流程、学习与成长四个维度，对战略目标基于组织结构进行自上而下的垂直分解。

（一）平衡计分卡的四个维度

平衡计分卡的四个维度如图 2-1 所示。

1. 财务维度

这一维度是解决"股东如何看待我们"这一类问题，表明企业的努力是否对经济效益产生了积极的作用，因此，财务维度是其他三个维度的出发点和归宿。

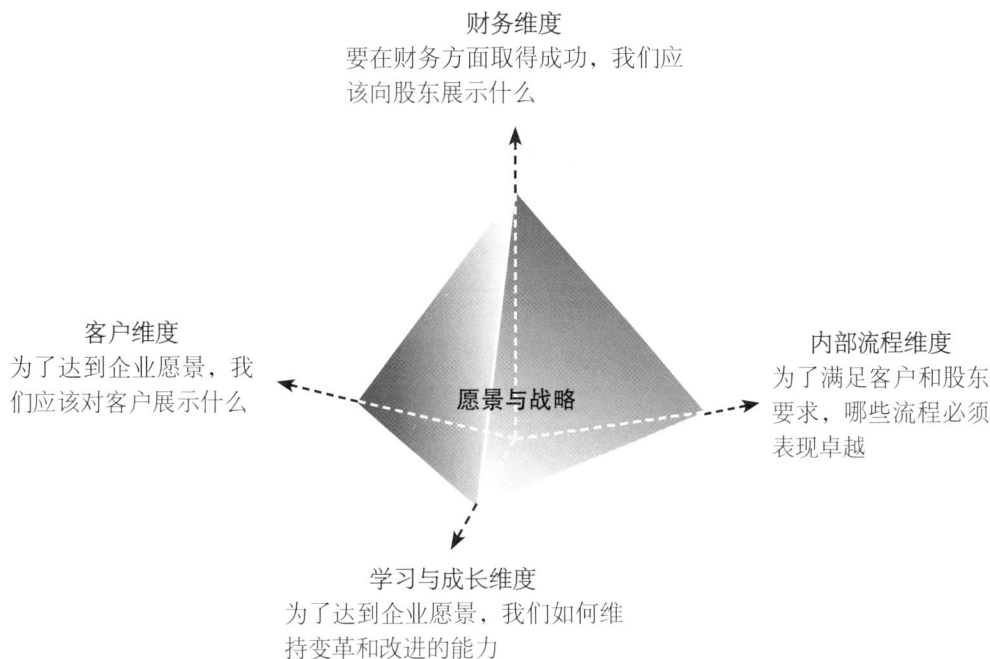

图 2-1　平衡计分卡的四个维度

2. 客户维度

这一维度回答的是"客户如何看待我们"的问题。客户是企业之本，是现代企业的利润来源，应成为企业的关注焦点。客户维度体现了企业与客户关系的维护，是 BSC 的平衡点。

3. 内部流程维度

内部流程维度着眼于企业的核心竞争力，回答的是"我们的优势是什么"的问题。因此，企业应当甄选出那些对客户满意度有较大影响的业务流程（包括影响时间、质量、服务和生产率的各种因素），明确自身的核心优势，并把它们转化成具体的测评指标。内部流程是企业改善经营业绩的重点。

4. 学习与成长维度

这一维度解决"我们是否能持续为客户创造并提升价值"这一类问题。只有持续提高员工的技术水平和创新能力，才能不断开发新产品，为客户创造更多价值，并提高企业的经营效率，增加利润和股东价值。

（二）四个维度的重要关注点

四个维度的重要关注点如图 2-2 所示。

财务维度 ☞	主要关注的是如何满足所有者的权益。企业在市场竞争中，必然要通过努力获得发展，因此财务指标是一个重要的指示器。企业改善内部流程、关注学习与成长，提高客户满意度，最终都是为了提升财务各项指标
客户维度 ☞	主要关注客户如何看待企业，企业可以在多大程度上提供客户满意的产品和服务，重要的指标有市场份额、客户满意度、客户保有率、新客户开发率等
内部流程维度 ☞	主要关注企业哪些流程表现优异才能实现战略目标。例如，为获得客户的满意，为提供高质量的产品，为获取市场领先地位，内部业务流程应该达到什么程度
学习与成长维度 ☞	主要关注企业具备或提高哪些关键能力才能提升内部流程，进而实现客户和财务的目标

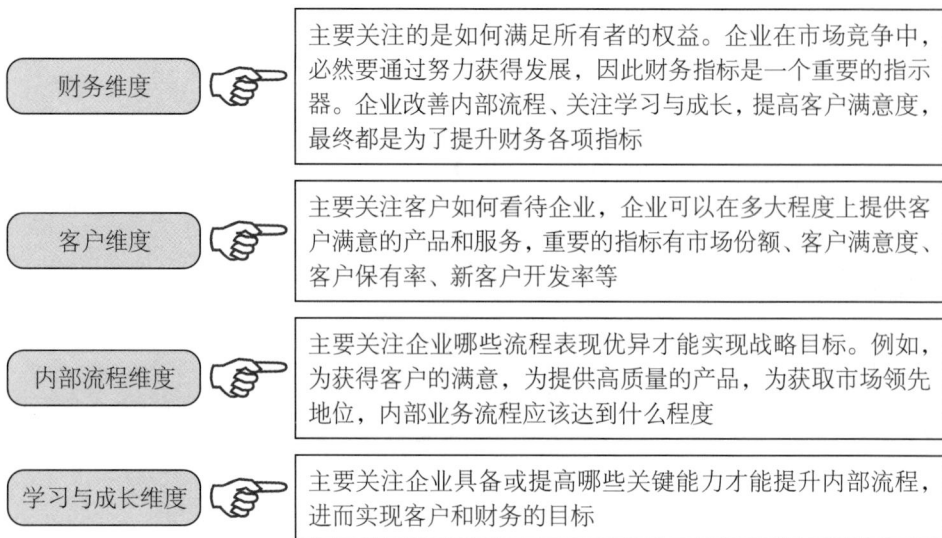

图2-2　平衡计分卡四个维度的重要关注点

平衡计分卡中的每一项指标既是结果又是驱动因素，把相关部门的目标同企业战略联系在一起。员工的技术水平和创新能力决定了产品／服务质量和销售业绩；产品／服务质量决定了顾客满意度和忠诚度；顾客满意度和忠诚度及产品／服务质量等决定了财务状况和市场份额。为提高经营成果，必须赢得顾客的信赖；要使顾客信赖，必须提供顾客满意的产品，为此需要改进内部生产流程；要改进内部生产流程，必须对员工进行培训，开发新的信息系统。

二、杜邦分析法

杜邦分析法是由美国杜邦财务公司经理人员总结的一套综合分析方法，是利用各个主要财务比率之间的内在联系，建立财务比率分析模型，综合分析和评价企业财务状况和经营业绩的方法。

杜邦分析法有助于企业管理层更加清晰地了解权益资本收益率的决定因素，以及销售净利润率与总资产周转率、债务比率之间的相互关系，给管理层提供一张明晰的分析资产管理效率和股东投资回报率的路线图。

杜邦分析法以净资产报酬率为起点，按综合到具体的逻辑关系层层分解为财务报表原始构成要素或项目，如图2-3所示。

图2-3中各财务指标之间的关系为：

（1）股东权益报酬率与资产报酬率及权益乘数之间的关系表述如下。

$$股东权益报酬率=资产报酬率×权益乘数$$

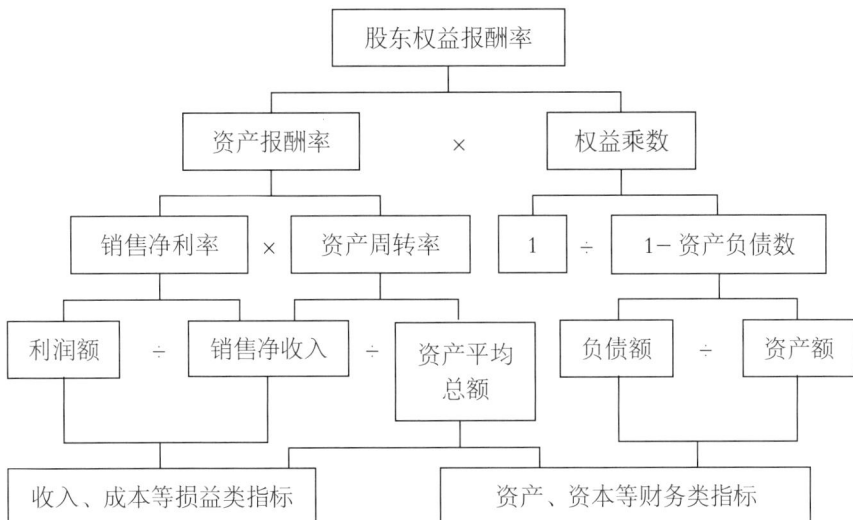

图 2-3　杜邦财务分析体系图

（2）资产报酬率与销售净利率及资产周转率之间的关系表述如下。

$$资产报酬率=销售净利率×总资产周转率（杜邦等式）$$

（3）销售净利率与净利润及销售净额之间的关系表述如下。

$$销售净利率=净利润÷销售收入净额$$

（4）资产周转率与销售净额及资产总额之间的关系表述如下。

$$资产周转率=销售收入净额÷资产平均总额$$

（5）权益乘数与资产负债率之间的关系表述如下。

$$权益乘数=1÷（1-资产负债率）$$

杜邦财务分析体系表明了上述几种财务比率之间的关系，然后将净利润、总资产进行层层分解，全面、系统地揭示企业的财务状况以及财务系统内部各个因素之间的相互关系。

第二节　科学拆解，步步为营

一、梳理企业战略

企业实施战略绩效管理，首先要进行战略梳理，明确企业战略的主要内容，具体步骤为：

（1）明确企业愿景与战略目标体系。

（2）对外部环境与行业现状进行分析。

（3）对内部资源利用率进行分析。

（4）确立总体战略及具体目标，分析企业核心竞争力或成功关键因素，明确职能战略及战略实施计划。

经过这四步就对企业的战略体系有了充分的把握，而绩效管理则是企业实现战略目标的有效手段。总体战略目标是企业使命的具体化，是企业追求的较高层级目标。所谓企业使命，就是企业在社会、经济发展中的角色和责任，即企业存在的理由和价值，通常具有相对的稳定性。

二、绘制战略地图

梳理了企业的战略后，接下来的工作是绘制战略地图。

战略地图是以平衡计分卡的四个维度（财务、客户、内部流程、学习与成长）为核心，根据这四个维度的相互关系而绘制的企业战略因果关系图。

战略地图的绘制工具就是价值树模型，即运用价值树模型，将企业的战略目标按照从上到下的逻辑关系进行层层剖析，依次分为财务、客户、内部流程、学习与成长四个层面，具体如表2-1所示。

表2-1　战略地图的四个层面

序号	层面	重点
1	财务层面	财务层面主要阐明了企业经营活动所产生的可衡量的财务结果，体现了股东价值的增值
2	客户层面	客户层面的重点关注企业期望获得的客户和细分市场，如何满足内部和外部客户的需求
3	内部流程层面	内部流程层面的关注点是，为了吸引并留住目标市场的客户，并实现股东期望的财务回报率，企业必须建立什么样的核心经营流程，并以什么样的核心价值观为导向
4	学习与成长层面	学习与成长层面的关注点是，为了取得突破性的业绩与成果，企业员工需要具备的什么样的核心知识与创新精神

平衡计分卡每一个目标的含义一般只需要两个绩效指标就能准确地表达清楚，管理者在具体操作时可以设法将每个维度的目标控制在3个以内。平衡计分卡的两位作者——卡普兰教授和诺顿博士认为：平衡计分卡的每个维度需要4~7个指标就可以了，这样16~28个指标就基本上能够满足整体需要，其中，财务维度3~4个指标、客户维度5~8个指标、内部流程维度5~10个指标、学习成长维度3~6个指标。

案例

以下列举三个企业战略目标地图。

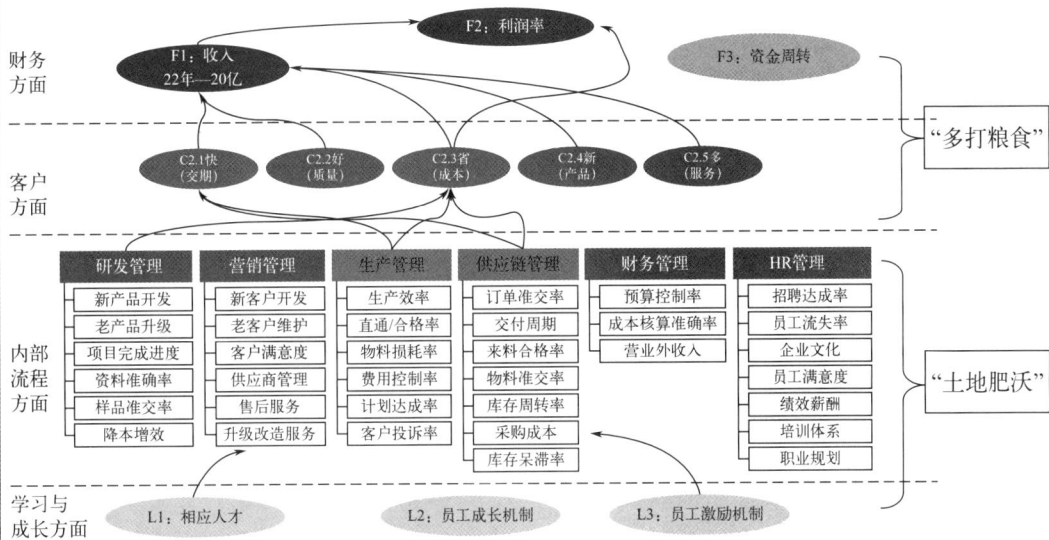

企业战略目标地图（1）

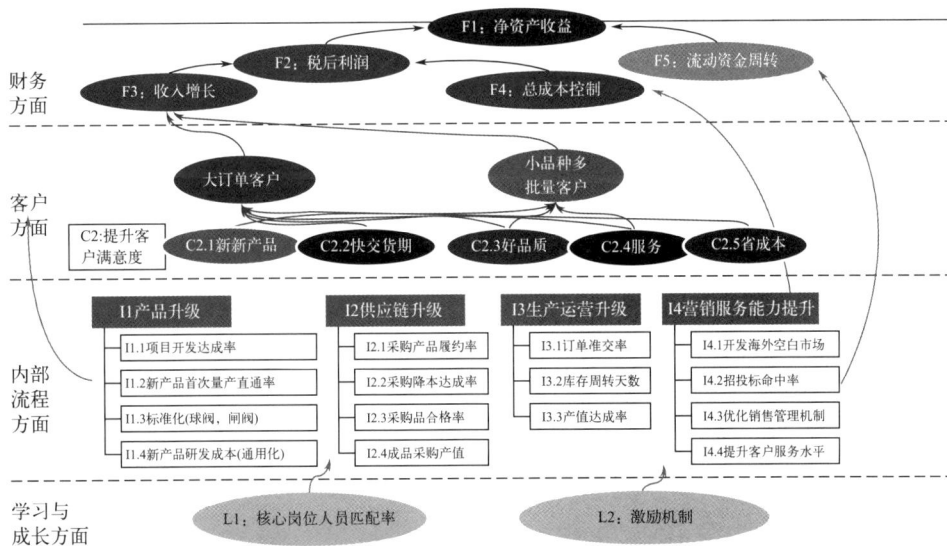

- 财务方面
  - F1：收入 22年—20亿
  - F2：利润率
  - F3：资金周转
- 客户方面
  - C2.1快（交期）
  - C2.2好（质量）
  - C2.3省（成本）
  - C2.4新（产品）
  - C2.5多（服务）
- "多打粮食"
- 内部流程方面

研发管理	营销管理	生产管理	供应链管理	财务管理	HR管理
新产品开发	新客户开发	生产效率	订单准交率	预算控制率	招聘达成率
老产品升级	老客户维护	直通/合格率	交付周期	成本核算准确率	员工流失率
项目完成进度	客户满意度	物料损耗率	来料合格率	营业外收入	企业文化
资料准确率	供应商管理	费用控制率	物料准交率		员工满意度
样品准交率	售后服务	计划达成率	库存周转率		绩效薪酬
降本增效	升级改造服务	客户投诉率	采购成本		培训体系
			库存呆滞率		职业规划

- "土地肥沃"
- 学习与成长方面
  - L1：相应人才
  - L2：员工成长机制
  - L3：员工激励机制

企业战略目标地图（1）

企业战略目标地图（2）

- 财务方面
  - F1：净资产收益
  - F2：税后利润
  - F3：收入增长
  - F4：总成本控制
  - F5：流动资金周转
- 客户方面
  - 大订单客户
  - 小品种多批量客户
  - C2：提升客户满意度
  - C2.1新新产品
  - C2.2快交货期
  - C2.3好品质
  - C2.4服务
  - C2.5省成本
- 内部流程方面

I1产品升级	I2供应链升级	I3生产运营升级	I4营销服务能力提升
I1.1项目开发达成率	I2.1采购产品履约率	I3.1订单准交率	I4.1开发海外空白市场
I1.2新产品首次量产直通率	I2.2采购降本达成率	I3.2库存周转天数	I4.2招投标命中率
I1.3标准化(球阀、闸阀)	I2.3采购品合格率	I3.3产值达成率	I4.3优化销售管理机制
I1.4新产品研发成本(通用化)	I2.4成品采购产值		I4.4提升客户服务水平

- 学习与成长方面
  - L1：核心岗位人员匹配率
  - L2：激励机制

企业战略目标地图（2）

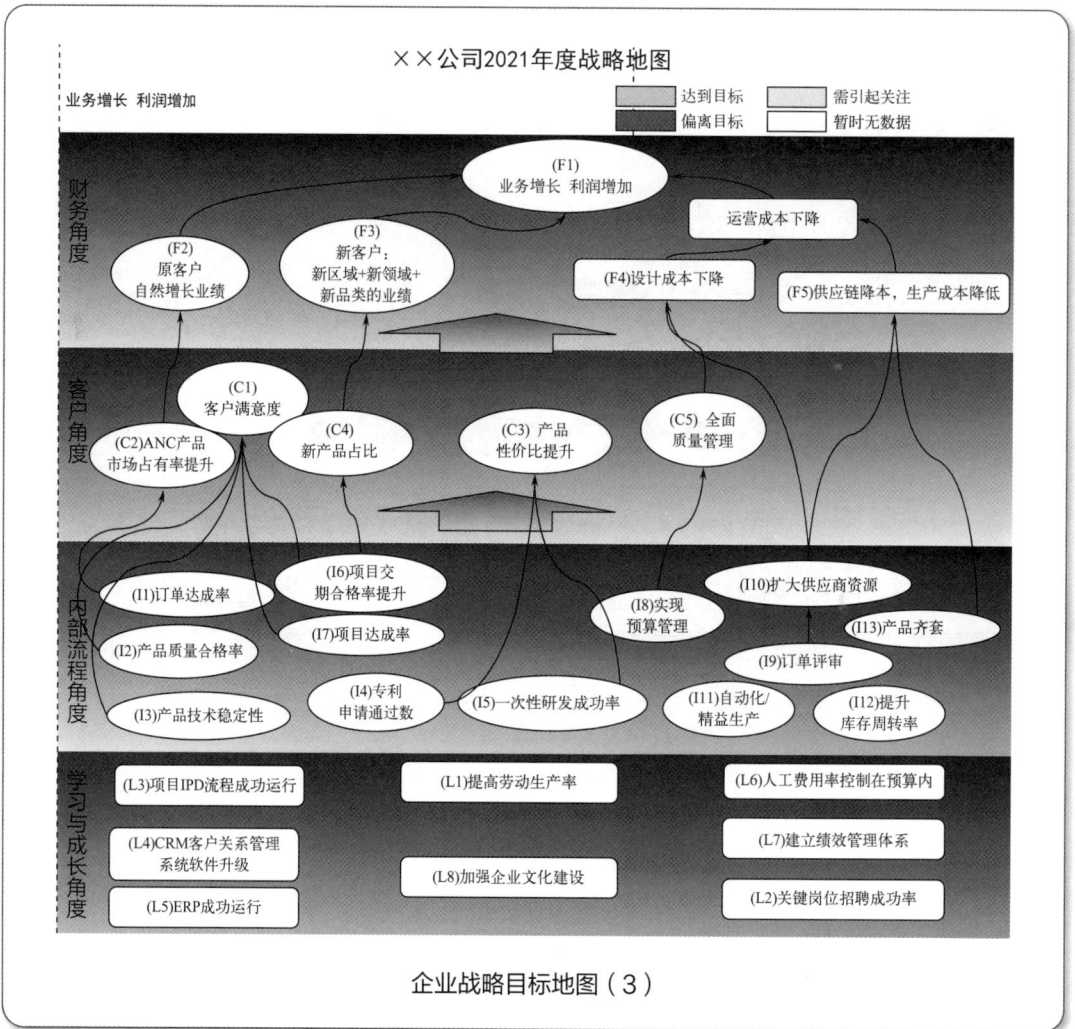

××公司2021年度战略地图

企业战略目标地图（3）

三、识别战略主题

企业战略主题可以分为三类，具体如表2-2所示。

表2-2　战略主题的分类

序号	战略主题分类	简要描述
1	发展战略诉求主题	发展战略也称为集团战略、企业战略，发展战略主要描述企业的业务范围是什么，拟进入哪一个领域，采取哪种（增长、维持还是收缩）发展战略，产品、地域和客户如何选择，采取哪种业务模式（单一化、多元化，相关多元化、无关多元化）等问题
2	竞争战略诉求主题	竞争战略也称为业务单元战略，竞争战略主要描述各业务单元如何应对竞争，即根据战略优势和市场范围，采取差异化还是集中化的竞争手段

续表

序号	战略主题分类	简要描述
3	职能战略诉求主题	职能战略主要描述企业通过哪些方面的努力来增强竞争力，如在财务、营销、人力资源、物流、生产、研发、采购等方面采取何种措施来支持企业战略与业务战略。职能战略更强调具体、可操作性

一个企业的任务系统通常具有长期稳定性，即使在较长的一段时间内也不会有大的变化，因而发展战略相对稳定；竞争战略需要随着市场竞争状况及时变化与调整；而职能战略则是为支持企业战略与业务战略所采取的具体措施。

识别战略主题，可采用职责分析法（Function Analysis System Technique，FAST 法）。企业通常包括市场营销、产品开发、采购供应、生产经营、客户服务等核心价值链，以及人力资源、IT 信息技术、财务、法律、行政后勤、企业文化等辅助价值链，可以通过核心价值链和辅助价值链对战略主题进行相关性识别并分解到各部门，从各部门中寻找能够驱动战略主题与目标的因素。

四、制定战略目标（年度经营目标）

战略目标，是对企业经营活动所取得主要成果的期望。战略目标的设定，是对企业经营目的、社会使命的进一步阐述和界定，也是对企业在既定战略目标下开展经营活动所要达到水平的具体规定。

战略目标是企业使命和职能的具体化描述，一方面，与企业生存有关的各个部门都需要有目标；另一方面，目标还取决于企业的战略。因此，企业的战略目标是多元化的，既包括经济目标，又包括非经济目标；既包括定性目标，又包括定量目标。尽管如此，各个企业制定目标所涉及的领域却是相同的，因为所有企业的生存取决于同样一些因素。彼得·德鲁克在《管理的实践》一书中提出了八个关键领域的目标。

（1）市场方面的目标：表明企业希望达到的市场占有率或在竞争中达到的地位。

（2）技术改进和发展方面的目标：对改进和开发新产品、提供新型服务等内容的认知及采取的措施。

（3）提高生产力方面的目标：有效衡量原材料的利用率，最大限度地提高产品的数量和质量。

（4）物资和金融资源方面的目标：获得物资和金融资源的渠道及其有效利用率。

（5）利润方面的目标：用一个或几个经济目标表明希望达到的利润率。

（6）人力资源方面的目标：包括人力资源的获得、培训和发展，管理人员的培养及个人才能的发挥。

（7）职工积极性方面的目标：对职工采取的激励及薪酬等措施。

（8）社会责任方面的目标：注意企业对社会产生的影响。

【范本 2-1】▶▶

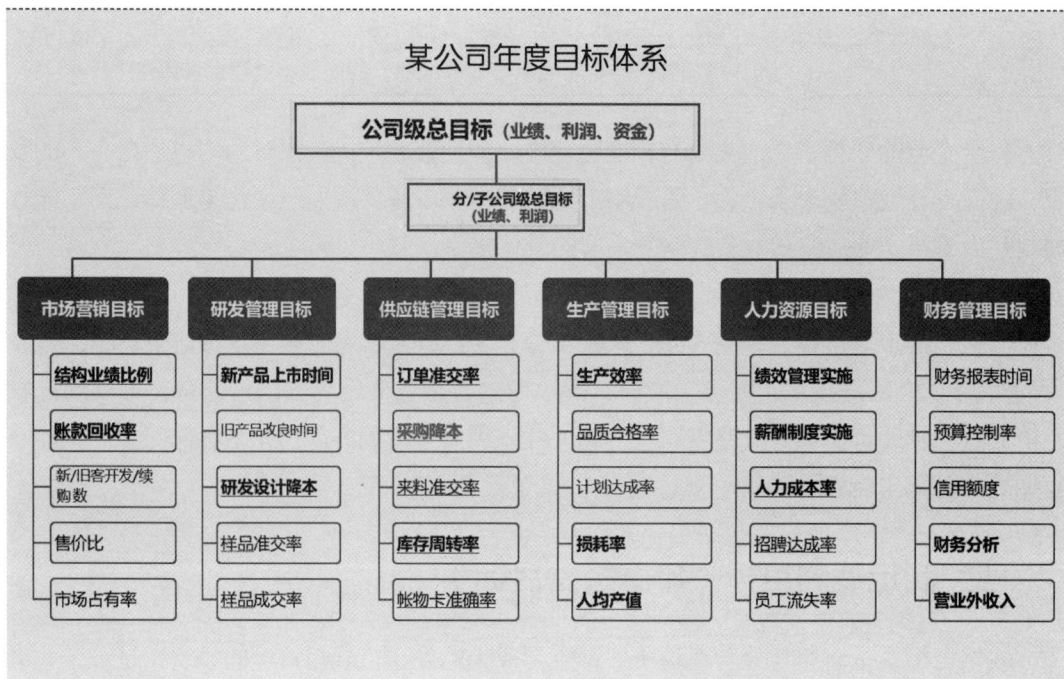

某公司年度目标体系

公司级总目标（业绩、利润、资金）

分/子公司级总目标
（业绩、利润）

市场营销目标	研发管理目标	供应链管理目标	生产管理目标	人力资源目标	财务管理目标
结构业绩比例	新产品上市时间	订单准交率	生产效率	绩效管理实施	财务报表时间
账款回收率	旧产品改良时间	采购降本	品质合格率	薪酬制度实施	预算控制率
新/旧客开发/续购数	研发设计降本	来料准交率	计划达成率	人力成本率	信用额度
售价比	样品准交率	库存周转率	损耗率	招聘达成率	财务分析
市场占有率	样品成交率	帐物卡准确率	人均产值	员工流失率	营业外收入

第三节　业务融合，目标无缝对接

企业要实现持续稳定的发展，提升竞争力、业务融合以及目标无缝对接显得尤为关键。不同业务板块之间紧密融合，目标设定与执行连贯一致，将有助于企业整合资源、提高运营效率，更好地应对市场挑战，达成战略愿景。

企业的战略目标是一个整体，需要科学地分解为各个部门和业务单元的具体目标。这些目标应与企业战略紧密相连，而且相互之间具有逻辑性和连贯性。例如，企业制定了"年度市场份额提升 20%"的战略目标，销售部门的目标可以是提升特定区域的市场份额，市场部门则是提升品牌知名度，研发部门确保产品符合市场需求，各部门目标应协同推进，实现无缝对接。

一、部门绩效目标设计

（一）绩效目标设计的三度一动原则

绩效目标设计应遵循三度一动原则，如图 2-4 所示。

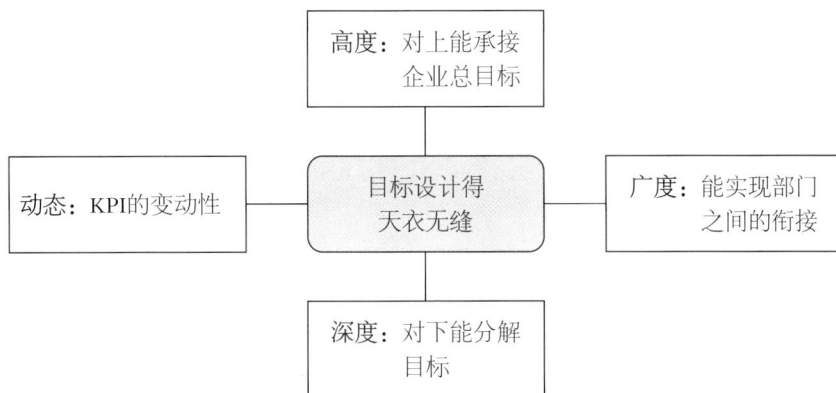

图 2-4 绩效目标设计的原则——三度一动

（1）高度：对上能承接企业总目标，如图 2-5 所示。

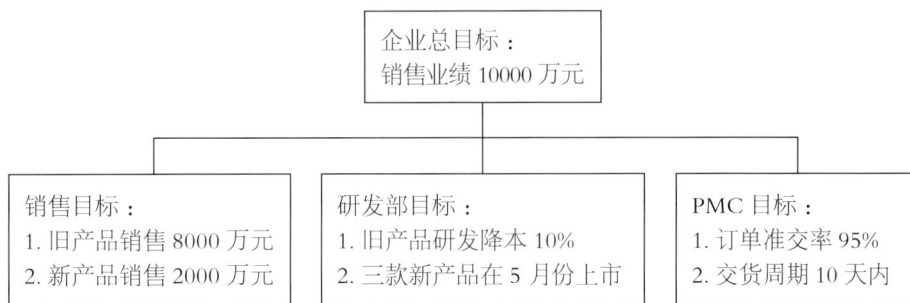

图 2-5 绩效目标的高度

（2）广度：能实现部门之间的衔接，如图 2-6 所示。

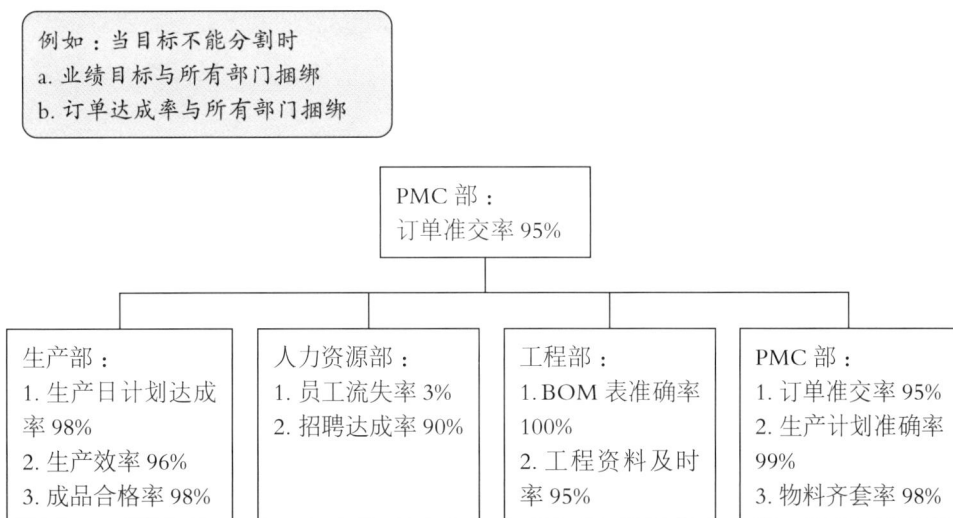

图 2-6 绩效目标的广度

（3）深度：对下能分解目标确保实现，如图2-7所示。

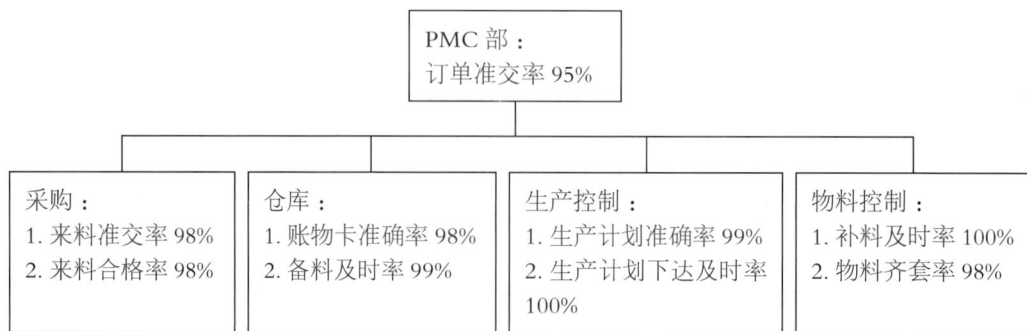

图 2-7　绩效目标的深度

（4）动态：KPI的变动应适应当下，如图2-8所示。

图 2-8　KPI 的变动性

（二）部门绩效目标的设计步骤

1. 明确部门使命

明确部门使命时应当注意以下几点。

（1）部门使命不是部门所有职责的简单叠加，必须能高度概括部门的工作内容，明确部门的职责与目标。

（2）各部门使命是对企业战略的支撑，部门使命必须紧密围绕企业的目标。

（3）部门使命的重点在于描述部门的价值、意义、定位与作用。明确部门使命的过程是各部门主管反复磋商讨论的过程，部门使命必须让每个部门主管心悦诚服，以便为落实企业及各部门指标打下良好基础。明确部门使命的同时，企业管理者还需要对企业的价值链流程进行优化，对企业的组织架构进行梳理。明确部门使命、优化流程、梳理组织架构必须同时进行。

2. 寻找因果关系

因果关系链分析的最合适工具是价值树模型。价值树模型是在目标（或指标）之间寻找对应的逻辑关系，企业运用价值树模型时可以分别列出战略地图中的衡量性目标、对应的关键绩效指标及驱动这些指标的流程与关键绩效。

案例

以下为某企业的价值树模型图示例。

（1）价值树模型图——财务类。

战略主题	关键绩效指标	关键驱动流程	关键流程绩效	可能涉及的部门
提高资产利用率	总资产周转率	应收账款管理流程	应收账款周转率	销售部
			过期应收账款比率	销售部
			坏账比率	销售部
			每位销售员应收账款周转率	销售部
		存货管理流程	存货周转率	储运部 / 生产部
			材料周转率	储运部 / 生产部
			产成品周转率	生产部 / 销售部
		固定资产管理流程	在建工程按期完工指标	企业发展部
			固定资产利用率	企业发展部

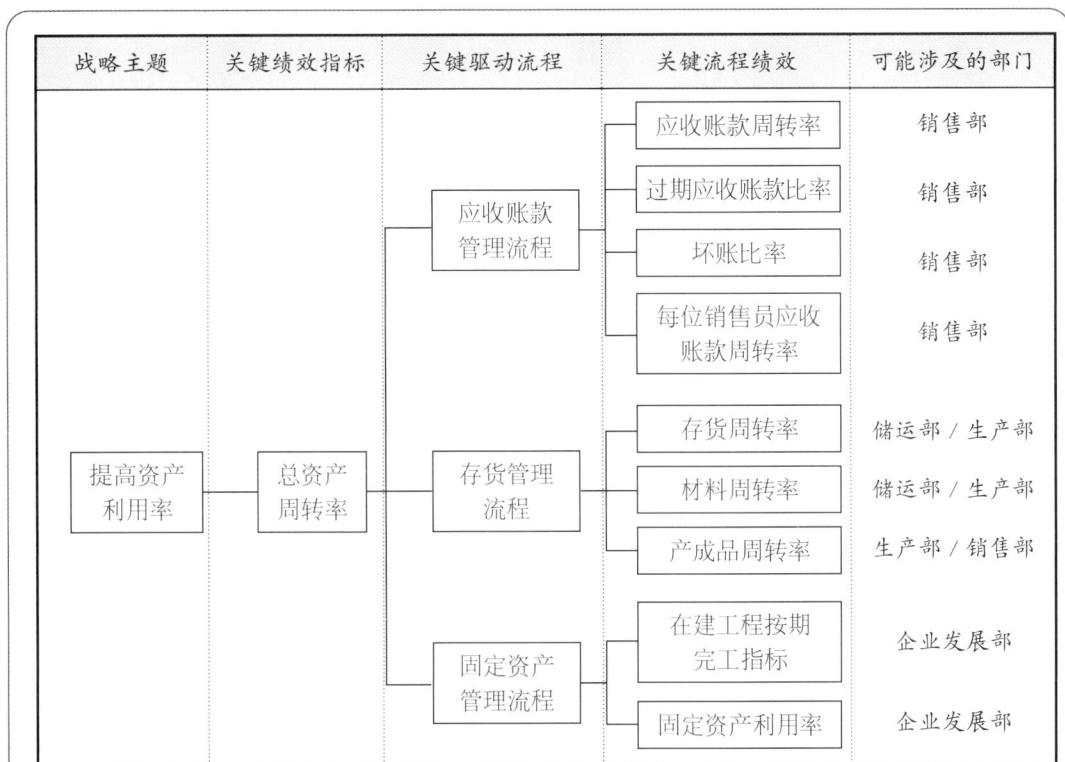

（2）价值树模型图——客户类。

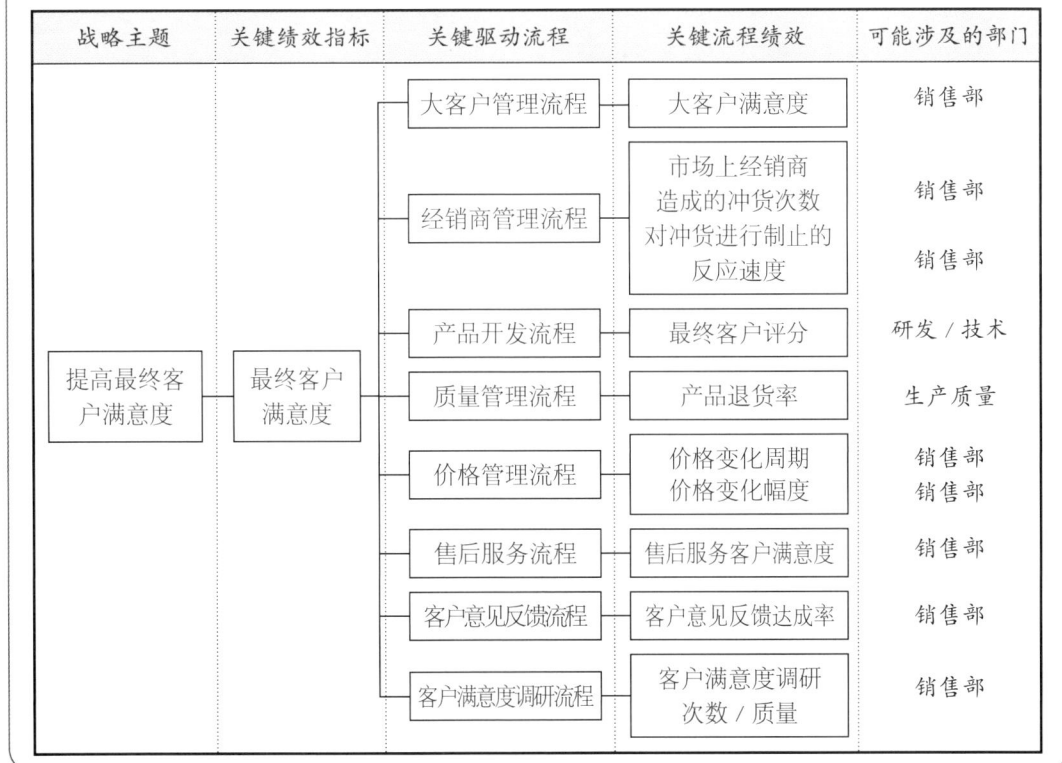

战略主题	关键绩效指标	关键驱动流程	关键流程绩效	可能涉及的部门
提高最终客户满意度	最终客户满意度	大客户管理流程	大客户满意度	销售部
		经销商管理流程	市场上经销商造成的冲货次数	销售部
			对冲货进行制止的反应速度	销售部
		产品开发流程	最终客户评分	研发 / 技术
		质量管理流程	产品退货率	生产质量
		价格管理流程	价格变化周期	销售部
			价格变化幅度	销售部
		售后服务流程	售后服务客户满意度	销售部
		客户意见反馈流程	客户意见反馈达成率	销售部
		客户满意度调研流程	客户满意度调研次数 / 质量	销售部

（3）价值树模型图——内部流程类。

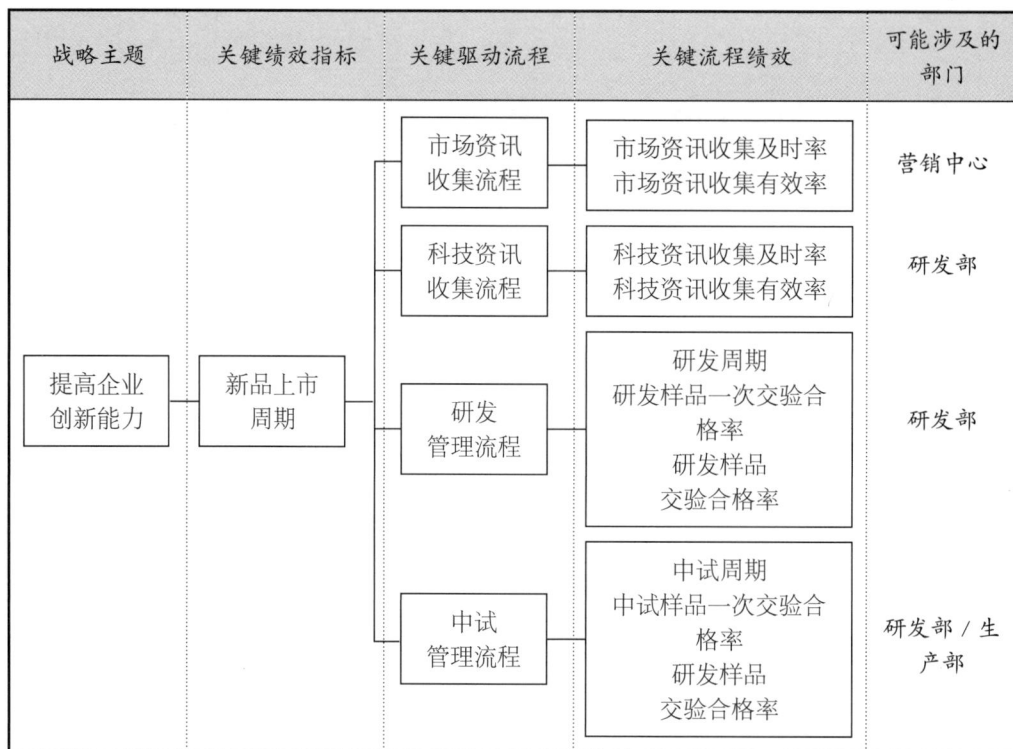

战略主题	关键绩效指标	关键驱动流程	关键流程绩效	可能涉及的部门
提高企业创新能力	新品上市周期	市场资讯收集流程	市场资讯收集及时率 市场资讯收集有效率	营销中心
		科技资讯收集流程	科技资讯收集及时率 科技资讯收集有效率	研发部
		研发管理流程	研发周期 研发样品一次交验合格率 研发样品交验合格率	研发部
		中试管理流程	中试周期 中试样品一次交验合格率 研发样品交验合格率	研发部／生产部

（4）价值树模型图——学习与成长类。

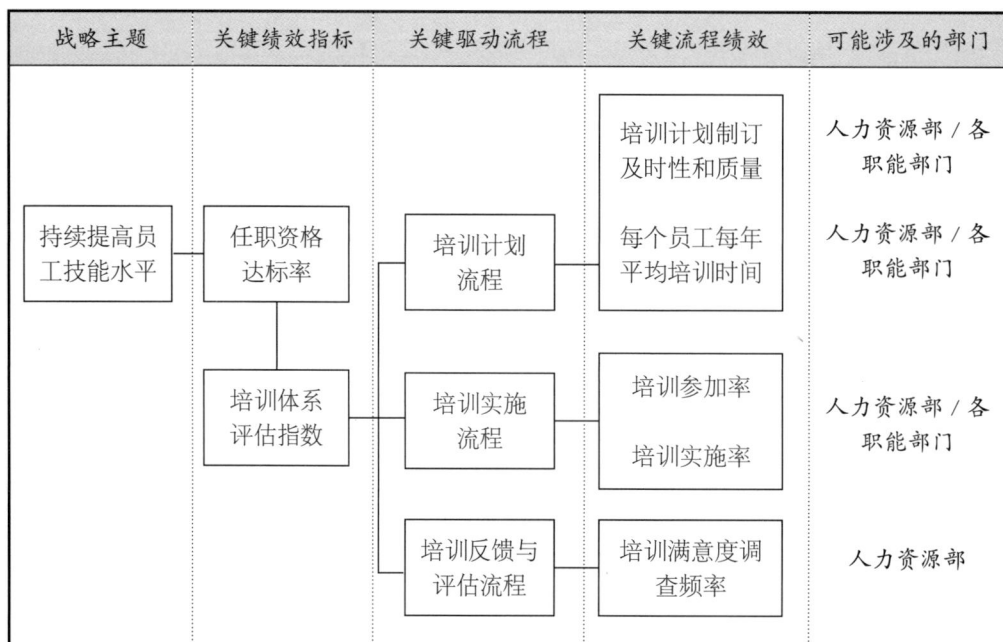

战略主题	关键绩效指标	关键驱动流程	关键流程绩效	可能涉及的部门
持续提高员工技能水平	任职资格达标率	培训计划流程	培训计划制订及时性和质量	人力资源部／各职能部门
			每个员工每年平均培训时间	人力资源部／各职能部门
	培训体系评估指数	培训实施流程	培训参加率 培训实施率	人力资源部／各职能部门
		培训反馈与评估流程	培训满意度调查频率	人力资源部

3. 建立因果关系分析表

通过价值树模型分析后，原来看似杂乱无章的指标之间就建立了因果逻辑关系，这时就可以将指标放到平衡计分卡中，具体可以使用因果关系分析表来完成这项工作。价值树模型分析步骤如图2-9所示。

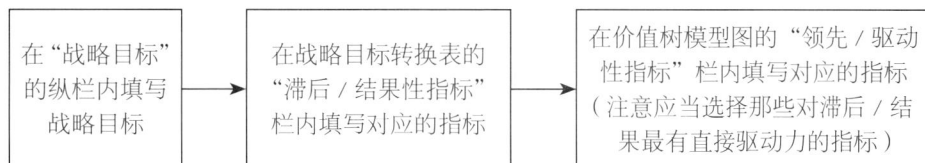

在"战略目标"的纵栏内填写战略目标 → 在战略目标转换表的"滞后/结果性指标"栏内填写对应的指标 → 在价值树模型图的"领先/驱动性指标"栏内填写对应的指标（注意应当选择那些对滞后/结果最有直接驱动力的指标）

图2-9　价值树模型分析步骤

在做该项工作时，要注意滞后性指标与领先性指标之间的对应关系。

案例

因果关系分析表

	战略目标	滞后/结果性指标	领先/驱动性指标
财务	2025年实现利润9000万元……	利润	
	2025年产品销售收入达到3亿元……	销售收入	
	2025年实现××型产品销售收入占主营业务收入的70%……	成本费用总额	优秀供应商比例
			新材料对成本降低的贡献
			生产定额普及率
客户	2025年能使90%的关键客户达到满意……	关键客户满意度	客户投诉反应速度
			客户投诉妥善解决率
	2025年一级市场客户达到15家	一级市场客户数量	品牌美誉度
内部流程	2025年使97%的订单需求得到满足……	订单需求满足率	产能达标
			营销、生产与采购计划有效性
	2025年将因质量问题发生的退换货率控制在1%以下……	退换货率	产品一次交验合格率
			质量管理体系建设
学习与成长	2025年使95%的关键职位员工能力素质达标……	任职资格达标率	任职资格管理体系建设
			培训目标达成率
	2025年使75%的员工达到满意……	员工满意度	薪酬满意度 员工合理化建议采纳数量

4. 落实企业及各部门指标

部门是实现企业战略的主体，在设计部门指标时要依据平衡计分卡的理念，对企业战略实施的结果和过程给予同样的关注，具体可按年度指标与月度指标（也可能是季度指标、半年度指标）等进行综合设计。同时要明确哪些指标放到企业层面考核，哪些指标放到部门层面考核。通常情况下，那些结果性指标（也称为滞后性指标）放到企业层面考核，以年度考核为主；那些过程性指标（也称为驱动性指标）放到部门层面考核，以月度（季度考核、半年度）考核为主。某企业战略地图及各部门指标如表 2-3 所示。

表 2-3　某企业战略地图及各部门指标

战略地图内容	企业目标	承接部门	指标名称
1 销售拓展			
1.1 海外空白市场开发			
1.2 招投标命中率			
1.3 优化销售管理机制			
1.4 提升客户服务水平	客户满意度	销售	客户满意度
2 生产管理			
2.1 产值达成率		生产	生产计划达成率
2.2 订单履约率			
2.3 订单及时交货率	订单达成率	生产	订单达成率
2.4 库存周转天数	库存周转天数	PMC	库存周转天数
2.5 FQC 合格率		生产	FQC 合格率
2.6 一线员工流失率		生产	一线员工离职率
2.7 安全工伤次数		企管、生产	安全事故次数
3 供应链保障			
3.1 成品采购产值达成率（通用化）			
3.2 采购产品履约率		供应链	物料准交率
3.3 采购品合格率		供应链	原辅料合格率
3.4 铜棒采购周期		供应链	物料准交率
3.5 采购降本达成率		供应链	采购降本计划达成率
4 研发和品质驱动			
4.1 新产品研发成本领先（通用化）		研技	产品通用化计划达成率
4.2 项目开发达成率		研技	研发项目计划达成率
4.3 新产品首次量产直通率		研技	新产品首次量产直通率

续表

战略地图内容	企业目标	承接部门	指标名称
4.4 标准化（球阀、闸阀）		研技	标准化（球阀、闸阀）计划达成率
4.5 客验一次合格率		品质	客验合格率
4.6 专利项目申报			
5 财务控制			
5.1 资产投入可行性分析			
5.2 资产稼动率跟踪反馈			
5.3 全面预算管理		财务	企业年度费用预算控制率
6 人力资本建设			
6.1 关键人才招聘与管理		人力	招聘邀约率
6.2 加快人才梯队建设		人力	人才队伍建设
6.3 建立人才评价体系			
6.4 建立薪酬体系		人力	薪酬绩效体系项目达成率
6.5 建立增量绩效体系		人力	绩效考核覆盖率
7 企业资本建设			
7.1 优化管理流程，提升运营效率			
7.2 进一步提升部门管理水平	干部能力提升		
7.3 企业文化落地，提升企业活力		人力	企业文化项目达成率
8 信息资本建设			
8.1 优化信息系统		行政	信息服务及时性
8.2 推进信息化项目落地			
9 品质管理体系建设			
9.1 优化作业标准		品质	品质异常纠正预防措施完成率
9.2 推进体系文件落地		品质	品质异常纠正预防措施完成率
9.3 控制产品报废率		品质	品质异常纠正预防措施完成率
9.4 提高客检一次合格率		品质	客验合格率
9.5 加快供应商指导		品质	供应商帮扶达成率

【范本 2-2】▶▶

海外销售部 ×× 年度经营目标

关键绩效领域	KPI 指标	单位	目标值	指标解释 / 计算公式	数据提供部门
财务方面	销售业绩	数值	1.1亿元	本年度销售业绩总额	财务中心
	预算达成率	比值	95%	本部门预算及实际比率	财务中心
客户方面	大客户开发数量	数值	2个	年业绩贡献在 2000 万元以上的客户开发数量（列出目标大客户）	营销中心
	客户流失率	比值	5%	客户流失和客户保有情况（客户自身经营不善除外）	营销中心
内部流程	项目订单转化率	比值	100%	新产品立项和实际订单的比率	技术中心
	项目回报率	比值	≥3倍	产品生命周期内，项目收益与项目投入比	财务中心
学习与成长	培训计划达成率	比值	100%	实际培训完成项次 / 当期计划项次	管理中心
	人员流失率	比值	5%	离职人数 /（期初人数 + 入职人数）（入职一周内离职的不计入）	管理中心
	稽核检查执行率	比值	95%	以稽核办定期、不定期抽查为准	审计委 / 稽核办

二、岗位绩效目标设计

员工的绩效目标来自企业目标的分解，因此，从理论上讲，如果每个员工都完成了各自的绩效目标，整个企业就能完成总体目标。

全面合理的绩效目标应该以企业发展战略为导向，以工作分析为基础，根据业务流程来制定，并且能促进企业目标实现。绩效目标的设计依据如下。

（一）目标分解

目标分解是指在企业发展战略的指导下，根据年度经营计划，将企业的各项目标由企业到部门、由部门到个人，层层分解下去。下面是某企业目标分解的示例，如图 2-10 所示。

企业战略	销售部门分解战略	销售员工分解战略
抢占市场份额，和对手拉开差距，成为业内规模领先者，市场份额 ×%，客户满意度 ×%……	合同金额优先，合同额达××%，增长××%，市场占有率 ××%	合同额 ××%，增长 ××%，新客户合同占比 ××%

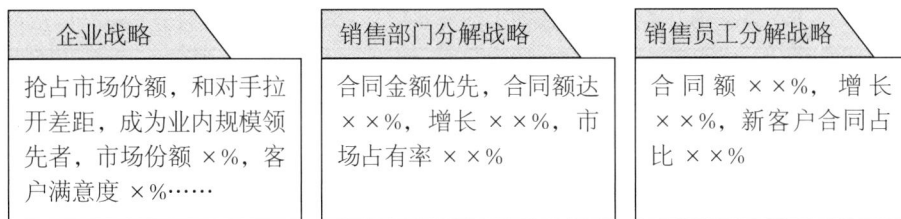

图 2-10　某企业目标分解示例

（二）岗位分析

寻找与企业战略目标一致的要素，确定和这些要素相关的部门，并把部门职责分解到个人的年度工作目标中，同时结合各个岗位的工作内容、性质，初步确定岗位绩效考核的各项指标。例如，某公司今年的战略重心是销售规模提升，提高销售能力是工作重点，将"提高销售能力"的目标分解到人力资源部，如表 2-4 所示。

表 2-4　"提高销售能力"的目标分解

目标	相应职责 / 岗位模块	关键要素
建立销售团队文化	员工关系 / 企业文化	◆销售团队文化建设 ◆销售团队文化宣传 ◆销售团队标杆建设
建立销售激励体系	薪酬福利 / 绩效管理	◆激发型激励政策建设 ◆压力传递式绩效管理政策
提升销售团队能力	学习发展 / 培训管理	◆培训计划 ◆培训时长 ◆讲师队伍建设 ◆知识库建设 ◆培训系统建设
建立销售队伍	招聘管理	◆销售队伍有效规划 ◆稳定核心员工 ◆招聘质量 ◆招聘数量

（三）流程分析

流程分析是指按照企业的战略目标和价值链，寻找关键流程，并综合考虑个人在业务流程中的角色、责任以及上下游之间的关系，最终确定各个员工的当期绩效目标。某公司价值链基础业务中提高资产利用率流程分析，如表 2-5 所示。

表2-5　某公司价值链基础业务中提高资产利用率流程分析

战略主题	绩效指标	关键流程	关键流程绩效	可能涉及的岗位
提高资产利用率	总资产周转率	应收账款管理流程	应收账款周转率	销售经理
			过期应收账款比率	销售经理
			坏账比率	销售经理
			每位销售员应收账款周转率	销售经理
		存货管理流程	存货周转率	生产计划经理
			材料周转率	生产计划经理
			产成品周转率	生产计划经理／销售经理
		固定资产管理流程	在建工程按期完工率	企业发展部门

第三章　增量收益与奖金激励机制设计

增量收益与奖金激励机制的设计对于企业发展至关重要，企业应在深刻理解增量绩效概念的基础上，制定有效的增量收益源开发策略，例如通过开拓新市场、推出新产品、优化业务流程等方式，挖掘潜在的增量收益源，为企业创造更多价值。同时依据增量绩效的达成情况，合理制定奖金激励方案，促使员工主动投身于增量收益的创造中，从而实现企业与员工的双赢。通过这样一套完整的从概念解析、收益源开发到奖励设置的体系，可构建科学合理的增量收益与奖金激励机制。

* * *

第一节　增量绩效概念解析

一、增量绩效的定义

增量绩效，顾名思义，是基于"增量"这一核心概念进行的绩效管理。这里的"增量"指的是在一定的时间内，企业或个人在业绩、利润、市值、资金周转等方面实现的增长。它关注的是员工或团队在特定时期内所实现的额外业绩或成果。

增量可以分为数学增量和经济学增量，如图3-1所示。

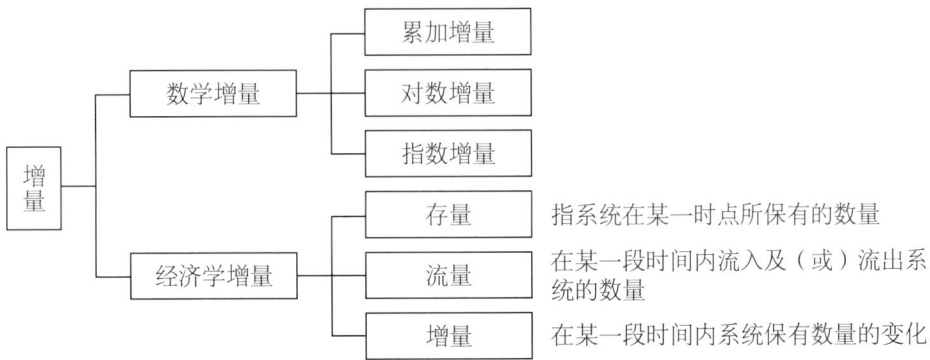

图 3-1　增量的分类

二、增量绩效管理的思维

增量绩效管理的思维遵循"先增量，再分配"的原则（如图3-2所示），它强调获得实际增长后再进行收益分配。

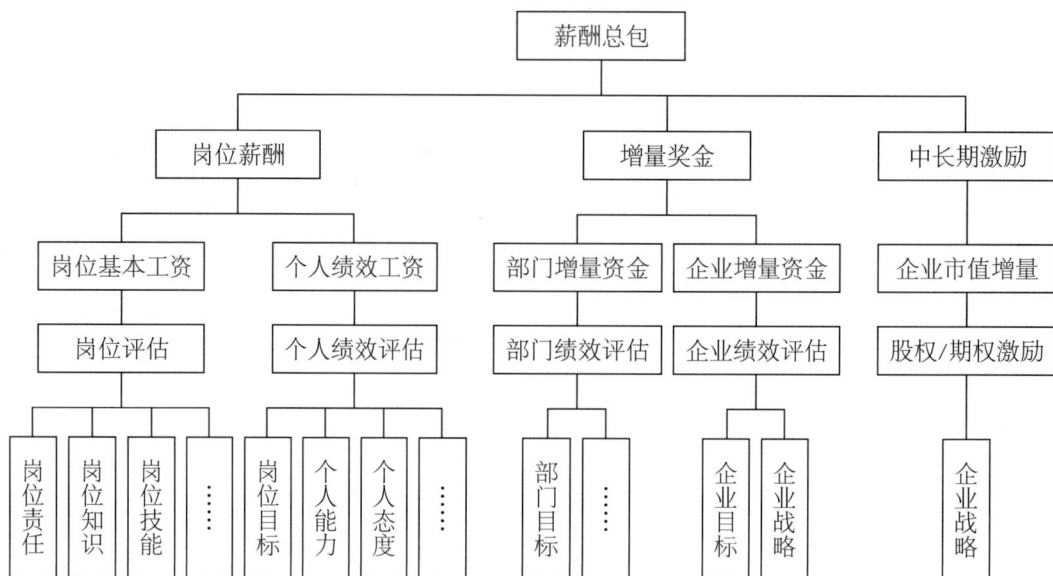

图3-2　增量绩效管理的思维

三、增量绩效的评估方法

增量绩效的评估主要依靠数据和指标，包括销售额的增长、客户满意度的提升、市场份额的扩大等。企业会根据这些具体的数据和指标，来衡量员工或团队在特定时期内的增量绩效。

（一）具体指标的增量评估

具体指标的增量评估说明如图3-3所示。

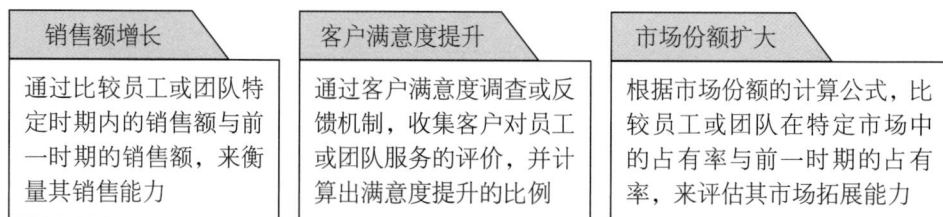

图3-3　具体指标的增量评估说明

（二）综合评估方法

1.360度评估

这种方法涉及多个评估者，包括上级、同事、下属、客户等，他们从多个角度对员工或团队进行绩效评估。虽然这种方法不完全专注于增量绩效，但可以作为增量绩效评估的补充，帮助评估者更全面地了解员工或团队的表现。

2.关键绩效指标（KPI）评估

关键绩效指标（KPI）评估方法是一种基于预设目标的评估方式。企业可以根据增量绩效目标，设定具体的KPI，并在评估期结束时将员工或团队的实际表现与KPI进行对比，从而评估增量绩效的达成情况。

（三）增量绩效指数法

这种方法是通过计算评价期间内某一具体指标期末值与期初值的比值，作为该项指标的绩效指数。计算公式通常为：绩效指数＝（期末值／期初值）×100%。这种方法能够直观反映员工或团队特定指标的增量绩效。

（四）其他评估方法

除了上述方法外，企业还可以根据实际情况采用其他适合的评估方法，如平衡计分卡、目标管理法（MBO）等。这些方法虽然各有侧重，但都可以在一定程度上反映员工或团队的增量绩效。

四、增量绩效激励导向

增量绩效激励的三大导向主要包括增长、增效和增肥，如图3-4所示。

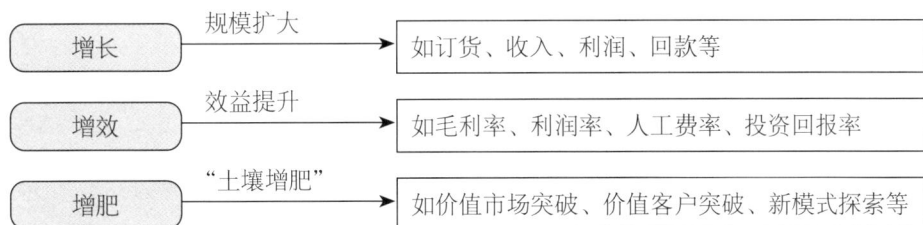

图3-4　增量绩效激励导向

（一）增长

增长导向主要关注企业业务规模的扩大，包括订货量、收入、利润、回款等经济指标的增长。

　　企业规模的扩大有助于企业提升市场影响力，建立成本优势，并增强竞争实力。因此，增长是增量绩效激励的首要导向。

（二）增效

　　增效导向关注的是工作效率和质量的提升，对应的指标包括毛利率、利润率的提升，人工费率、投资回报率的优化等。

　　增效有助于企业在保持或扩大规模的同时，提高盈利能力。这是企业经营过程中不可忽视的方面，也是增量绩效激励的重要导向之一。

（三）增肥

　　增肥导向主要关注的是企业未来持续增长和持续获利的能力，包括价值市场的突破、价值客户的突破，以及新模式、新业务、新技术、新产品的探索等。这也可以理解为企业在"土壤肥力"上的投入，即为了未来的持续增长而进行的战略性和长期性投入。

　　增肥导向有助于企业保持持续的竞争力，在未来的市场竞争中占据有利地位。这也是增量绩效激励中不可或缺的一部分。

　　综上所述，增量绩效激励的三大导向——增长、增效和增肥，共同构成了企业绩效管理和激励机制的核心。这三大导向相互促进、相辅相成，帮助企业在激烈的市场竞争中保持持续的增长和盈利能力。

第二节　增量收益源开发策略

　　降本增效是企业的永恒主题，那降本增效的增量源来自哪里呢，这需要对企业进行全方面的分析与研究。

一、增量收益源的定义

　　增量收益源主要指的是能够为企业或个人带来额外收益的来源或途径。

　　通过增加产量、提高生产效率、扩大市场份额、创新产品或服务等方式，可为企业或个人带来额外收益。这些收益通常与经济增长、市场扩张、产品创新、效率提升等因素密切相关。

二、增量收益源的类型

　　增量收益源的类型如表3-1所示。

表 3-1 增量收益源的类型

序号	类型	说明
1	产量增加	通过提高生产效率、优化生产流程等方式，增加产品或服务的产量，从而带来额外的收益。例如，制造企业通过引入先进的生产设备和技术，提高生产效率，增加产量，进而增加销售收入
2	市场拓展	通过扩大市场份额、开发新市场或新客户、拓展销售渠道等方式，为企业或个人带来额外的收益。例如，零售企业通过开设新店、扩大线上销售渠道，增加销售额
3	产品创新	通过研发新产品或改进现有产品，满足市场需求，提高产品竞争力，从而为企业或个人带来额外的收益。产品创新包括技术创新、设计创新、功能创新等方面。例如，科技企业通过研发新技术、推出新产品，提高市场占有率，增加销售收入
4	效率提升	通过优化内部管理、降低生产成本、提高资源利用效率等方式，提高盈利能力，从而为企业或个人带来额外的收益。例如，企业通过实施精益生产、提高自动化水平，降低成本，增加利润
5	政策优惠	政府为了鼓励企业或个人发展，会提供一系列优惠政策，如税收减免、财政补贴等，可以直接为企业或个人带来额外的收益

三、增量收益源的评估

（一）增量收益源的评估基准

以不同的基准来衡量，会发现增量的难度及额度是不一样的，如图 3-5 所示。

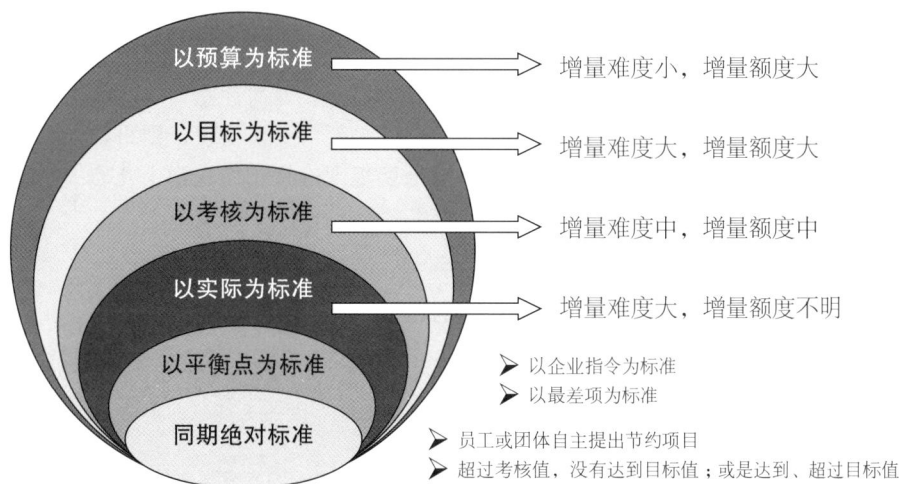

图 3-5 增量收益源的评估基准

（二）增量收益源评估原则

增量收益源的评估虽受特定行业、作业流程等因素制约，但仍存在一系列普适性原则可供参考，具体如表3-2所示。

表3-2　增量收益源的评估原则

序号	原则	说明
1	数字化衡量	增量收益源应具备可量化的特性，以便于准确评估
2	财务可评估性	增量收益源的经济价值应能够通过财务手段进行明确计算，以反映对企业的影响
3	超越常规目标	增量收益源应能实现超月度或季度预设目标的业绩提升
4	创新性贡献	增量收益源应包含创新性的工作成果或产生新的价值点，以体现其对企业发展的推动作用
5	数量与质量双重提升	在保持其他因素不变的情况下，增量收益源应能实现数量与质量的同步提升
6	长期影响	增量收益源的改变或影响应具持续性，原则上评估期限为五年

此外，以下两种情况不属于增量收益源的范畴，如图3-6所示。

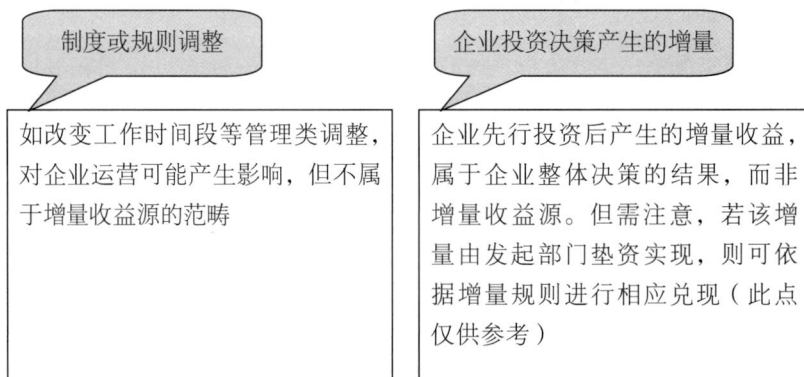

制度或规则调整

如改变工作时间段等管理类调整，对企业运营可能产生影响，但不属于增量收益源的范畴

企业投资决策产生的增量

企业先行投资后产生的增量收益，属于企业整体决策的结果，而非增量收益源。但需注意，若该增量由发起部门垫资实现，则可依据增量规则进行相应兑现（此点仅供参考）

图3-6　不属于增量收益源的情况

（三）挖掘增量收益源的流程

在探索与挖掘增量收益源的过程中，企业需要遵循一套严谨而系统的流程，以确保精

准无误，最大化地提升收益。以下是对这一流程的详细阐述。

1. 对事业部经营数据进行分析

首先，企业需要对事业部的经营数据进行全面而深入的分析，包括销售额、成本、利润、市场份额等关键指标，以及这些指标在时间维度上的变化趋势。通过对这些数据进行细致的分析，企业可以清晰地了解事业部的经营状况，识别出潜在的收益增长点。

2. 对经营维度—占比进行分析

在掌握了事业部整体经营数据的基础上，企业还需要进一步分析各个经营维度的占比情况，包括产品类别、销售渠道、客户群体等维度。通过对比不同维度的占比，企业可以发现哪些维度是收益的主要来源，哪些维度存在增长潜力，从而为后续的增量收益源挖掘提供方向。

3. 增量绩效方法：客户及产品维度

在客户及产品维度，企业需要关注客户需求的变化和产品市场的反馈。通过深入了解客户的购买偏好、消费习惯以及产品使用效果反馈，企业可以开发出更符合市场需求的新产品或优化现有产品，从而提升客户满意度和忠诚度，增加销售额和利润。

4. 增量绩效方法：成本维度——应收账款

在成本维度，应收账款的管理是提升收益的重要手段之一。企业需要建立完善的应收账款管理制度，加强对应收账款的催收和监控，确保资金能够及时回笼。同时，企业还需要优化销售政策，如给予客户合理的信用期限和折扣政策，以平衡销售额和应收账款之间的关系，从而实现收益的最大化。

5. 增量绩效方法：成本维度——库存周转

库存周转是另一个影响收益的重要因素。企业需要优化库存管理策略，降低库存成本，提高库存周转率，包括制订合理的采购计划、优化库存结构、加强库存监控等措施。通过提高库存周转率，企业可以减少资金占用，提高资金使用效率，从而增加收益。

6. 总结事业部增量收益源

在完成以上步骤后，企业应对事业部的增量收益源进行总结，包括识别出的潜在收益增长点、制定的增量绩效方法以及预期的收益提升效果等。通过总结，企业可以清晰地了解事业部在增量收益源挖掘方面的进展和成果，为后续的策略调整和优化提供参考。

【范本 3–1】▶▶▶

某企业事业部增量收益源评估

1. 对事业部经营数据进行分析（节选）

PCB 仪器事业部增量	项目	PCB 材料事业部	PCB 材料事业部各项占比	PCB 仪器事业部	PCB 仪器事业部各项占比	锂电事业部	锂电事业部各项占比
	人数（人）	554	—	892	—	1689	—
分析弱项	一、营业收入（元）	42412489	—	58098370	—	242142282	—
	二、营业成本—产品成本（元）	28474279	67.14%	38289343	65.90%	154587292	63.84%
	产品成本—对外销售	27663453	65.22%	30745318	52.92%	154587292	63.84%
解决方案	产品成本—销售—关联	810826	1.92%	7544025	12.98%	—	0.00%
	三、产品税金及附加（元）	280623	0.66%	280775	0.48%	1145428	0.47%
	四、营业成本—各种费用（元）	5566698	13.13%	17321789	29.81%	38031521	15.71%
增量收益源	1. 销售费用	3086799	7.28%	8300316	14.29%	18956550	7.83%
	工资／社保／公积金	1194122	2.82%	3294069	5.67%	9003076	3.72%
	2. 管理费用	2480958	5.85%	2464436	4.24%	4759179	1.97%
	工资／社保／公积金	1397362	3.29%	1925242	3.31%	3334932	1.38%
如何分配	3. 研发费用	92	0.00%	7254117	12.48%	14576068	6.02%
	工资／社保／公积金	0	0.00%	6048769	10.41%	12089061	4.99%
	4. 财务费用	−1151	0.00%	−697080	−1.20%	−260276	−0.11%
	五、营业利润（元）	8090889	19.08%	2206463	3.80%	48378041	19.98%
预期效果	六、利润总额（元）	7287619	17.18%	1757295	3.02%	44639805	18.44%
	所得税	1093143	2.58%	263594	0.45%	6695970	2.77%
	七、净利润（元）	6194476	14.60%	1493701	2.57%	37943835	15.67%
	净利润目标	14000000	—	10000000	—	46500000	—
	差异（实际−目标）	−7805524	—	−8506299	—	−8556165	—
	工资／社保／公积金小计	2591484	6.11%	11268080	19.39%	24427069	10.09%
	月人均产值	76557	—	65133	—	143364	—
	八、净现金流（万元）	1224	—	109	—	2850	—
	收款金额	4445		6022		24214	
	支出金额	3221		5913		21364	

2. 对经营维度—占比进行分析

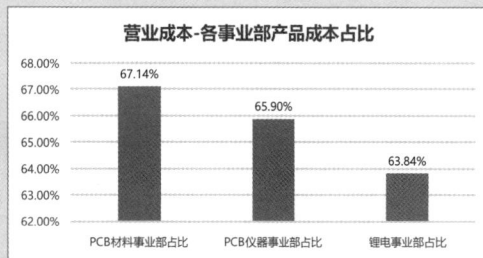

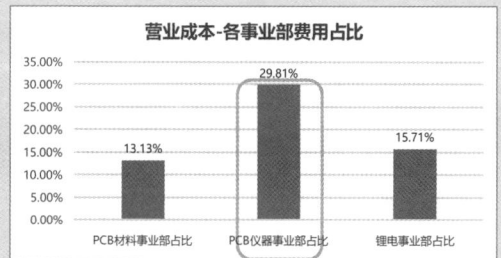

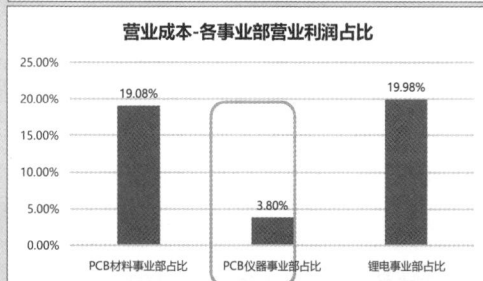

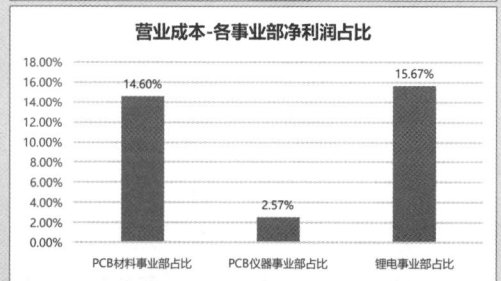

营业成本-各事业部产品成本占比
- PCB材料事业部占比：67.14%
- PCB仪器事业部占比：65.90%
- 锂电事业部占比：63.84%

营业成本-各事业部费用占比
- PCB材料事业部占比：13.13%
- PCB仪器事业部占比：29.81%
- 锂电事业部占比：15.71%

营业成本-各事业部营业利润占比
- PCB材料事业部占比：19.08%
- PCB仪器事业部占比：3.80%
- 锂电事业部比：19.98%

营业成本-各事业部净利润占比
- PCB材料事业部占比：14.60%
- PCB仪器事业部占比：2.57%
- 锂电事业部比：15.67%

三大事业部费用占比相差 16.68%(仪器为 29.81%，材料为 13.13%)，导致利润总额占比差距大，相差 16.18%（锂电最高为 19.98%，仪器最低为 3.80%)，仪器事业部的费用消耗了大部分的利润

3. 增量绩效方法：客户及产品维度

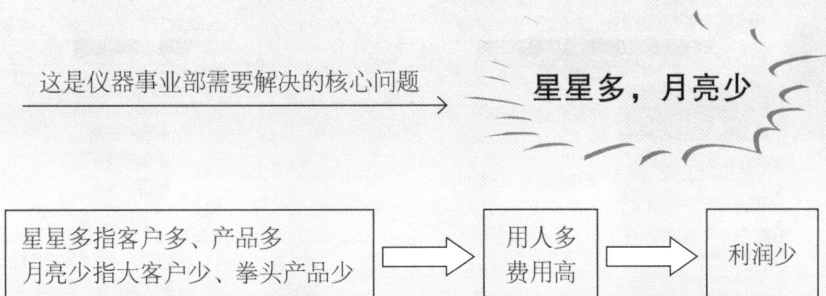

这是仪器事业部需要解决的核心问题 ⟶ **星星多，月亮少**

| 星星多指客户多、产品多
月亮少指大客户少、拳头产品少 | ⟹ | 用人多
费用高 | ⟹ | 利润少 |

4. 增量绩效方法：成本维度——应收账款

单位：万元

项目	PCB 材料事业部	PCB 仪器事业部	锂电事业部
营业收入	4241.25	5809.84	24214.23
应收账款	2847.00	8461.00	23766.31
应收占比	67.13%	145.63%	98.15%
已计提应收坏账准备	333.87	852.00	2498.06
应付账款	1674.00	3843.75	16933.26
应收与应付差额	1173.00	4617.25	6833.05

行动：PCB 仪器事业部应收账款高达 8461 万元，2021 年 1～6 月营业收入为 5809.84 万元，PCB 仪器事业部应收账款过大，导致经营风险增大，现金流紧张

5. 增量绩效方法：成本维度——库存周转

单位：万元

存货类别	PCB 材料事业部	PCB 仪器事业部	锂电事业部
原材料	151.98	1511.87	2272.66
产成品	362.73	2284.99	2910.97
半成品	—	505.09	465.66
周转材料	12.48	0.93	2.34
在制品	41.20	1268.29	4374.28
存货小计	568.39	5571.16	10025.91
收入金额	4241.25	5809.84	24214.23
周转次数	7.46	1.04	2.42

行动：PCB 仪器事业部存货金额高达 5571.16 万元，2021 年 1～6 月营业收入 5809.84 万元，库存周转次数仅为 1.04 次，锂电事业部为 2.42 次，PCB 仪器事业部库存周转率低

6. 总结 PCB 仪器事业部增量收益源

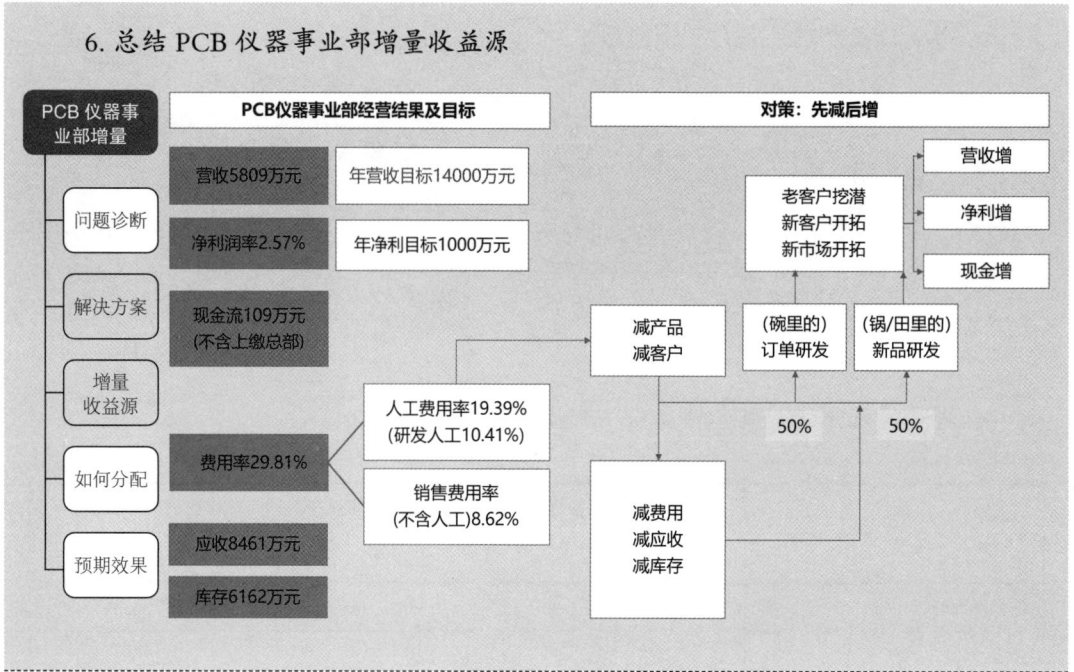

四、各部门增量收益源实例展示

各部门增量收益源举例如图 3-7 至图 3-13 所示。

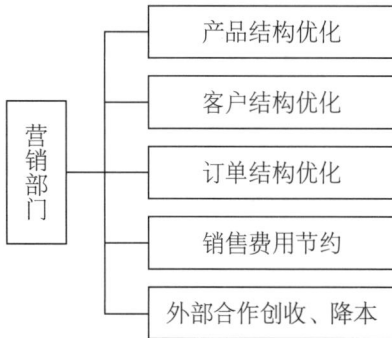

图 3-7　营销部门增量收益源

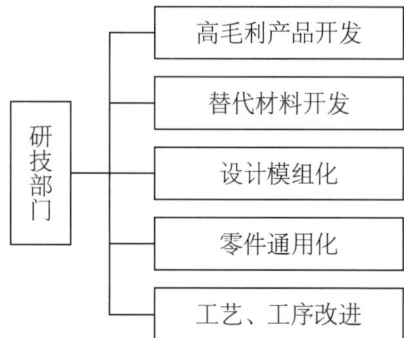

图 3-8　研技部门增量收益源

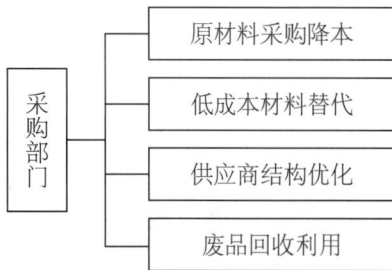

图 3-9　采购部门增量收益源

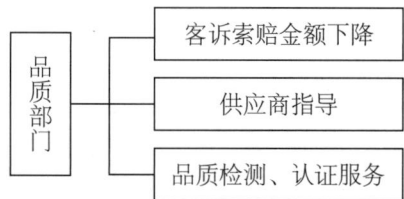

图 3-10　品质部门增量收益源

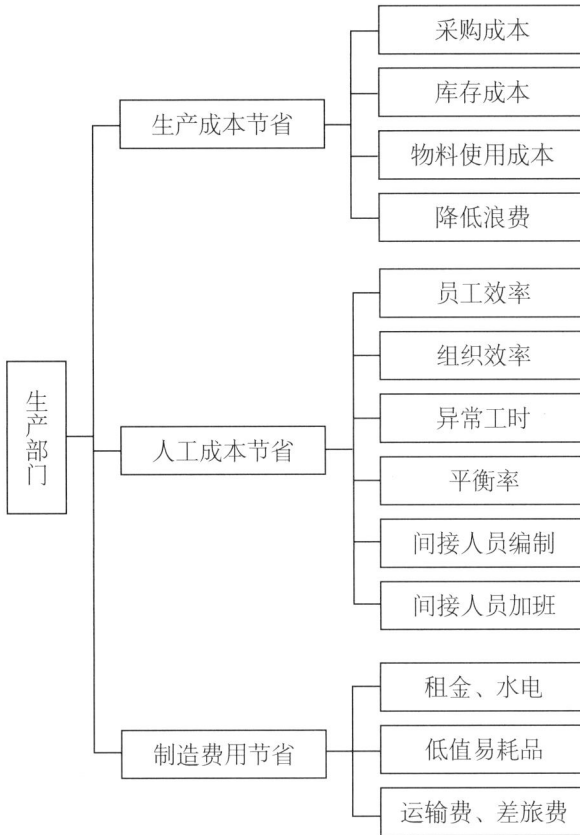

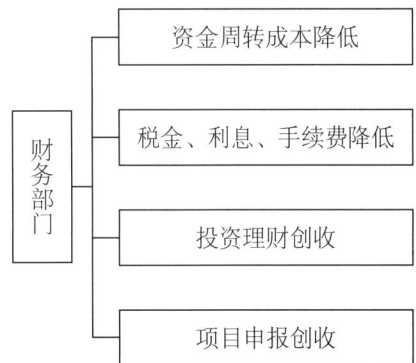

图 3-11　生产部门增量收益源

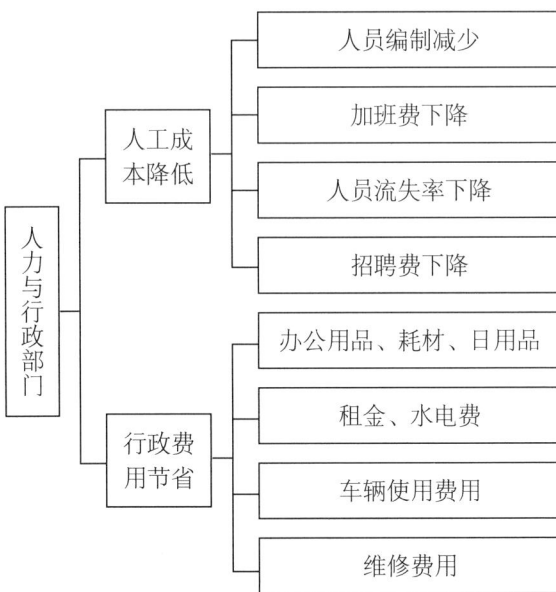

图 3-12　人力与行政部门增量收益源　　　图 3-13　财务部门增量收益源

五、增量收益源评估实用表单

增量收益源评估过程中可以运用表 3-3 至表 3-6 的表格。

表 3-3　增量收益源评估表

序号	中心	部门	增量类型	增量科目	指标计算公式	增量金额计算公式	标准值	目标值	原实际值	提出人	备注

表 3-4　增量收益源提案表

提案人			部门		提交日期	
提案类别	□降本　　□增效					
改善前说明				改善后说明		
增量源名称	目前实际值	市场或行业标准值	改善后目标值	改善过程投入成本预估	增量结果值	备注
计划执行部门			计划立法部门		计划监督部门	
计划开始日期				计划完成日期		
以上内容由提出人或者提出部门经办人填写						
监督部门财务核算人（核算填写）	目前实际值					签字
	市场或行业标准值					签字
	计划增量结果值					签字
部门负责人意见						
执行部门主导责任人						

续表

立法部门主导责任人（签字）				
增量收益源工作组会签审核（签字）	评审结果	□立案　　　□不立案		
	分配比例（公司：分配组）	公司：分配组 =　　　：	季度：_____% 年终：_____%	
总经理/董事长批准（签字）				

表 3-5　增量绩效项目评审表

序号	增量项目	增量类型	目标值	预算值（标准成本）	原实际值（实际成本）	核算增量金额	增量金额计算公式	增量奖金包	开始时间	达成时间	执行部门			立法部门	监督部门	备注
											主导	协助	参与			

制定：　　　　　　审核：　　　　　　审批：

表 3-6　增量绩效项目评审汇总表

序号	增量项目	提案人	目前实际值	市场或行业标准值	计划增量金额	开始时间	达成时间	立法部门	执法部门			监法部门
									主导	协助	参与	

第三节　增量绩效机制

一、增量绩效制整体思路

增量绩效制的整体思路如图 3-14 所示。

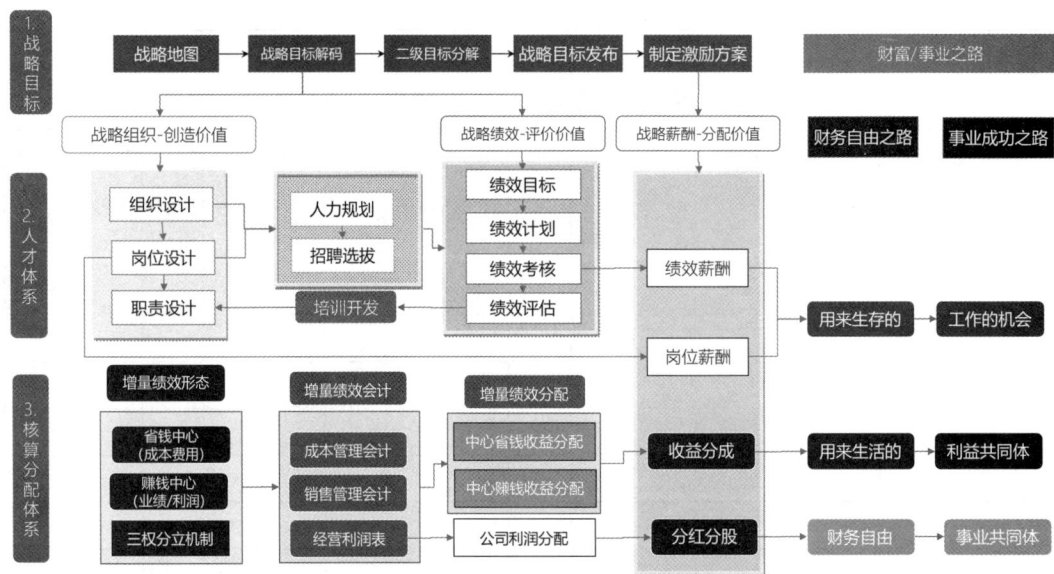

图 3-14　增量绩效制的整体思路

二、增量绩效制设计步骤

第一步：增量绩效形态设计

增量可从两个方面拓展：开源（赚钱）、节流（降低成本，即省钱），因而企业的增量绩效形态可分为省钱中心、赚钱中心，如图 3-15 所示。

第二步：三权分立设计

三权分立，即企业应就绩效增量管理设立三大工作小组，并赋予相应职责。

（1）立法组，第一责任人通常为各部门负责人。各部门要组织本部门、本班组全体成员，积极参与活动之中，并建立活动质量检查标准，对活动效果进行评估。

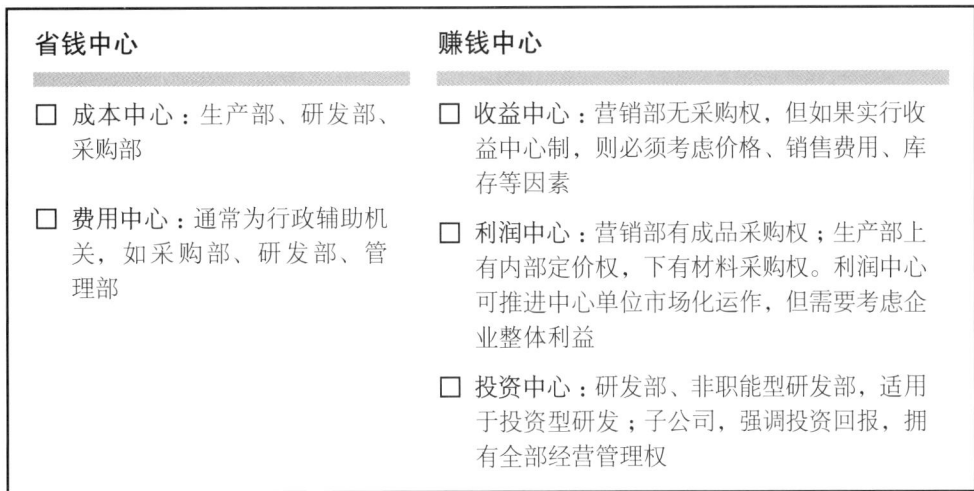

省钱中心

□ **成本中心**：生产部、研发部、采购部

□ **费用中心**：通常为行政辅助机关，如采购部、研发部、管理部

赚钱中心

□ **收益中心**：营销部无采购权，但如果实行收益中心制，则必须考虑价格、销售费用、库存等因素

□ **利润中心**：营销部有成品采购权；生产部上有内部定价权，下有材料采购权。利润中心可推进中心单位市场化运作，但需要考虑企业整体利益

□ **投资中心**：研发部、非职能型研发部，适用于投资型研发；子公司，强调投资回报，拥有全部经营管理权

图 3-15 增量绩效形态

（2）执法组：增量收益源提出部门的负责人为第一责任人。执法小组负责组织本部门降本增效专项活动的开展，并制定和分解任务指标，落实降本措施。

（3）监法组：第一责任人通常为财务中心、企管中心、内审部负责人。监法组负责确定指导思想、方案中所有标准值的核算要求及降本目标的可行性评估，并落实资金保障与资源支持。

三权分立的结构与运作如图 3-16 所示。

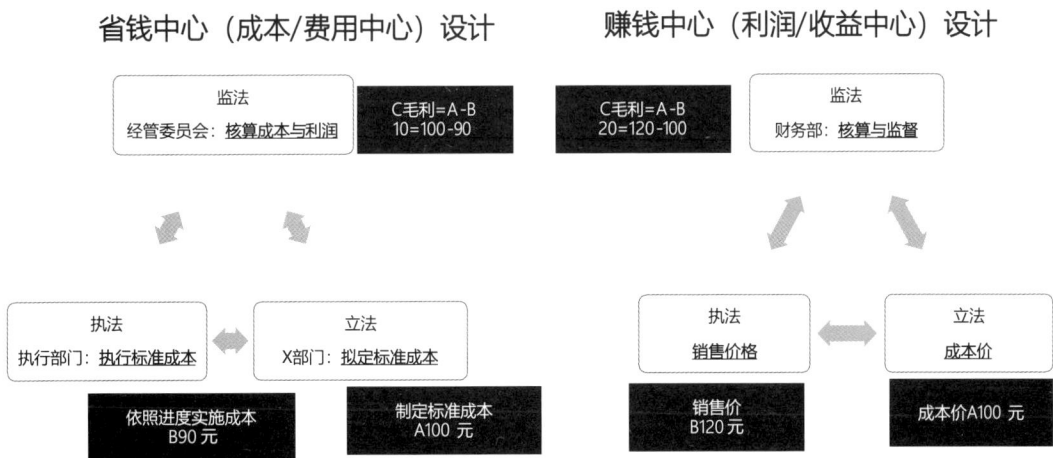

省钱中心（成本/费用中心）设计

| 监法 | C毛利=A-B |
| 经管委员会：**核算成本与利润** | 10=100-90 |

| 执法 | 立法 |
| 执行部门：**执行标准成本** | X部门：**拟定标准成本** |

| 依照进度实施成本
B90元 | 制定标准成本
A100元 |

赚钱中心（利润/收益中心）设计

| C毛利=A-B | 监法 |
| 20=120-100 | 财务部：**核算与监督** |

| 执法 | 立法 |
| **销售价格** | **成本价** |

| 销售价
B120元 | 成本价A100元 |

图 3-16 三权分立的结构与运作

第三步：增量绩效会计制度建立

接下来，为了用数据说话，企业必须建立增量绩效会计制度，具体包括销售会计制度、成本会计制度，如图 3-17 所示。

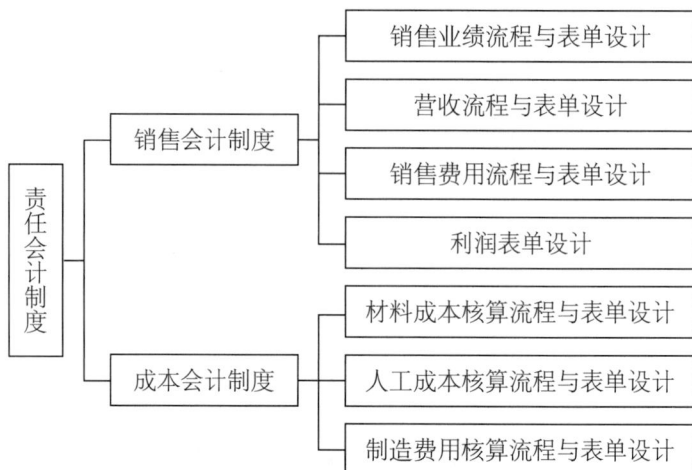

图 3-17　增量绩效会计制度

第四步：增量价值分配设计

增量绩效管理就是利用"先增量再绩效"的思维，充分发挥集体的力量，降本增效，提升利润，实现企业发展目标。所以，合理分配增量价值相当重要，是增量绩效管理过程中关键的一环。增量价值分配可以按省钱中心、赚钱中心两个形态来确定，如图 3-18 和图 3-19 所示。

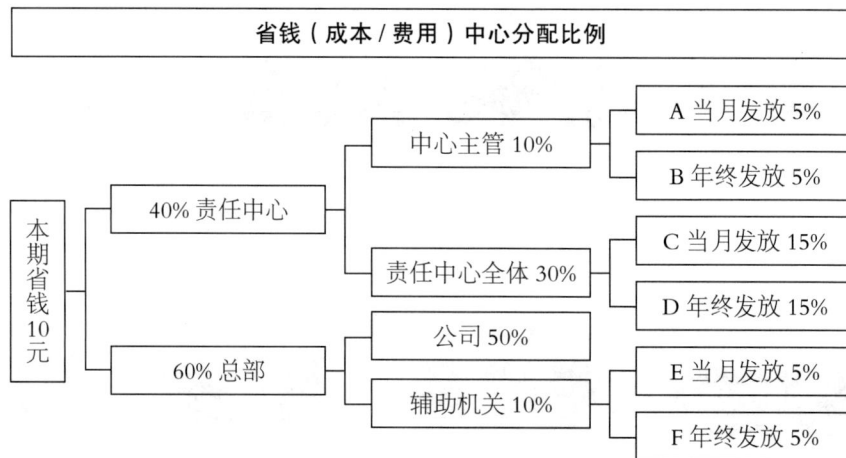

图 3-18　省钱中心增量价值分配比例

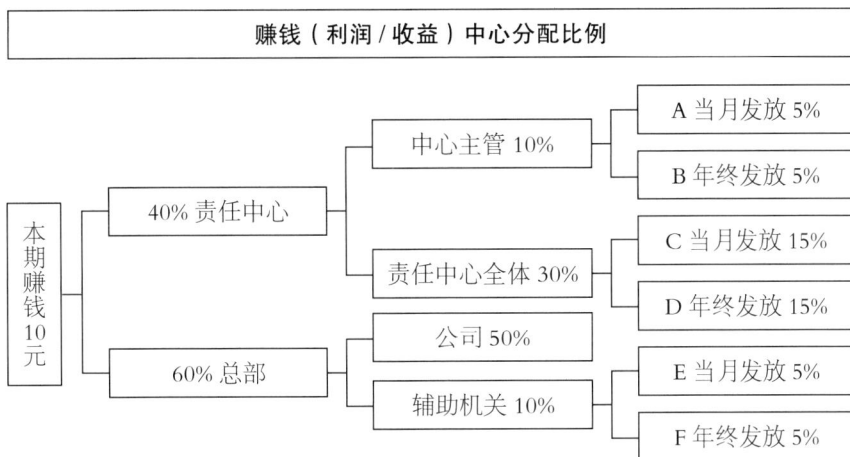

图 3-19　赚钱中心增量价值分配比例

表 3-7 是某企业赚钱中心增量绩效盈利统计分析表，其中可分配的利润为 15356.17 元，分配的比例为：责任中心全体占 30%，分配金额 4606.85 元；责任中心保留 10%，分配金额 1535.62 元；总公司占 60%，分配金额 9213.70 元。

表 3-7　增量绩效盈利统计分析表

单位：元

科　目	占比	月份			
		1	2	3	合计
（＋）销售收入		103000.00	70832.00	121800.00	295632.00
（－）销售成本		89189.11	70122.50	80562.00	239873.61
（＝）销售毛利		13810.89	709.50	41238.00	55758.39
（－）营销费用		12000.00	11000.00	12000.00	35000.00
（－）账款资金成本		1200.00	13.00	13.00	1226.00
（－）存货资金成本		385.50	410.20	424.20	1219.90
（－）坏账资金成本	1%	1030.00	708.32	1218.00	2956.32
（＝）本期损益		−804.61	−11422.02	27582.80	15356.17
累计损益		−804.61	−12226.63	15356.17	
可分配数		0.00	0.00	15356.17	15356.17
责任中心分配数	30%	0.00	0.00	4606.85	4606.85
责任中心保留数	10%	0.00	0.00	1535.62	1535.62
归总公司数	60%	0.00	0.00	9213.70	9213.70

三、部门增量绩效设计

（一）为什么要实施部门增量绩效

1. 目前企业共同存在的问题

不同的企业有不同的困境、难处，而目前企业共同存在的问题如图 3-20 所示。

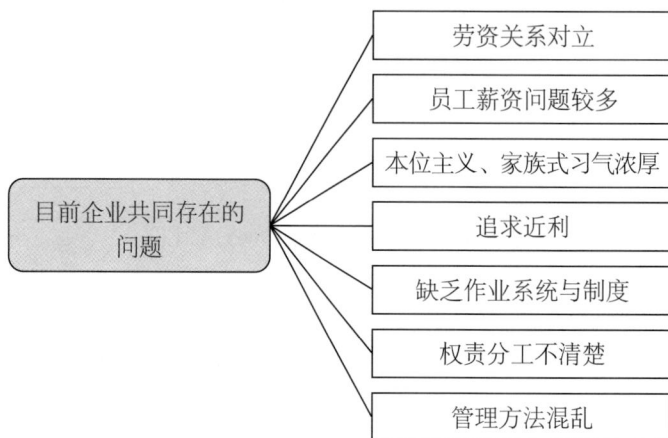

图 3-20　目前企业共同存在的问题

2. 企业未来面临的问题

企业未来面临的问题也不容乐观，如图 3-21 所示。

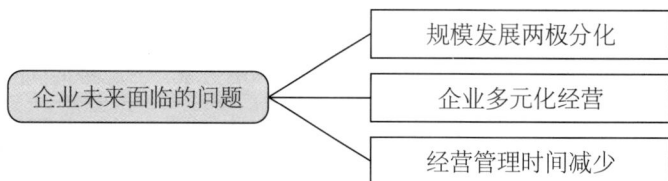

图 3-21　企业未来面临的问题

3. 实施部门增量绩效的好处

企业要想在激烈的竞争中获胜，必须降本增效，最好实施部门增量绩效管理。实施部门增量绩效的好处如图 3-22 所示。

图 3-22　实施部门增量绩效的好处

（二）部门增量绩效实施的条件

部门增量绩效实施的条件如图 3-23 所示。

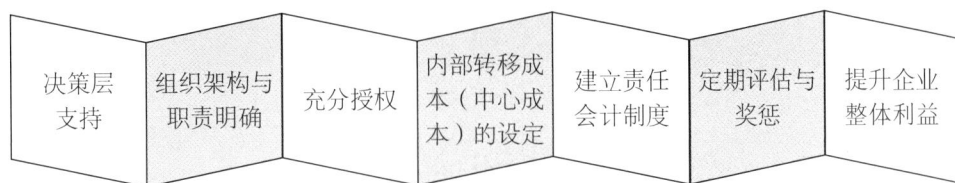

图 3-23　部门增量绩效实施的条件

1. 决策层支持

推行部门增量绩效，离不开企业高层决策者的支持。企业在实施绩效管理策略时，通常采用两种途径：一是借助外力，即聘请专业的人力资源咨询公司，这需要投入相应的项目咨询费用；二是依靠内部力量，由企业自主推进，这同样需要划拨专项培训资金，用于对参与绩效管理的全体成员进行绩效管理知识的系统培训。

对于初次涉足绩效管理领域的企业而言，引入具有丰富实战经验的人力资源咨询顾问是明智之选，他们能提供深入的绩效管理培训、参与项目的关键阶段，以及对绩效管理方案及重大问题进行审核与指导。这样的专业指导能极大减少企业绩效管理推进过程中的试错成本，提升实施成功率。而上述所有措施的顺利执行，均有赖于企业决策层的全力支持。

2. 组织架构与职责明确

部门增量绩效的推行，需要企业明确组织架构的类型及相关人员的职责。

（1）常见的组织类型

常见的组织类型如图 3-24 所示。

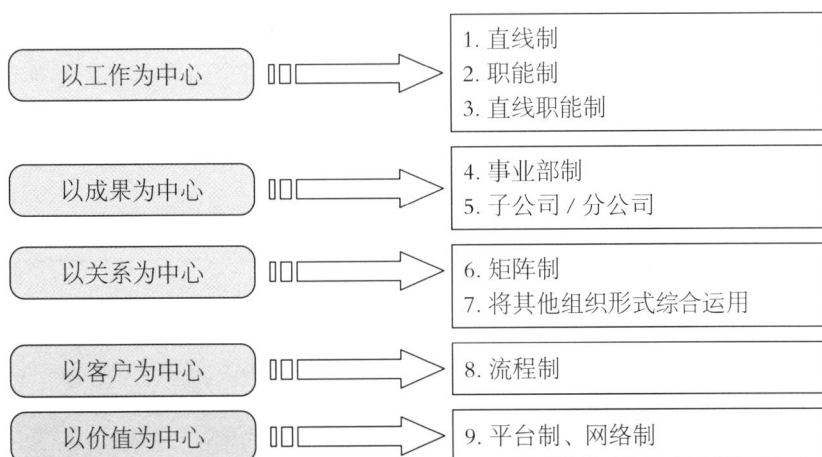

图 3-24　常见的组织类型（一）

以上组织架构又可归纳为图 3-25 所示的两大类。

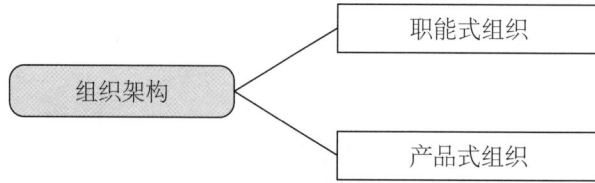

图 3-25　常见的组织类型（二）

职能式组织如图 3-26 所示。

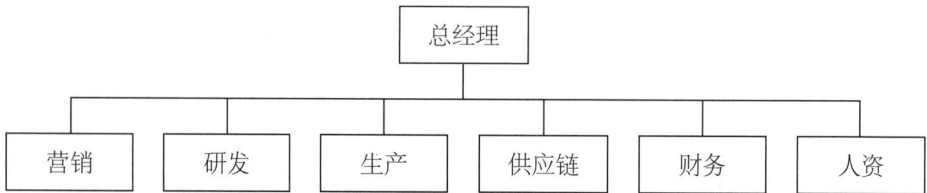

图 3-26　职能式组织架构

产品式组织如图 3-27 所示。

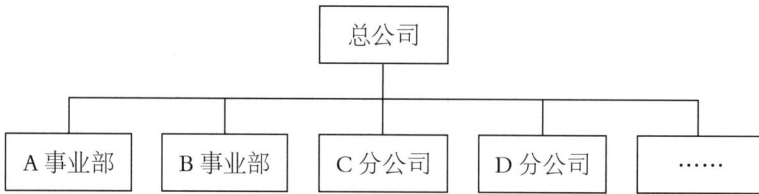

图 3-27　产品式组织架构

（2）部门增量绩效形态对照

部门增量绩效的理念在于：每位员工、每个部门乃至每个事业部均需承担贡献效益的责任。这意味着，整个企业的运作机制以"责任"为核心驱动力。不同类型的业务单元或中心，其服务对象和功能也不同，如表 3-8 所示。

表 3-8　不同类型的中心形态及适用对象和功能

中心名称	适用对象	功能
收益中心	以营销部门为代表	他们虽不直接参与采购决策，但在收益导向的管理模式下，必须审慎考虑价格策略、销售费用控制及库存管理等因素，以确保销售活动的有效性和盈利性

续表

中心名称	适用对象	功能
成本中心	生产部、研发部及采购部等通常被划归为成本中心	主要任务是控制成本，提高资源利用效率，确保各项支出在预算范围内，为企业的成本控制和效率提升贡献力量
利润中心	营销部（拥有成品采购权时）和生产部（拥有内部定价和材料采购权）等可成为利润中心	这些部门被赋予更大的自主权，可以像独立企业一样运作，追求利润最大化。然而，在追求局部利润的同时，也需兼顾企业整体利益，确保战略协同
费用中心	行政幕僚单位，如采购部（在特定情境下）、研发部（非直接盈利的研发活动）及管理部等，通常被划分为费用中心	主要职责是合理控制和管理各项费用支出，确保企业资源有效利用
投资中心	进行投资型研发的研发部门、非职能型研发部或子公司等	不仅关注日常运营，还承担着投资决策的责任，强调投资回报，并拥有全面的经营管理权

通过这些不同类型的责任中心设置，企业能够更精细地管理各个业务单元，确保每个部门都能在明确的目标和责任框架下高效运作，共同推动企业的整体发展。

3. 充分授权

企业要实施部门增量绩效管理，必须对各中心及部门进行充分授权。

（1）授权的原则

部门增量绩效授权的原则如图 3-28 所示。

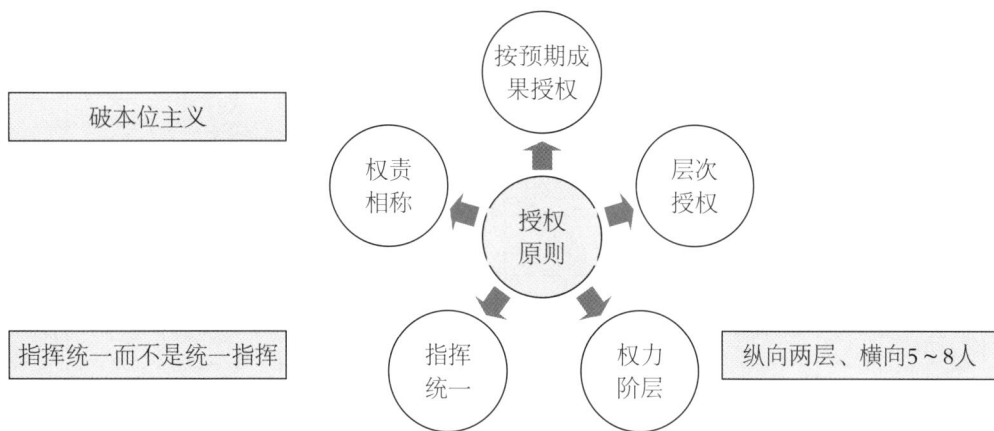

图 3-28　部门增量绩效的授权原则

（2）授权的方法

企业可按预期成果授权，也可按层次授权，如表 3-9 和表 3-10 所示。

表 3-9　按预期成果授权示例

部门增量绩效	中心形态	目标	授权	监督
采购部	成本中心	采购成本下降 5%	供应商开发权 价格审批权	供应商监控 价格对比监控
销售部	收益中心	业绩增长 20%	价格审批权	价格监控
人资部	费用中心	费用下降 5%	人员编制审批权 后勤采购审批权	人员编制与监控 价格对比监控
×× 部	利润中心	利润增长 10%	采购权 售价权	采购监控 售价监控
×× 部	投资中心	投资回报率达到 20%	投资项目决策权	风险监控

表 3-10　按层次授权示例

序号	项目	费用标准	部门负责人审批	人力资源部审批	会计审批	财务总监审批	执行总经理批准	董事长批准
1	日常费用报销	制度规定范围内，5000 元以下	√		√		√	
		制度规定范围内，5000 元以上	√		√	√	√	
		制度规定范围外，20000 元以上	√		√	√	√	√
2	个人借款	≤ 5000 元	√		√		√	
		> 5000 元	√		√	√	√	√
3	采购月结款		√		√	√	√	√
4	单笔物料采购订单（临时或预付款）	≤ 5000 元	√		√		√	
		≤ 2 万元	√		√	√	√	
		> 2 万元	√		√	√	√	√
5	付款（报销）审批单——固定资产、低值易耗品购置	≤ 5000 元	√		√	√	√	
		> 5000 元	√		√	√	√	√

4. 内部转移成本（中心成本）的设定

接下来，要设定内部转移成本（中心成本）（见表 3-11），计算公式如下。

内部转移成本（中心成本）=原货价+预期利润+投资收益+总公司固定费用

其中，

原货价：进货成本或工厂取得成本。

预期利润：预期赚得的利润。

投资收益：所投资资本放于金融机构的利息。

总公司固定费用：总公司基本费用的分担。

表 3-11　内部转移成本（中心成本）设定示例

内容	金额 / 万元
原货价	10
预期利润	1
投资收益	0.5
总公司固定费用	0.5
中心成本	12

5. 建立责任会计制度

企业的生产经营活动构成了一个紧密相连的系统。为了充分激发全体员工的生产与工作积极性，确保企业运作井然有序，建立一套完善且高效的责任会计制度至关重要。责任会计制度能够使企业复杂多变的生产经营活动有序开展，不仅增强了各级管理层对于经营管理的责任感，还促使他们更加严格地控制成本和收入，为企业创造更多的利润。

尽管不同企业所建立的责任会计制度各有特色，但都应遵循以下几项核心原则。

（1）在评估各责任中心业绩的报告中，应准确纳入其能够控制的收入和成本数据，而将无法控制的外部因素排除在外。这样做能够确保责任与权利紧密结合，明确划分经济责任，这也是实施责任会计制度的基石。

（2）制定业绩考核标准时，应充分考虑如何激发各级责任中心的积极性，通过科学合理的考核机制，激励企业各级管理层及广大员工积极投身工作，力求实现企业与员工双赢。

（3）责任会计制度还应确保及时向企业各级领导及员工提供准确、及时的会计信息，使他们能够随时掌握各责任中心工作的执行状况，从而迅速做出反应，对业务活动进行控制和调整。

某企业的责任会计制度包括销售会计制度和成本会计制度，内容如图 3-29 所示。

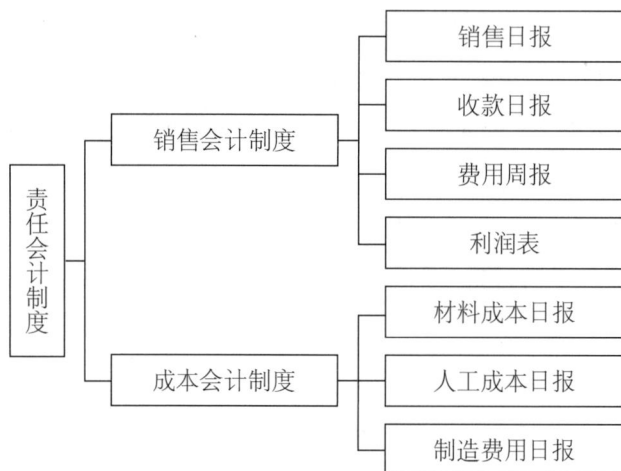

图3-29　某企业的责任会计制度

6.定期评估与奖惩

定期评估与奖惩机制是与部门增量绩效相辅相成的，其重要性体现在以下几个方面。

（1）促进目标实现

该机制将部门增量绩效的长期目标细化为年度、季度、月度乃至周度指标，并持续监督员工的工作完成情况。一个高效的部门增量绩效考核体系，能够显著推动企业目标的实现。

（2）问题识别与改进

部门增量绩效考核是一个包含计划制订、执行与修正的循环过程。这一过程不仅有助于及时发现问题，还能推动问题得到持续改进。

（3）确保利益分配合理

若不与利益挂钩，部门增量绩效考核将失去实际意义。通过将员工的绩效工资与考核结果相联系，可以激发员工的工作热情与积极性。

（4）推动个人与企业共成长

对于企业而言，个人的成长是推动其发展的关键因素。部门增量绩效考核的最终目的是促进企业与员工共同成长。

7.提升企业整体利益

绩效管理与利益分配是挂钩的，这也是绩效管理能推进企业进步原因之一，物质利益是激发员工工作主动性的源泉。企业实施部门增量绩效管理，不能只顾及部门利益，还应关注企业的整体利益。

（三）部门增量绩效实施的要点

1.成本中心工作要点

适用于：制造业、生产单位。

$$产品总成本=物料成本+人工成本+制造费用$$

制造费用可分批成本计算或同步成本计算，中小企业可以固定一个值，从而推算出损益平衡点。

$$成本中心收益=标准成本-实际成本$$

标准成本与实际成本设定与监控如图 3-30 所示。

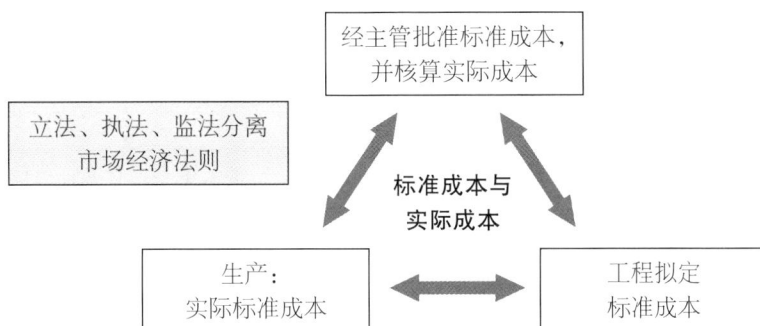

图 3-30　标准成本与实际成本设定与监控

2. 收益中心工作要点

适用于：销售单位。收益中心没有采购权，进货成本由总公司规定，不可改变，销售定价统一规定。收益中心的贡献就是费用的降低和净利的增加，以及维持适度的售价比。

对滞销产品与策略性产品，可设定统一的销售价格，或降低采购成本，另设目标奖金。

成本中心与收益中心的区别如下。

成本中心：设定成本上限，通过降低成本来创造收益。

收益中心：设定成本下限，通过控制费用、维持售价比、增加销量，来创造收益。

3. 费用中心工作要点

适用于：辅助机关、劳动服务性行业。

将中心费用设定预定值，在完成工作目标的情况下，控制费用。常用预算法。

4. 利润中心工作要点

利润中心的销售价格、成本、费用支出完全由其自行设定与控制。

实施条件：售价的设定与控制、采购成本的控制、费用的控制，即只对损益负责，无财务控制权与资产负债管制权。

5. 投资中心工作要点

利润中心追求的是创造经营利润，无财务决定权，只有损益表，无资产负债表。而投资中心追求的是创造投资报酬，既有损益表，又有资产负债表。

（四）部门增量绩效奖励方案的设计

部门增量绩效奖励方案的设计步骤如图 3-31 所示。

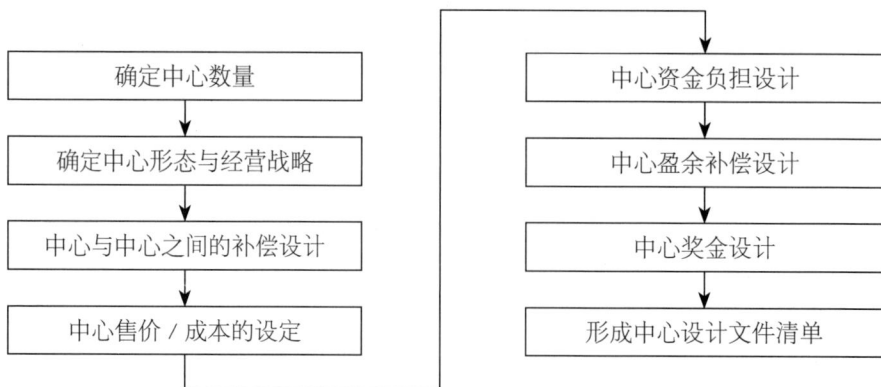

图 3-31　部门增量绩效奖励方案的设计步骤

1. 确定中心数量

部门增量绩效管理，大小企业都适用，大到跨国公司，小到一个部门或个人。企业规模的大小不影响中心工作的实施，最主要的是经营者对推行制度的支持与授权。

2. 确定中心形态与经营战略

可按照企业的组织、管理、性质（战略、产品、流程等）来确定。

要充分考虑企业的战略：降低成本，或投资回报，或费用降低，中长期发展。

3. 中心与中心之间的补偿设计

当中心与中心之间的权责难以划分时，为避免中心之间各自为政，需要有弹性的办法，促进中心之间合作共荣。如果没有这样的规定，将导致各中心独善其身，对企业整体发展不利。

（1）拨补原则

① 业绩拨补原则（上策）。

② 毛利拨补原则（中策）。

③ 净利拨补原则（下策）。

（2）设计要素

① 确定什么情况下补偿，什么情况下不补偿。

② 补偿流程需要在制度中明确。

③ 利润如何分配也应在制度中明确。

④ 在制度中设定违规处罚规则。

4. 中心售价 / 成本的设定

中心售价、中心成本并不是一成不变的，当存在以下情形时需要适时修正。

（1）主要原材料价格变动时；

（2）国家政策变动时。

5. 中心资金负担设计

在进行中心资金负担设计时，首先要将一般损益观念转变为中心损益观念，如图3-32所示。

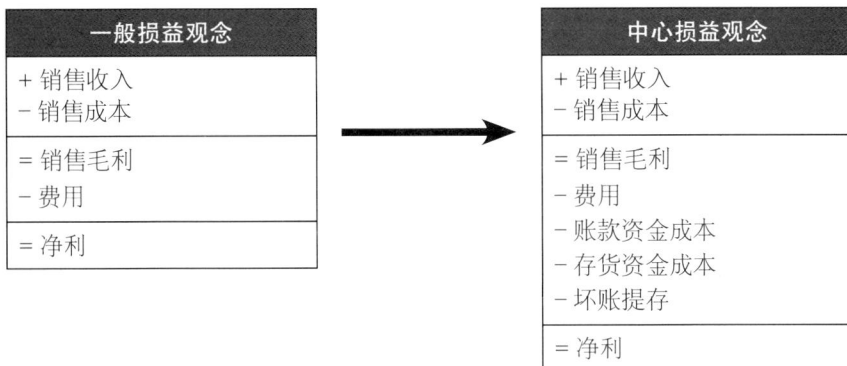

图3-32 从一般损益观念转变为中心损益观念

中心损益观念中几个项目的说明如下。

（1）账款资金成本

应收账款资金成本：设定一个比例，超过该比例的部分应计算利息成本。

逾期账款资金成本：以月为单位，逾期1个月加收3%的利息；逾期2个月加收5%的利息。

（2）存货资金成本

方法一：设定存货周转率，对超出部分每月提计3%的存货资金利息成本。

方法二：某成品出货超过计划的月份，之后每月提计3%的存货资金利息成本。

（3）坏账提存

一般以每月销售额的1%作为坏账提存额，以年底坏账提存总额抵扣坏账金额后的金额作为奖金发放给中心成员。

6. 中心盈余补偿设计

中心盈余补偿设计的目的是实现利润风险管控。

具体操作方法为：每月结算若有盈余时，先用于补偿该中心以前月份发生的累计亏损，若尚有盈余再行分配。

7. 中心奖金设计

中心奖金设计的方法包括利润共享法（内部创业法）和目标利润法，如图3-33所示。

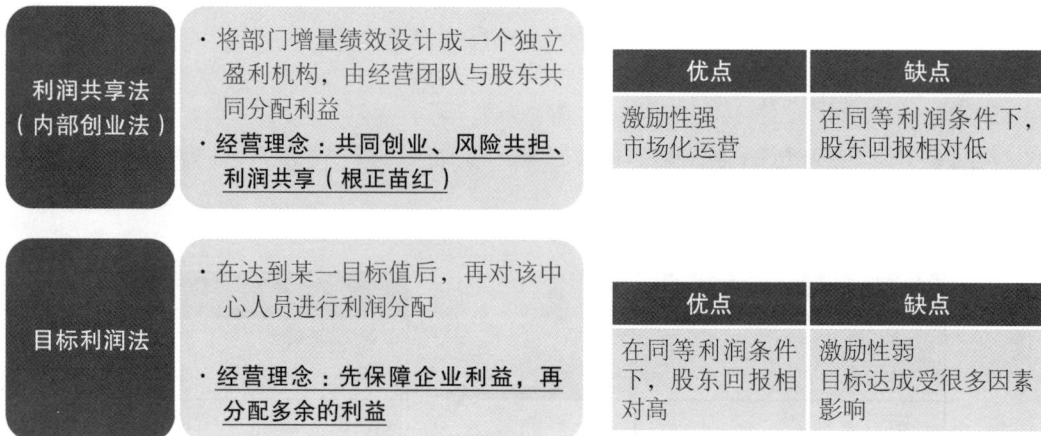

		优点	缺点
利润共享法（内部创业法）	·将部门增量绩效设计成一个独立盈利机构，由经营团队与股东共同分配利益 ·**经营理念：共同创业、风险共担、利润共享（根正苗红）**	激励性强 市场化运营	在同等利润条件下，股东回报相对低
目标利润法	·在达到某一目标值后，再对该中心人员进行利润分配 ·**经营理念：先保障企业利益，再分配多余的利益**	在同等利润条件下，股东回报相对高	激励性弱 目标达成受很多因素影响

图3-33　中心奖金设计的方法

（1）利润共享法（内部创业法）奖金设计

利润共享法（内部创业法）奖金架构与比例如图3-34所示。

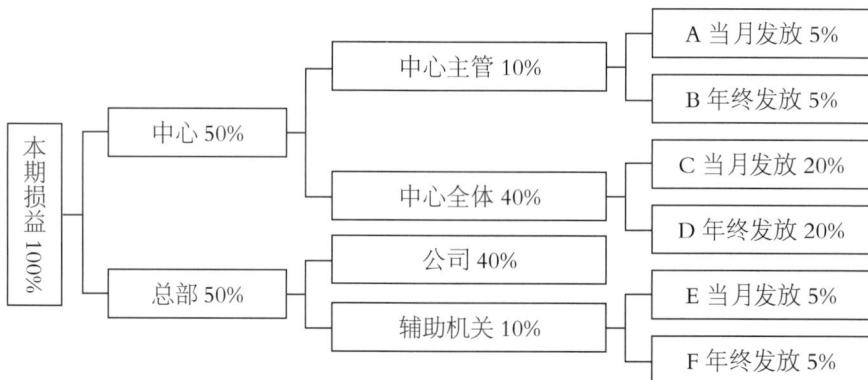

图3-34　利润共享法（内部创业法）奖金架构与比例

其中，个人奖金计发公式如下。

$$责任中心员工\underline{当月奖金}=C当月发放20\%\times\frac{当月个人薪酬总额（含绩效）}{中心所有人员当月薪酬总额（含绩效）}$$

$$责任中心员工\underline{全年奖金}=\sum D年终发放20\%\times\frac{当年个人薪酬总额（含绩效）}{中心所有人员当年薪酬总额（含绩效）}$$

（2）目标利润法奖金设计

① 管理层月度绩效奖金

支付因素：绩效奖金与企业利润、个人绩效、出勤等因素挂钩（如图3-35所示），实现有效激励。

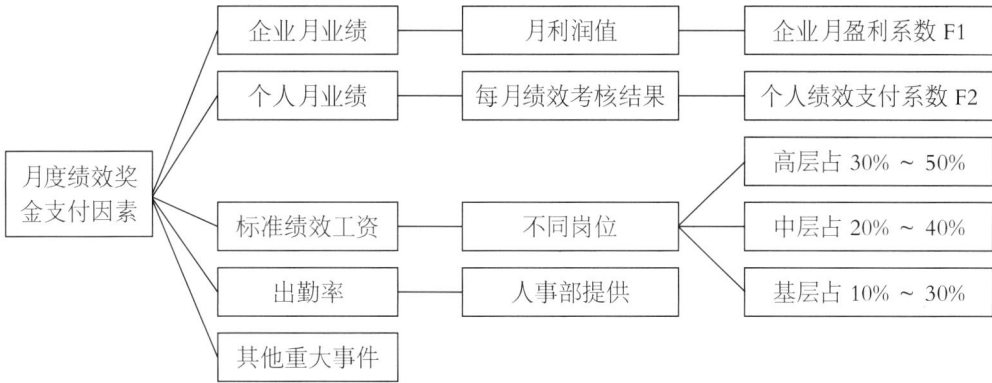

图 3-35　管理层月度绩效奖金支付因素

管理层月度绩效奖金的计算公式如图 3-36 所示。

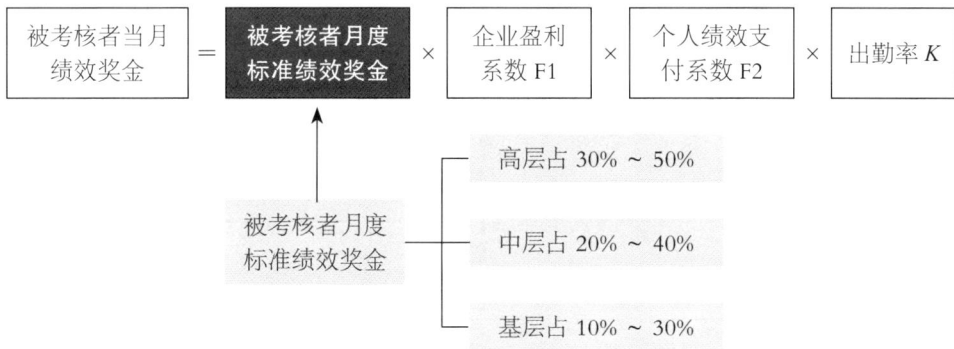

图 3-36　管理层月度绩效奖金的计算公式

其中，企业盈利系数如表 3-12 所示。

表 3-12　企业盈利系数

状态	月度利润率（x）	月盈利系数 F1	企业绩效评级
盈利	$x>16\%$	2.0	A（卓越）
	$14\%<x\leqslant16\%$	1.8	
	$12\%<x\leqslant14\%$	1.6	B（优秀）
	$10\%<x\leqslant12\%$	1.4	
	$8\%<x\leqslant10\%$（目标利润）	1.2	C（合格）
	$4\%<x\leqslant8\%$	1.0	D（不合格）
	$2\%<x\leqslant4\%$	0.9	
盈亏平衡	$0\%\leqslant x\leqslant2\%$	0.8	E（差）
亏损	$<0\%$	0.5	

个人绩效支付系数如表 3-13 所示。

表 3-13   个人绩效支付系数

绩效评分	个人绩效支付系数 F2	个人绩效等级	绩效评分	个人绩效支付系数 F2	个人绩效等级
0 ~ 79	0%	差（E 等）	96	92%	合格（C 等）
80	28%		97	96%	
81	32%		98	100%	
82	36%		99	104%	
83	40%		100	108%	
84	44%		101	112%	
85	48%	不合格（D 等）	102	116%	
86	52%		103	120%	
87	56%		104	124%	优秀（B 等）
88	60%		105	128%	
89	64%		106	132%	
90	68%		107	136%	
91	72%		108	140%	卓越（A 等）
92	76%		109	144%	
93	80%		110	148%	
94	84%		111 以上	152%	
95	88%				

月度绩效考核结果应用如表 3-14 所示。

表 3-14   月度绩效考核结果应用

绩效等级	连续 3 个月为 E	连续 3 个月为 D					连续 6 个月为 B 以上
		降职一级					
			职位	职级调整	薪资下调	绩效下调	下调合计	
结果	淘汰		总监/厂长	L11 降到 L10	2500 元	500 元	3000 元	考虑晋升（薪资/绩效同步提升）
				L10 降到 L9	2500 元	500 元	3000 元	
				L9 降到 L8	2500 元	500 元	3000 元	
			经理	L8 降到 L7	1500 元	500 元	2000 元	
				L7 降到 L6	1500 元	500 元	2000 元	

② 全员年度绩效奖金

将绩效奖金与企业利润、个人绩效、出勤等因素挂钩（如图 3-37 所示），实现有效激励。

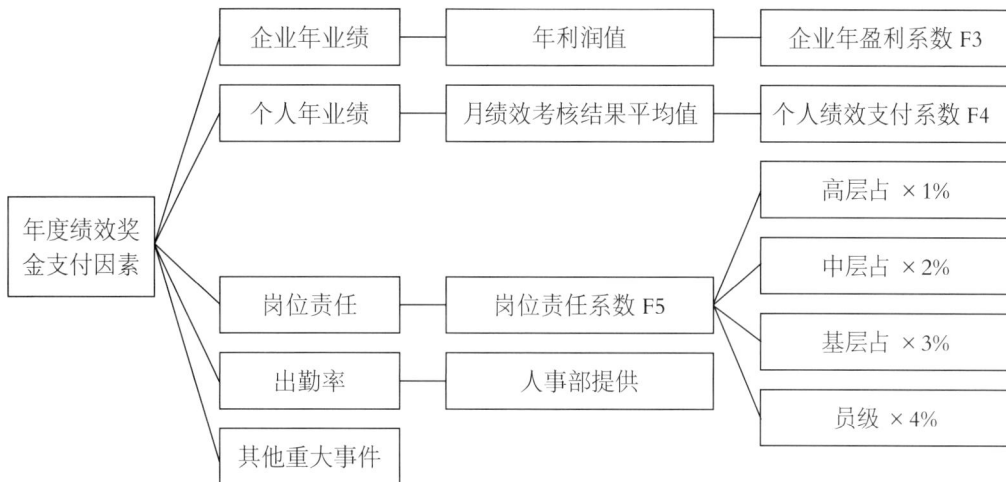

图 3-37　全员年度绩效奖金支付因素

全员年度绩效奖金的计算公式如图 3-38 至图 3-40 所示。

企业状态	年度利润 Y/ 万元	企业年盈利系数 F3	企业绩效等级
盈利	Y4	20%	A（卓越）
	Y3	15%	B（优秀）
	Y2（目标利润）	10%	C（合格）
	Y1	5%	D（不合格）
盈亏平衡	0	0%	E（差）
亏损	−Y5		

图 3-38　全员年度绩效奖金计算公式（1）

被考核者年度绩效奖金 ＝ 年度利润 Y × 企业年盈利系数 F3 × **个人绩效支付系数 F4** × 岗位责任系数 F5 × 出勤率 K

月绩效考核结果平均值 ⇨

绩效评分	个人绩效支付系数 F2	个人绩效等级	绩效评分	个人绩效支付系数 F2	个人绩效等级
0 ～ 79	0%		95	88%	
80	28%		96	92%	
81	32%	差（E 等）	97	96%	
82	36%		98	100%	合格（C 等）
83	40%		99	104%	
84	44%		100	108%	
85	48%		101	112%	
86	52%		102	116%	
87	56%		103	120%	
88	60%		104	124%	优秀（B 等）
89	64%	不合格（D 等）	105	128%	
90	68%		106	132%	
91	72%		107	136%	
92	76%		108	140%	
93	80%		109	144%	卓越（A 等）
94	84%		110	148%	
			111 以上	152%	

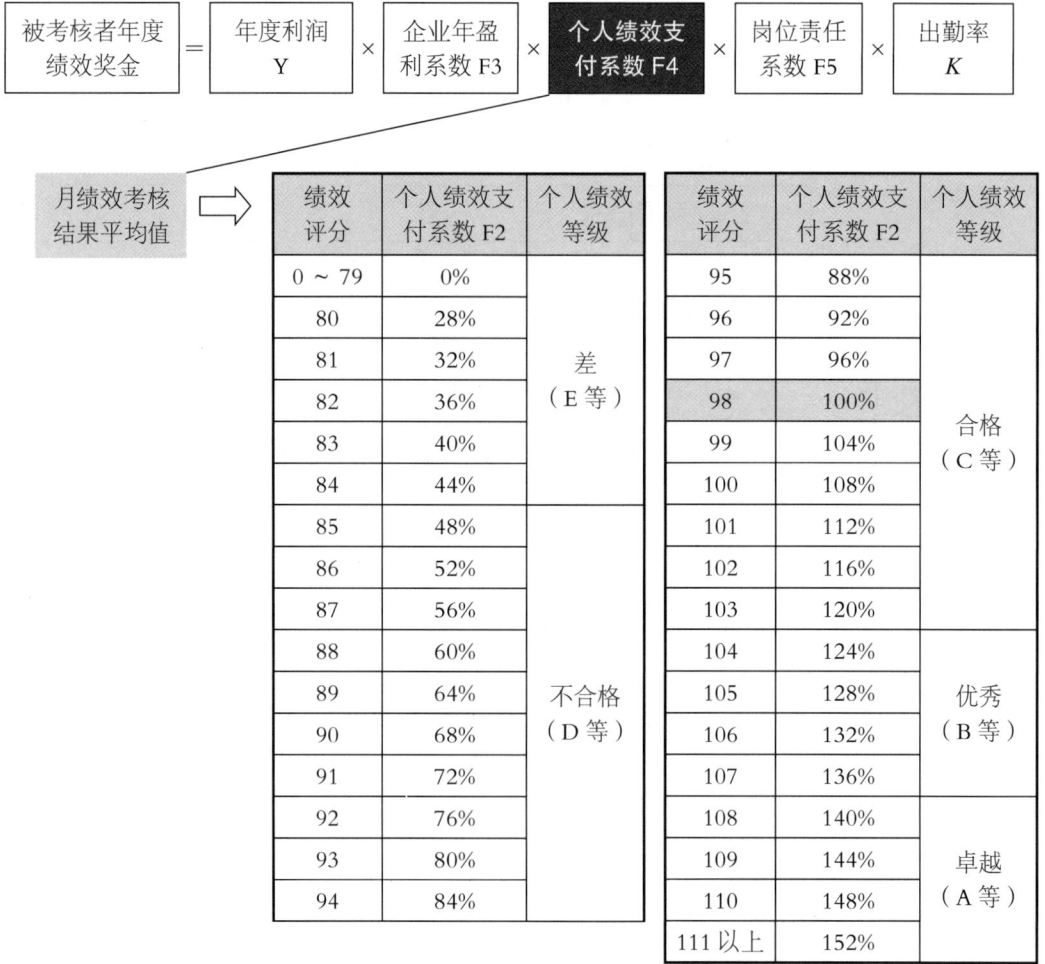

图 3-39　全员年度绩效奖金计算公式（2）

被考核者年度绩效奖金 ＝ 年度利润 Y × 企业年盈利系数 F3 × 个人绩效支付系数 F4 × **岗位责任系数 F5** × 出勤率 K

层级	岗位	岗位责任系数 F5
高层	总经理	20%
中高层	部门长	30%
中层	单位主管	30%
中基层	班组长	10%
基层	员级	10%
合计		100%

图 3-40　全员年度绩效奖金计算公式（3）

8.形成中心设计文件清单

中心设计文件清单如下所示。

（1）组织架构：职能型组织架构、产品式组织架构。

（2）权限设计：预期成果授权表、层次授权表。

（3）责任会计（即管理会计）制度：营业会计（销售日报、收款日报、费用周报），成本会计（材料成本日报、人工成本日报、制造费用日报）。

（4）部门增量绩效制度、年度部门增量绩效损益表。

（5）补偿制度。

第四章　绩效考核科学推行

科学推行绩效考核是企业实现高效管理的关键举措。首先应收集并整理考核数据，然后进行考核数据的验证与评估，最后对绩效考核数据进行分析。考核结果驱动效能提升是绩效考核的核心目标之一，企业应将考核结果与员工薪酬调整、晋升、培训发展等挂钩，激励员工提升工作效能，促进企业整体绩效提升。同时，考核结果的反馈与沟通必不可少，这样可以帮助员工制订改进计划，推动员工与企业共同成长。

* * *

第一节　收集整理考核数据

考核数据收集与整理是否及时、准确及有效，将直接影响考核结果。每个企业的做法可能不一样，有的会及时收集，而有的到考核时才开始收集；有的由部门自行统计，有的由专门的绩效人员统计。

一、数据收集的基础工作——数据建模

绩效管理一定要遵循重要的逻辑原则：可衡量方可管理，可管理方可实现。数据是绩效衡量和分析的支撑性要素。企业只有保证有理有据，才能做到心中有数，才能推动绩效管理有效实施。

（一）绩效数据建模的原则

绩效数据建模的原则如图 4-1 所示。

（二）绩效数据的类别

绩效数据分为经营数据、管理数据和基础数据，如图 4-2 所示。

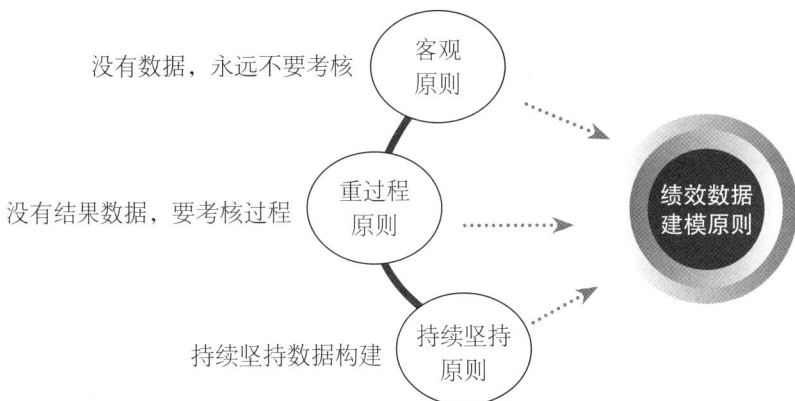

图 4-1　绩效数据建模的原则

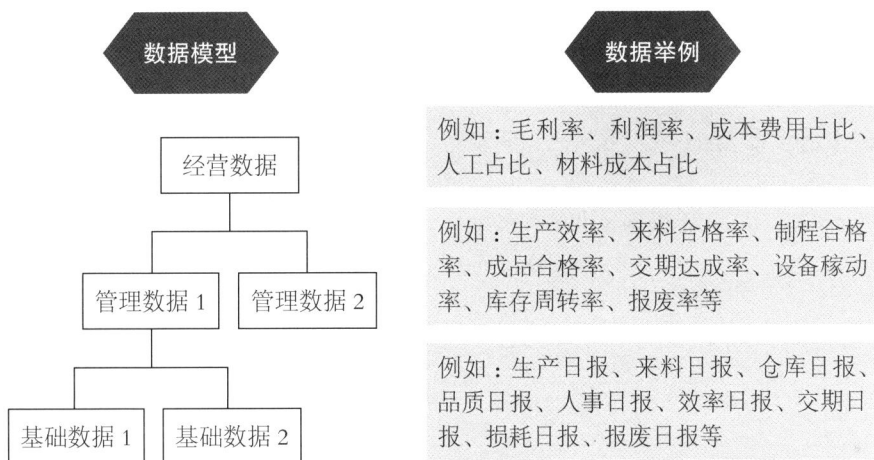

图 4-2　绩效数据的类别

（三）绩效数据的建模

（1）经营绩效数据的建模内容包括经营指标、数据来源、统计部门、统计频率等，如表 4-1 所示。

表 4-1　经营绩效数据模型构建

经营指标	数据来源	统计部门	统计频率
销售业绩	财务报表	财务部	1次／月
毛利率	财务报表	财务部	1次／月
利润率	财务报表	财务部	1次／月
成本率	财务报表	财务部	1次／月
人工占比	财务报表	财务部	1次／月

（2）管理与基础数据的建模内容包括绩效指标、数据来源（统计表格）、被考核部门、考核岗位、统计部门、统计频率等，如表4-2所示。

表4-2　管理与基础数据模型构建（PMC采购）

绩效指标	数据来源	被考核部门	考核岗位	统计部门	统计频率
仓库账物卡准确率	物料抽盘周报	PMC	PMC经理	财务	每周一次
订单达成率	订单达成统计表	PMC	PMC经理	营销	每周一次
仓库6S	6S检查表	PMC	PMC经理	环安办	每周一次
物料准交率	物料准交报表日报	采购	采购经理	PMC	每周一次
采购物料合格率	品质报表	采购	采购经理	品控	每周一次
采购成本降低率	财务月报表	采购	采购经理	人资	每周一次

二、数据收集的要求

（一）确保考核数据收集的便利性

企业在设置绩效考核指标时，应考虑是否有利于绩效考核数据的收集。

（1）收集绩效考核数据时，应考虑各部门的统计口径、标准、方法及数据来源是否一致，如生产车间的良品率，品保部和生产车间的计算方式、数据来源应统一。

（2）对有些绩效指标必须设置但数据无法收集的情况，必须建立相关流程或制度来加以说明。

（二）确保考核数据收集的及时性和有效性

企业应尽量避免在月底对绩效考核数据进行收集，平时就应做好该项工作。

（1）如考核指标"投诉次数"，应在每周固定时间询问绩效对接员，是否有相关投诉记录、投诉问题是如何解决的、是否是有效投诉。询问投诉窗口，是否有投诉（包括口头投诉和文本投诉），是如何解决的。

（2）如考核指标"仓库盘点"，应定期检查盘点记录，并参与抽盘。

（三）对绩效考核数据收集人员进行培训

（1）在条件允许的情况下，各事业部／中心可设置绩效考核数据收集的岗位和责任人。

（2）加强对数据收集人员的培训，每周与数据收集人员进行一次沟通，并对数据收集人员进行指导，保证数据收集的准确性。

（3）对数据收集人员的业绩进行肯定，并将此项工作纳入绩效考核，可不设权重，采用倒扣分制和加分制。

（四）明确提供虚假数据的惩罚措施

在数据收集过程中，可能会出现作假的情况，比如，因数据收集难度大而走捷径、怕得罪同事而改写数据、将不属于统计范围内的数据计算进来等。对于这些情况，企业应该制定合理的制度，根据情节轻重，给予不同程度的处罚。

三、数据收集的内容

数据收集的内容如图 4-3 所示。

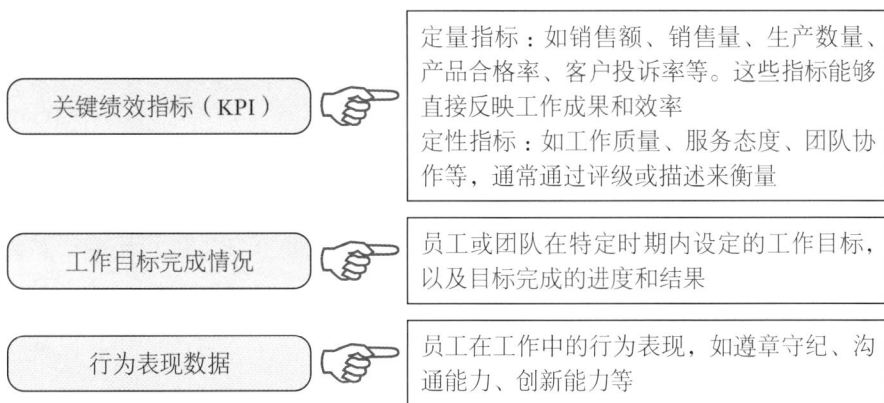

关键绩效指标（KPI）☞ 定量指标：如销售额、销售量、生产数量、产品合格率、客户投诉率等。这些指标能够直接反映工作成果和效率
定性指标：如工作质量、服务态度、团队协作等，通常通过评级或描述来衡量

工作目标完成情况 ☞ 员工或团队在特定时期内设定的工作目标，以及目标完成的进度和结果

行为表现数据 ☞ 员工在工作中的行为表现，如遵章守纪、沟通能力、创新能力等

图 4-3　数据收集的内容

四、数据收集与统计的时间

企业应综合考虑自身的业务特点、考核目的、数据类型等多方面因素，确定数据收集与统计的时间，以确保收集数据的准确性、及时性与有用性。以下是一些确定数据收集时间的具体方法和要点。

（一）根据考核周期确定

1. 年度考核

通常在年末进行数据收集，以便为全面评估员工或部门一年的工作表现提供依据。具体可在每年 12 月中旬开始收集全年的关键绩效指标（KPI）数据，如销售额、利润额、客户满意度等。对于一些需要跨部门收集的数据，如成本控制指标，可提前至 12 月初启动收集流程，以确保数据的完整性和准确性。

在次年 1 月初应完成所有数据的收集和初步整理，以便及时开展年度考核工作。

2. 季度考核

在每个季度末进行数据收集。以第一季度为例，可在 3 月下旬收集该季度的各项考核数据，涵盖项目完成进度、工作质量、团队协作等内容。由于季度考核数据量相对较小，可在 4 月上旬完成数据的收集和汇总。

对于一些时效性较强的数据，如市场占有率、竞争对手动态等，可在季度内及时收集，在季度末进行整合与分析。

3. 月度考核

每月末进行数据收集。一般在每月 25～30 日开始收集当月的工作数据，如出勤情况、任务完成率、销售业绩等。对于一些需要员工自行统计的数据，如客户拜访次数、培训时长等，可在每月 20 日左右通知员工整理上报。

应在次月的前 3～5 个工作日内完成数据的审核和汇总，以确保月度考核的及时性。

（二）根据业务流程和数据生成规律确定

1. 生产型企业

对于生产部门的产量、质量等数据，可根据生产周期进行收集。如果生产周期为一周，可在每周五收集本周的生产数据，包括产品数量、次品率、设备利用率等。

对于原材料采购数据，可在每次采购完成后的 1～2 个工作日内收集，以便管理层及时掌握采购成本、交货期等信息。

2. 销售型企业

销售数据（如销售额、销售订单量）可每日进行收集。收集人可通过销售管理系统实时获取数据。同时，每周进行一次销售数据分析，了解销售趋势和市场动态。

客户反馈数据（如客户满意度、投诉率）可每月收集一次，采用问卷调查、电话回访等方式。对于重要客户的反馈，可在交易完成后的 3～5 个工作日内及时收集。

3. 项目型企业

根据项目的关键节点进行数据收集。在项目启动阶段，收集项目计划、预算等数据；在项目执行过程中，按周或按阶段收集项目进度、成本支出、质量控制等数据；在项目结束后，及时收集项目成果、客户评价等数据。

（三）考虑数据收集的难易程度和工作量

1. 简单易收集的数据

对于一些系统自动生成或易于获取的数据，如考勤数据、财务报表数据等，可按照固定的时间进行收集，如每月末或每季度末。

对于员工的自我评估数据，可提前设定好时间，如在考核周期结束后的 3~5 个工作日内完成提交。

2. 复杂难收集的数据

对于需要跨部门协作或大量调查才能获得的数据，如员工满意度调查数据、市场调研数据等，应提前规划收集时间。可以在考核周期开始前制订详细的收集计划，安排足够的时间进行数据收集和整理。例如，员工满意度调查可提前一个月启动，开展问卷设计、发放、回收和统计分析等工作，确保在考核时能够提供准确的调查数据。

（四）兼顾数据的时效性和稳定性

1. 时效性要求高的数据

对于一些反映业务实时情况的数据，如市场价格波动、竞争对手动态等，应及时收集。企业可以安排专人每日或每周关注相关信息，并及时更新数据。

在考核过程中，对于近期发生的重要事件或取得的工作成果，应及时纳入数据收集范围，以确保考核结果能够如实反映员工的工作表现。

2. 稳定性要求高的数据

对于一些相对稳定的指标数据，如员工的技能水平、工作经验等，可每年或每半年收集一次。

五、数据收集的方法

数据收集是确保绩效考核公平、公正、有效的基础。不同类型的数据和考核需求需要采用不同的收集方法，以下详细介绍一些常见的数据收集方法。

（一）直接观察法

直接观察法是指考核者直接观察员工的工作行为和表现，并记录相关数据。这种方法适合工作过程相对直观、易于观察的岗位，如生产线上的工人、服务行业的一线员工等。

1. 操作方式

考核者可以制订观察计划，明确观察的时间、地点、内容和频率。例如，对于超市收银岗位，考核者可以在高峰时段观察收银员的收银速度、服务态度、差错率等，并详细记录具体事件和数据。

2. 优缺点

直接观察法的优缺点如图 4-4 所示。

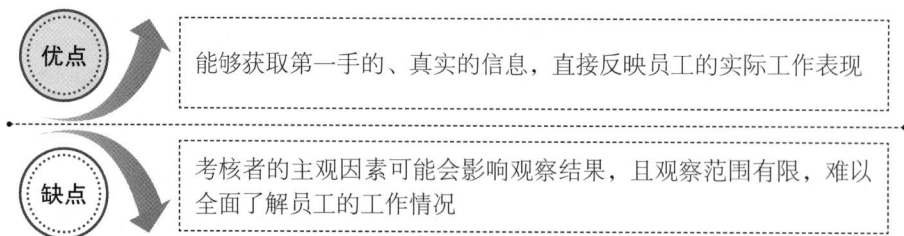

图4-4　直接观察法的优缺点

（二）工作记录法

工作记录法是指员工通过填写工作记录、报表等方式，记录自己的工作内容、工作进度、完成的任务等信息。这种方法适合各类岗位，尤其是需要对工作过程和成果进行详细记录的岗位。

1. 操作方式

企业可以设计统一的工作记录表或建立信息化系统让员工进行记录。例如，销售人员需要每天填写销售日报，记录客户拜访情况、销售订单数量、销售额等；项目人员需要每周提交项目进展报告，说明项目的完成情况、遇到的问题及解决方案。

2. 优缺点

工作记录法的优缺点如图4-5所示。

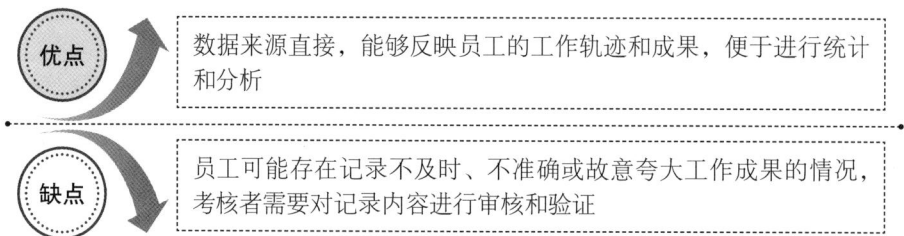

图4-5　工作记录法的优缺点

（三）问卷调查法

问卷调查法是通过设计问卷，向员工、客户、合作伙伴等相关人员收集对被考核者的评价和意见。这种方法适用于评估员工的工作态度、团队协作能力、客户满意度等方面。

1. 操作方式

根据考核目的和内容设计问卷，可以包括选择题、评分题、开放性问题等。可以采用线上或线下的方式发放问卷，例如，利用在线问卷平台或纸质问卷进行调查。在发放问卷时，要确保发放对象具有代表性，并且向其说明调查的目的和保密性。

2. 优缺点

问卷调查法的优缺点如图 4-6 所示。

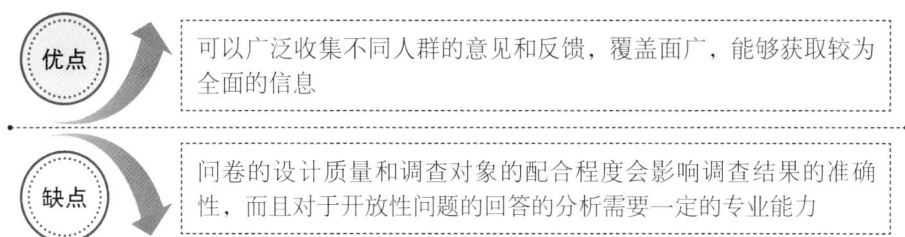

优点　可以广泛收集不同人群的意见和反馈，覆盖面广，能够获取较为全面的信息

缺点　问卷的设计质量和调查对象的配合程度会影响调查结果的准确性，而且对于开放性问题的回答的分析需要一定的专业能力

图 4-6　问卷调查法的优缺点

（四）访谈法

访谈法是指考核者与被考核者或相关人员进行面对面的交流，了解被考核者的工作能力、工作态度等方面信息。访谈法可以分为个别访谈法和小组访谈法。

1. 操作方式

在进行访谈前，考核者需要制定访谈提纲，明确访谈的目的、问题和流程。在访谈过程中，要营造轻松、开放的氛围，鼓励被访谈者真实表达自己的观点和意见。例如，在对部门经理进行考核时，可以分别与他的上级、下属和同事进行个别访谈，以了解他的领导能力、团队管理能力。

2. 优缺点

访谈法的优缺点如图 4-7 所示。

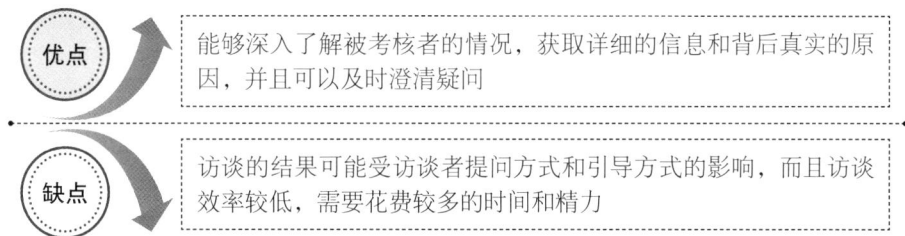

优点　能够深入了解被考核者的情况，获取详细的信息和背后真实的原因，并且可以及时澄清疑问

缺点　访谈的结果可能受访谈者提问方式和引导方式的影响，而且访谈效率较低，需要花费较多的时间和精力

图 4-7　访谈法的优缺点

（五）关键事件法

关键事件法是记录员工在工作中发生的关键行为和事件，包括优秀表现和不良表现。这些关键事件可以作为绩效考核的重要依据。

1. 操作方式

考核者在日常工作中应注意观察员工的行为，及时记录关键事件的发生时间、地点、经过和结果。例如，员工成功解决了一个重大客户投诉问题，或者因工作失误导致了项目延误，这些事件都应详细记录。在考核时，可根据记录的关键事件对员工进行评价。

2. 优缺点

关键事件法的优缺点如图 4-8 所示。

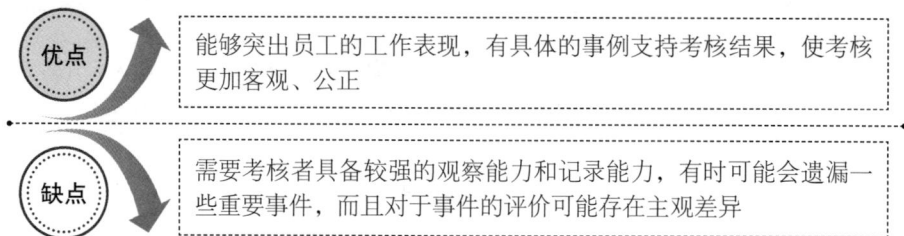

图 4-8　关键事件法的优缺点

优点　能够突出员工的工作表现，有具体的事例支持考核结果，使考核更加客观、公正

缺点　需要考核者具备较强的观察能力和记录能力，有时可能会遗漏一些重要事件，而且对于事件的评价可能存在主观差异

（六）数据统计法

数据统计法是指从企业的各类信息系统中提取相关数据进行统计和分析，如人力资源管理系统、财务管理系统、销售管理系统等。这种方法适合收集可量化的绩效指标数据，如销售额、利润额、生产数量、成本费用等。

1. 操作方式

确定需要收集的数据指标和统计周期，然后从相应的系统中导出数据进行整理和分析。例如，每月从销售管理系统中提取销售人员的销售额、销售订单数量等数据，用于计算销售业绩指标。

2. 优缺点

数据统计法的优缺点如图 4-9 所示。

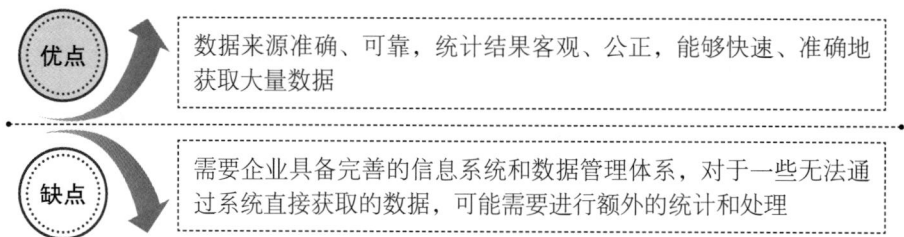

优点　数据来源准确、可靠，统计结果客观、公正，能够快速、准确地获取大量数据

缺点　需要企业具备完善的信息系统和数据管理体系，对于一些无法通过系统直接获取的数据，可能需要进行额外的统计和处理

图 4-9　数据统计法的优缺点

六、数据的验证部门

绩效考核数据的准确性和可靠性直接影响绩效考核的公平性与有效性，而确定合适的

数据验证部门是保障数据准确性和可靠性的关键。以下介绍可承担数据验证工作的部门及相关考量因素。

（一）承担数据验证工作的部门

可承担数据验证工作的部门有人力资源部门、财务部门、审计部门、业务部门，各自的优势和适用情况如表4-3所示。

表4-3　可承担数据验证工作的部门及优势和适用情况

部门	优势	适用情况
人力资源部门	人力资源部门在绩效考核体系中处于核心地位，对整个考核流程和指标体系有全面的了解。他们负责制定绩效考核方案、组织实施考核，因此熟悉各项考核指标的定义和计算方法，能够从整体上把握数据的合理性	对员工综合绩效评估、考勤管理、培训发展等方面数据的验证，人力资源部门具有天然的优势。例如，在验证员工绩效得分是否符合企业设定的绩效等级时，人力资源部门可以结合绩效考核方案中的规则进行判断
财务部门	财务部门掌握着企业的财务数据，对于与成本、收入、利润等财务指标相关的绩效考核数据具有专业的验证能力。他们能够依据财务会计准则和企业的财务管理制度，对数据的真实性和准确性进行严格审核	当绩效考核指标涉及财务维度时，如销售部门的销售额、利润率，成本控制部门的成本节约率等，财务部门是最合适的验证部门。例如，财务部门可以通过核对销售合同、发票和财务报表，验证销售数据的真实性
审计部门	审计部门具有独立性和专业性，能够以客观、公正的态度对绩效考核数据进行验证。他们掌握专业的审计技能和方法，能够深入检查数据的来源、计算过程和相关凭证，发现潜在的数据造假或错误	在进行大规模绩效考核数据验证、对数据真实性存在疑问或需要进行专项审计时，审计部门的参与尤为重要。例如，当企业怀疑某个部门的绩效数据存在虚报情况时，审计部门可以开展专项审计工作，对数据进行全面核实
业务部门	业务部门对本部门的业务流程和工作内容最为熟悉，能够从实际出发，判断绩效考核数据是否真实反映了员工的工作表现。他们可以根据日常工作中的经验和实际情况，对数据进行初步筛选和验证	对于一些与业务操作直接相关的考核数据，如生产部门的产量、质量指标，研发部门的项目进度、成果指标等，业务部门的验证具有重要意义。例如，生产部门可以通过现场检查生产记录、设备运行数据等方式，验证产量和质量数据的准确性

（二）确定验证部门的考量因素

1. 数据的性质和来源

不同类型的数据可能需要不同专业背景的部门进行验证。例如，来自财务系统的财务数据，由财务部门验证更为合适；而来自业务系统的操作数据，业务部门的验证更具权威性。

数据的收集渠道也会影响验证部门的选择。如果数据来源于多个部门的协作，可能需要多个部门共同参与验证，以确保数据的全面性和准确性。

2. 部门的专业能力和资源

验证部门需要具备相应的专业知识和技能，能够理解和分析绩效考核数据。例如，验证复杂的财务指标需要财务专业人员，验证技术指标需要相关领域的专业人员。

验证部门还需要拥有足够的资源，包括人力、时间和工具，来完成数据的验证工作。如果某个部门工作繁忙，缺乏足够的人力和时间，可能会影响验证的质量和效率。

3. 部门的独立性和公正性

为了保证数据验证的客观性和公正性，验证部门应尽量与被考核部门保持独立。例如，审计部门由于独立性较强，在验证数据时能够避免受到部门间利益的干扰，更能保证验证结果的真实性。

验证部门的人员应具备良好的职业道德和责任心，严格按照规定的程序和标准进行验证，确保验证过程和结果的公正性。

4. 企业的组织架构和管理模式

企业的组织架构和管理模式会影响数据验证部门的设置和职责划分。在集权式管理模式下，可能由总部的相关部门统一进行数据验证；而在分权式管理模式下，各业务单元可能有更大的自主权，数据验证工作可能会更多地由业务单元的内部部门负责。

企业内部的协作机制也会影响部门之间的合作。良好的协作机制能够确保不同部门之间信息共享、沟通顺畅，提高数据验证的效率和质量。

七、数据的提报与汇总

数据提报人在规定的时间，按企业要求，按时提报考核指标汇总表或台账，有利于考核者及时分析考核结果。所以以收集考核数据，必须先收集考核汇总表及台账。

考核汇总表及台账提报前应经过提报人自查和上级审核检查。审核检查的目的是保证数据的质量，管理者应当确认有关绩效数据是否准确、完整以及适用。如果发现数据中有不符合要求的地方，或者还需要对某些数据进行验证，管理者应把这些数据和通过另一种渠道（如工作样本分析、错误报告、投诉记录、管理者反馈等）收集的数据进行对比，以判断所收集的原始信息的准确性和可信性。

【范本 4-1】▶▶

某企业绩效数据规划与统计

1. 绩效指标管理一览表

部门	姓名	职务	绩效计划				绩效考核	数据统计频率	数据构建情况（是/否）	完成率
			（2）目标计划岗位	（3）单位	（5）目标值	（6）配分	（11）数据提供			
海外销售部		经理	接单业绩（万）	数值	896	20	财务部	次/日		
海外销售部		经理	销售业绩（万）	数值	867	15	财务部	次/日		
海外销售部		经理	预算达成率	比值	95%	20	财务部	次/月		
海外销售部		经理	账款回收准时率	比值	90%	15	财务部	次/月		
海外销售部		经理	准时出货率	比值	98%	10	制管部	次/月		
海外销售部		经理	新客户成交数量	数值	1 家	10	财务部	次/月		
海外销售部		经理	培训计划达成率	比值	100%	5	行政部	次/月		
海外销售部		经理	稽核监检执行率	比值	95%	5	稽核	次/月		
开发部		经理	预算达成率	比值	95%	20	财务部	次/月		
开发部		经理	样板完成率	比值	90%	15	营销中心	次/月		
开发部		经理	产品小批量试做合格率	比值	50%	20	品管部	次/月		
开发部		经理	新项目产品小批量试做准交率	比值	50%	0	工程部技术	次/月		
开发部		经理	BOM准确率	比值	100%	15	制管部	次/日		
开发部		经理	新项目节点准时达成率	比值	50%	20	本部门提交稽核审核	次/周		
开发部		经理	培训计划达成率	比值	100%	5	行政部	次/月		
开发部		经理	稽核监检执行率	比值	95%	5	稽核	次/月		
工程部技术		经理	预算达成率	比值	95%	20	财务部	次/月		
工程部技术		经理	产品小批量试做前及时完成标准作业程序	比值	100%	18	品管部	次/日		

续表

部门	姓名	职务	绩效计划				绩效考核	数据统计频率	数据构建情况（是/否）	完成率
			（2）目标计划岗位	（3）单位	（5）目标值	（6）配分	（11）数据提供			
工程部技术		经理	改善件数（收益≥5000元为1件）	件数	10	17	制造一部——模具塑胶部	次/日		
工程部技术		经理	生产异常处理及时率	比值	98%	15	制造一部——模具塑胶部	次/日		
工程部技术		经理	订单结案技术资料修订及时率	比值	100%	10	制管部	次/周		
工程部技术		经理	人员流失率	比值	5%	5	行政部	次/日		
工程部技术		经理	培训计划达成率（每月按照培训计划安排培训）	比值	100%	5	行政部	次/月		
工程部技术		经理	异常处理的及时性、有效性	比值	100%	5	工程部技术	次/日		
工程部技术		经理	稽核监检执行率	比值	95%	5	稽核	次/日		
工程部设备		经理	预算达成率	比值	95%	20	财务部	次/月		
工程部设备		经理	工装治具达成率	比值	100%	20	制造一部——模具塑胶部	次/日		
工程部设备		经理	改善件数（收益≥5000元为1件）	件数	5	15	制造一部——模具塑胶部	次/日		
工程部设备		经理	改善件数（收益≥5万元为1件）	件数	1	10	制造一部——模具塑胶部	次/日		
工程部设备		经理	生产异常处理及时率	比值	98%	20	制造一部——模具塑胶部	次/日		
工程部设备		经理	设备完好率	比值	98%	5	制造一部——模具塑胶部	次/日		
工程部设备		经理	培训计划达成率（每月按照培训计划安排培训）	比值	100%	5	行政部	次/月		
工程部设备		经理	稽核监检执行率	比值	95%	5	稽核	次/日		

续表

| 部门 | 姓名 | 职务 | 绩效计划 | | | | 绩效考核 | 数据统计频率 | 数据构建情况（是/否） | 完成率 |
			（2）目标计划岗位	（3）单位	（5）目标值	（6）配分	（11）数据提供			
品管部		经理	预算达成率	比值	95%	20	财务部	次/月		
品管部		经理	客户月投诉数	件	4	15	营销中心	次/日		
品管部		经理	来料上线合格率	比值	98%	20	制造一部——模具塑胶部	次/日		
品管部		经理	重点供应商指导计划	家数	2	10	采购部	次/月		
品管部		经理	生产异常结案及时率	比值	100%	15	制造一部——模具塑胶部	次/日		
品管部		经理	来料检验及时率	比值	98%	10	制管部	次/日		
品管部		经理	培训计划达成率	比值	100%	5	行政部	次/月		
品管部		经理	稽核监检执行率	比值	95%	5	稽核	次/日		
制管部		经理	库存周转天数	天	60	25	财务部	次/月		
制管部		经理	预算达成率	比值	95%	20	财务部	次/月		
制管部		经理	订单准交率	比值	89%	15	营销中心	次/日		
制管部		经理	账物卡相符率	比值	98%	5	财务部	次/周		
制管部		经理	上线工单物料齐套率	比值	100%	15	制造一部——模具塑胶部	次/日		
制管部		经理	订单结案及时率（物料、标准）	比值	90%	10	本部门提交稽核审核	次/周		
制管部		经理	培训计划达成率	比值	100%	5	行政部	次/月		
制管部		经理	稽核监检执行率	比值	95%	5	稽核	次/日		
采购部		经理	采购成本下降率	比值	1%	20	财务部	次/月		
采购部		经理	预算达成率	比值	95%	20	财务部	次/月		
采购部		经理	来料合格率	比值	86%	15	品管部	次/日		
采购部		经理	来料准交率	比值	93%	15	制管部	次/日		

部门	姓名	职务	绩效计划				绩效考核	数据统计频率	数据构建情况（是/否）	完成率
			（2）目标计划岗位	（3）单位	（5）目标值	（6）配分	（11）数据提供			
采购部		经理	样品物料准交率	比值	65%	10	开发部	次/日		
采购部		经理	新供应商开发达成率	比值	100%	10	采购部	次/月		
采购部		经理	培训计划达成率	比值	100%	5	行政部	次/月		
采购部		经理	稽核监检执行率	比值	95%	5	稽核	次/日		
行政人事部		经理	预算达成率	比值	95%	20	财务部	次/月		
行政人事部		经理	招聘达成率	比值	75%	25	本部门提供稽核审核	次/日		
行政人事部		经理	企业客户验厂通过率	比值	100%	5	本部门提供稽核审核	次/日		
行政人事部		经理	伙食满意度	比值	60%	10	本部门提供稽核审核	次/月		
行政人事部		经理	绩效数据提供及时性	比值	100%	20	本部门提供稽核审核	次/月		
行政人事部		经理	企业文化活动实施率	比值	100%	5	本部门提供稽核审核	次/月		
行政人事部		经理	人员流失率	比值	5%	10	本部门提供稽核审核	次/日		
行政人事部		经理	稽核监检执行率	比值	95%	5	稽核	次/日		
财务部		经理	预算达成率	比值	95%	20	财务部	次/月		
财务部		经理	财务报表及时率	比值	100%	15	财务部	次/月		
财务部		经理	仓库库存抽盘及时率	比值	100%	10	制管部	次/周		
财务部		经理	预算检讨会召开及时率	比值	100%	20	财务部	次/月		
财务部		经理	财务分析会召开及时率	日期	每月14日	25	财务部	次/月		
财务部		经理	培训计划达成率	比值	100%	5	行政部	次/月		
财务部		经理	稽核监检执行率	比值	95%	5	稽核	次/日		

2. 绩效指标统计情况汇总表

数据统计部门	统计数量	已完成数量	完成比率	稽核时间
财务部	21			每周不定时三次
行政人事部	17			每周不定时三次
稽核	11			每周不定时三次
制管部	10			每周不定时三次
品管部	6			每周不定时三次
开发部	4			每周不定时三次
营销中心	3			每周不定时三次
工程部技术	2			每周不定时三次
采购部	2			每周不定时三次

第二节　考核数据验证与评估

数据收集好后，人力资源部就需要对数据进行清洗、整理、分析，并形成分析报告。

一、进行考核数据验证

绩效考核数据的验证是确保绩效考核公平、公正、准确的关键环节，它能保证考核结果真实反映员工或团队的工作表现。

（一）验证的重要性

验证的重要性如图 4-10 所示。

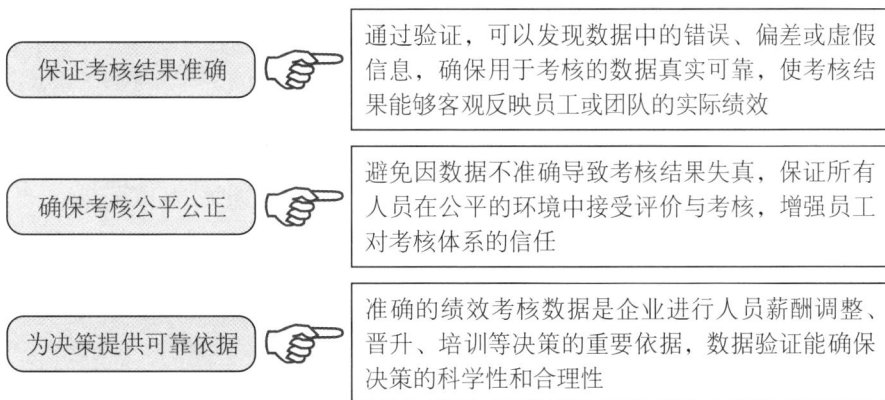

保证考核结果准确	☞	通过验证，可以发现数据中的错误、偏差或虚假信息，确保用于考核的数据真实可靠，使考核结果能够客观反映员工或团队的实际绩效
确保考核公平公正	☞	避免因数据不准确导致考核结果失真，保证所有人员在公平的环境中接受评价与考核，增强员工对考核体系的信任
为决策提供可靠依据	☞	准确的绩效考核数据是企业进行人员薪酬调整、晋升、培训等决策的重要依据，数据验证能确保决策的科学性和合理性

图 4-10　验证的重要性

（二）验证的内容

验证的内容如表 4-4 所示。

表 4-4　验证的内容

序号	验证项目	验证说明
1	数据完整性	检查收集的数据是否涵盖了所有考核的指标和项目，没有遗漏。例如，在绩效考核中涉及销售额、销售量、客户满意度等多项指标，要确保各项指标的数据都已收集齐全
2	数据准确性	核实数据的计算是否正确，数据来源是否可靠，比如，销售数据是否与财务报表一致，客户满意度调查的样本是否具有代表性等
3	数据一致性	确认不同渠道收集的数据之间是否相互矛盾，在不同时间段的数据是否具有连贯性，例如，员工的考勤数据在人力资源系统和部门记录中是否一致
4	数据真实性	判断数据是否真实反映了员工实际工作情况，有无虚假填报或夸大业绩的情况，如销售人员是否虚报销售额，项目人员是否虚构项目进度等

（三）验证的方法

验证的方法如表 4-5 所示。

表 4-5　验证的方法

序号	方法	方法说明
1	逻辑检查	根据业务逻辑和常识判断数据的合理性。例如，如果某员工的销售额突然大幅增长，但市场环境和销售策略并未发生明显变化，就需要进一步核实数据的真实性
2	对比分析	将本次考核数据与历史数据、同岗位其他人员的数据或行业平均数据进行对比。如果某员工的绩效数据与以往相比波动较大，或者与同岗位其他人员的差距明显不合理，就需要深入调查原因
3	源头追溯	追溯数据的来源，检查原始记录和凭证。例如，对于生产数量数据，可以查看生产报表、设备运行记录等原始资料；对于客户投诉率数据，可以查阅客户投诉记录和处理情况
4	实地核实	对于一些关键数据或存在疑问的数据，到工作现场进行实地核实。比如，核实项目进度时，可以到现场查看项目实际进展；核实员工的工作表现时，可以与同事、客户进行访谈

（四）验证的流程

验证的流程如图 4-11 所示。

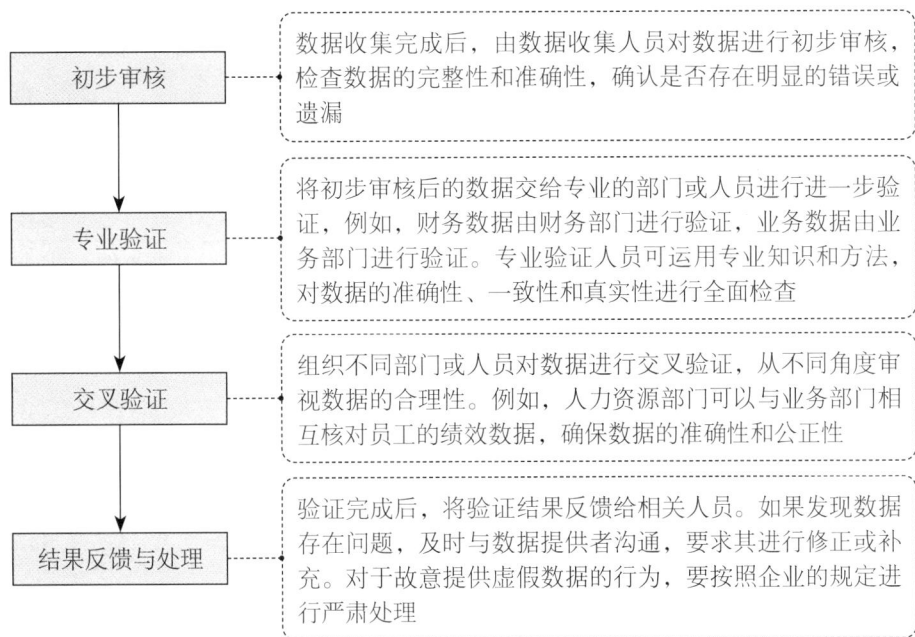

图4-11　验证的流程

（五）验证中可能遇到的问题与解决措施

验证中可能遇到的问题与解决措施如表4-6所示。

表4-6　验证中可能遇到的问题与解决措施

序号	问题	解决措施
1	数据来源不可靠	部分数据可能来自不可靠的渠道，导致数据质量低下。解决措施是，建立严格的数据采集标准和规范，明确数据采集的要求，对数据提供者进行培训和监督
2	数据验证成本高	验证过程可能需要投入大量的人力、物力和时间，增加了企业的成本。可以通过优化验证流程、采用信息技术手段提高验证效率、合理安排验证人员和资源等措施，降低验证成本
3	人为干扰验证工作	个别人员可能出于自身利益考虑，干扰数据验证工作。企业应加强对验证工作的管理，建立健全监督机制，对干扰验证工作的行为进行严肃处理，确保验证工作的独立性和公正性

二、绩效完成情况评估

（一）展开评估

确保所收集的数据完整无误且充足后，方可依据这些数据对员工的绩效完成情况展开评估。管理者需结合员工工作的不同特点与实际情况，灵活选用评估方法。同时，确保评估涵盖所有重要指标，评估标准紧密贴合工作绩效，评估流程公正、有效。

（二）录入个人绩效考核表

待各验证部门完成考核数据的提交与审核后，将相关数据录入个人绩效考核表，按照考核表预设的权重，计算各项考核得分，然后再汇总得出考核总分。被考核人的上级应对考核总分进行审批，然后与被考核人就考核结果进行确认与面谈。待被考核人认可并签字后，将相关资料报送至绩效考核专员处。绩效考核专员负责对数据进行汇总与分析，然后将结果转交给薪酬专员，由薪酬专员据此核算绩效工资。

【范本 4-2】 ▸▸

总经理绩效考核得分表

任职者：×××　　　　　　　　考核方式：月度监督／半年度考核

考核指标		定义	权重	目标	工作实绩	考核评分标准	数据来源	考核得分	实际得分
财务指标	总资产周转率	根据年度经营计划书，设定总资产周转率为：××××	30%	1.2		N＝工作实绩／目标×权重	财务中心		
	净资产收益率	根据年度经营计划书，设定净资产收益率为：××××	40%	15%		N＝工作实绩／目标×权重	财务中心		
	存货周转率	根据年度经营计划书，设定存货周转率为：××××	30%	4		N＝工作实绩／目标×权重	财务中心		
董事会交办的事项		1.董事会讨论决定的事项或经营战略会会议决议需推行的事项 2.严重失职，造成损失达100万元以上	加减分项			按时完成、反馈积极并且效果良好的，+5分 未完成或不反馈的，-5分 介于上述之间的，由董事长视情况进行加分或减分	董事会		
合计									

第三节 绩效考核数据分析

绩效考核数据分析是企业绩效管理的关键环节。通过对这些数据进行深度剖析，企业能够精准地掌握员工和团队的工作表现，发现潜在问题并及时制定调整策略，为今后的发展注入活力。

一、考核数据分析的目的

考核数据分析的目的如图 4-12 所示。

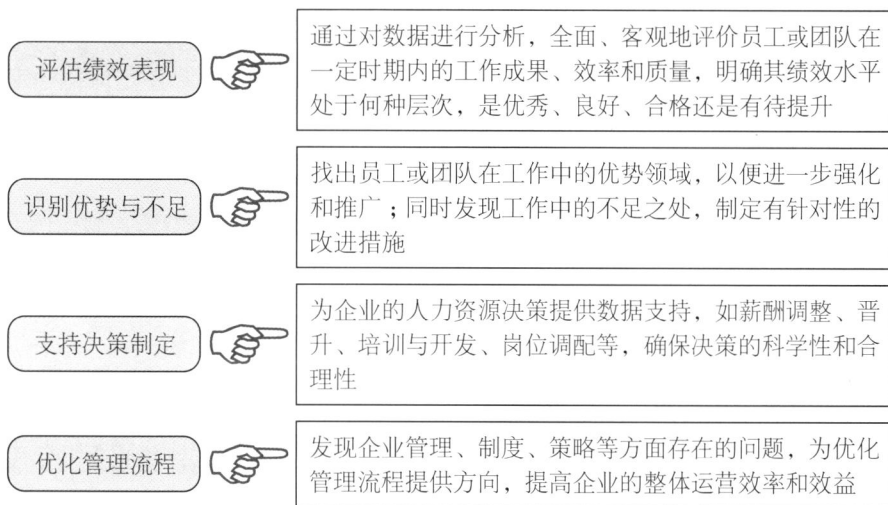

评估绩效表现 ☞	通过对数据进行分析，全面、客观地评价员工或团队在一定时期内的工作成果、效率和质量，明确其绩效水平处于何种层次，是优秀、良好、合格还是有待提升
识别优势与不足 ☞	找出员工或团队在工作中的优势领域，以便进一步强化和推广；同时发现工作中的不足之处，制定有针对性的改进措施
支持决策制定 ☞	为企业的人力资源决策提供数据支持，如薪酬调整、晋升、培训与开发、岗位调配等，确保决策的科学性和合理性
优化管理流程 ☞	发现企业管理、制度、策略等方面存在的问题，为优化管理流程提供方向，提高企业的整体运营效率和效益

图 4-12 考核数据分析的目的

二、考核数据分析的方法

（一）描述性统计分析

1. 均值

计算一组数据的平均值，以反映数据的集中趋势。例如，计算某部门员工的平均绩效得分，了解该部门的整体绩效水平。

2. 中位数

将数据按大小顺序排列，取位于中间位置的数值。中位数不受极端值的影响，能更稳健地反映数据的中心趋势。

3. 众数

数据中出现次数最多的数值，可反映数据的分布特征。

4. 标准差

标准差可衡量数据的离散程度，反映数据相对于均值的波动情况。标准差越大，说明数据的离散程度越大，绩效的稳定性越差。

（二）比较分析

1. 横向比较

在同一时期内，对不同部门、岗位、员工之间的绩效数据进行比较，找出差异和优势。例如，比较不同销售团队的销售额，评估各团队的销售能力。

2. 纵向比较

对同一部门、岗位或员工不同时期的绩效数据进行比较，观察绩效的变化趋势。例如，分析某员工连续几个季度的绩效得分，判断其绩效是上升、下降还是保持稳定。

（三）相关性分析

分析不同绩效指标之间的关联程度，判断各指标之间是否存在相互影响。例如，研究员工培训时长与工作绩效之间的相关性，确定培训对工作绩效的影响程度。

（四）趋势分析

通过对历史绩效数据进行分析，预测未来绩效的发展趋势。可以使用时间序列分析等方法建立数学模型来进行预测。例如，根据过去几年的销售数据，预测下一年度的销售趋势。

三、考核数据分析的流程

绩效考核数据分析的流程如图 4-13 所示。

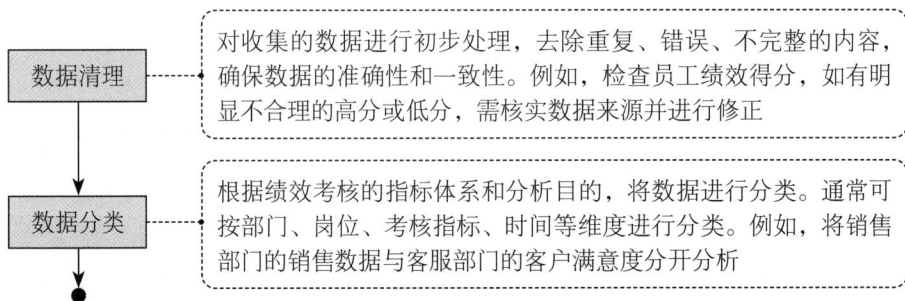

| 数据清理 | 对收集的数据进行初步处理，去除重复、错误、不完整的内容，确保数据的准确性和一致性。例如，检查员工绩效得分，如有明显不合理的高分或低分，需核实数据来源并进行修正 |
| 数据分类 | 根据绩效考核的指标体系和分析目的，将数据进行分类。通常可按部门、岗位、考核指标、时间等维度进行分类。例如，将销售部门的销售数据与客服部门的客户满意度分开分析 |

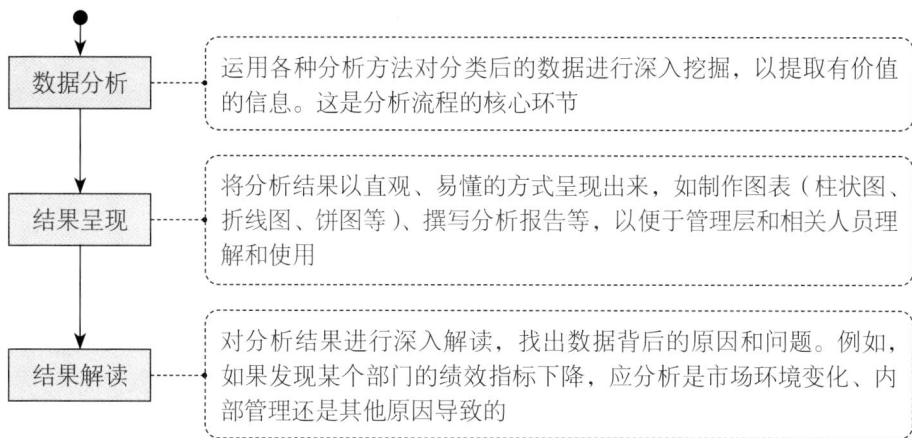

图4-13　考核数据分析的流程

四、绩效考核分析报告

详细的绩效分析报告应包括分析目的、分析方法、分析结果、结论和建议等内容，且报告要简洁明了、重点突出，能为管理层决策提供依据。

具体模板如下所示。

绩效数据分析报告

一、报告概述

（一）报告目的

本次绩效数据分析旨在全面评估（具体时间段）企业各部门及员工的绩效表现，深入剖析绩效数据背后的问题，为企业优化绩效管理体系、制定科学合理的决策提供有力依据，并促进企业整体绩效的提升和战略目标的实现。

（二）数据范围

涵盖了企业（具体部门1）、（具体部门2）等（×）个部门，涉及员工总数（×）人。数据来源于企业人力资源管理系统、销售管理系统、项目管理系统等，数据收集时间范围为（起始日期）至（结束日期）。

（三）分析方法

综合运用了描述性统计分析（如计算均值、中位数、标准差等）、比较分析（部门间、员工间对比）、趋势分析（对历史数据进行时间序列分析）以及相关性分析（探究不同绩效指标间的关联）等方法。

二、关键绩效指标总体表现

（一）整体绩效概览

指标名称	目标值	实际值	完成率	同比变化
销售额	××万元	××万元	××%	××%
利润率	××%	××%	××%	××%
客户满意度	××分	××分	××%	××%

从整体数据来看，销售额完成率达到了××%，但同比有所（上升/下降）；利润率略低于目标值；客户满意度有一定程度的（提升/降低）。

（二）各部门绩效表现对比

指标名称	销售额完成率	利润率	客户满意度
销售部	××%	××%	××分
研发部	××%	××%	××分
客服部	××%	××%	××分

通过各部门绩效数据对比发现，销售部销售额完成率较高，但利润率表现一般；研发部的创新可能对利润率有一定影响；客服部客户满意度相对较好。

三、绩效指标详细分析

（一）销售额分析

1.按产品类别

产品类别	目标销售额/万元	实际销售额/万元	完成率/%	占总销售额比例/%
产品A				
产品B				
产品C				
……				

产品A完成率较高，是销售额的主要贡献者；产品B完成情况一般；产品C完成率较低，可能存在市场推广不足或产品竞争激烈等问题。

2.按销售区域

销售区域	目标销售额/万元	实际销售额/万元	完成率
区域1	××	××	××%
区域2	××	××	××%
区域3	××	××	××%

区域 1 的销售完成情况良好；区域 2 的销售额接近目标值；区域 3 的完成率较低，可能与当地市场环境、销售团队能力等因素有关。

（二）利润率分析

1. 成本项目分析

成本项目	金额 / 万元	占总成本比例 /%	同比变化 /%
原材料成本			
人工成本			
营销成本			

原材料成本占比较大且同比有所上升，可能影响了利润率；人工成本相对稳定；营销成本的投入产出比有待进一步评估。

2. 不同业务板块利润率

业务板块	利润率
业务板块 1	××%
业务板块 2	××%
业务板块 3	××%

业务板块 1 利润率较高；业务板块 2 利润率处于中等水平；业务板块 3 利润率较低，需关注该板块的成本控制和盈利模式。

（三）客户满意度分析

1. 满意度调查结果分布

满意度等级	占比 /%
非常满意	
满意	
一般	
不满意	
非常不满意	

大部分客户都是满意及以上水平，但仍有 ××% 的客户不满意，需要进一步了解原因。

2. 影响客户满意度的因素分析

通过对客户的反馈进行分析，发现产品质量、服务响应速度和售后服务是影响客户满意度的主要因素。

四、绩效趋势分析

（一）时间序列分析

绘制销售额、利润率、客户满意度等关键指标在（具体时间段）的折线图，直观展示其变化趋势。例如，销售额在（具体月份）出现明显增长，可能与促销活动或市场需求旺季有关；利润率在（某阶段）呈下降趋势，需深入分析成本变动情况。

_____

_____

（二）与历史数据对比

将本期绩效数据与过去（××）年同期数据进行对比，发现销售额同比增长（××）%，但利润率同比下降（××）%。（通过对比，有助于发现企业绩效的长期变化规律和存在的问题。）

_____

_____

五、相关性分析

（一）指标间相关性矩阵

指标	销售额	利润率	客户满意度
销售额	1	××	××
利润率	××	1	××
客户满意度	××	××	1

分析发现，销售额与客户满意度呈（正/负）相关，说明提高客户满意度有助于促进销售额增长；利润率与客户满意度的相关性较弱，可能受成本等其他因素的影响较大。

（二）分析结果应用

根据相关性分析结果，企业在制定营销策略时，应更加注重提升客户满意度，以带动销售额增长；在成本控制方面，要综合考虑对利润率和其他指标的影响。

六、问题诊断与建议

（一）存在问题

1. 部分产品市场竞争力不足，导致销售额未达预期。

2. 原材料成本上升，压缩了利润率空间。

3. 客户服务响应速度有待提高，影响了客户满意度。

4. 部门间协作不够顺畅，导致工作效率低下。

（二）改进建议

1.产品方面

• 加大产品 C 的市场推广力度，优化产品功能和包装，提高产品竞争力。

• 加强市场调研，及时了解市场需求变化，调整产品研发方向。

2.成本控制方面

• 与供应商协商，争取更优惠的原材料采购价格。

• 优化生产流程，降低生产成本。

• 对营销成本进行精细化管理，提高投入产出比。

3.客户服务方面

• 建立客户服务快速响应机制，缩短客户问题解决时间。

• 加强客服人员培训，提高服务质量和专业水平。

4.团队协作方面

• 建立跨部门沟通协调机制，定期召开部门间沟通会议。

• 明确各部门职责和工作流程，避免职责不清导致的工作延误。

七、结论

本次绩效数据分析全面评估了企业在（具体时间段）的绩效表现。通过对关键绩效指标进行详细分析、趋势分析和相关性分析，发现企业在产品销售、成本控制、客户服务和团队协作等方面存在问题。针对这些问题提出的改进建议，希望能帮助企业优化绩效管理，提升整体绩效水平，实现企业可持续发展。

八、附件

1.绩效数据原始表格

2.满意度调查问卷及结果统计

3.相关图表的详细数据来源说明

下 篇

成本控制：
精简冗余，盈利倍增

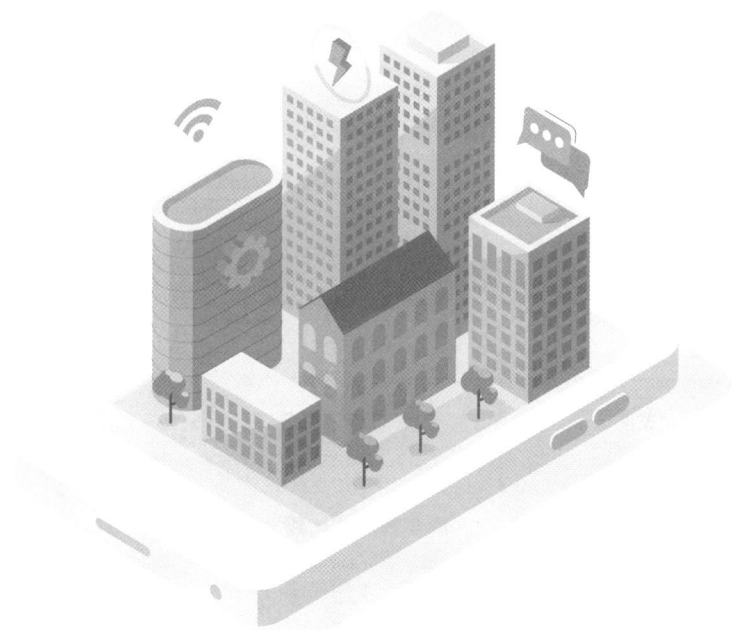

降本增效：成本控制，重塑利润格局

当前，企业经营环境充满挑战，未来也不容乐观。在经济不景气的大背景下，企业必须重新审视并优化人、物、钱以及资源等关键要素。

企业可通过持续开展局部成本控制活动，挖掘降本增效的潜力，进而提升利润空间。要实现这一目标，离不开全体员工的共同努力。每一位员工都需树立强烈的成本意识，将成本控制理念融入日常工作，不断挑战成本控制的新高度，如此才能推动企业在困境中稳健前行，实现可持续发展。

一、解密成本控制

成本控制的核心在于削减整个生产体制的总体费用。无论企业规模大小，即便是那些营业额初看并不起眼的小型企业，也会实现高额收益。究其根源，主要是因为企业内部从高层到基层，齐心协力推进成本优化活动（如下图所示）。

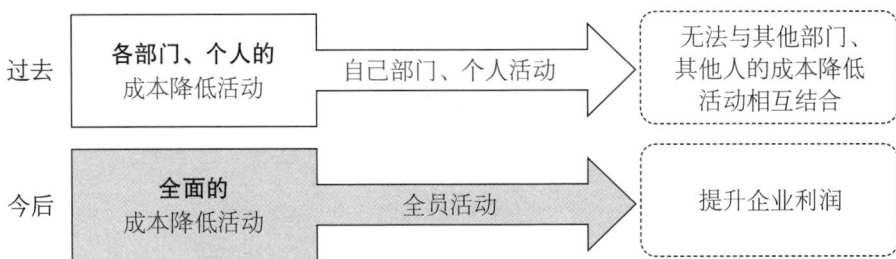

成本控制的比较

成本控制应聚焦于整个企业或整个生产体系的总费用。企业若想降低整体成本，就必须在高层主管或事业经理的直接领导下，设立专门推动企业成本控制的企划小组。同时，企业高层领导需要将活动的整体架构以及各阶段的计划时间表，清晰地传达给全体员工。

成本控制若仅局限于各部门的局部性活动，往往只能使本部门受益，容易与其他部门脱节。

所以，企业必须精准掌握实际成本，让各部门的成本降低活动相互关联、协同配合，从而实现大幅度成本降低。

二、成本控制，全员皆为关键推动者

在成本控制过程中，企业里的每一个部门、每一位员工，都是不可或缺的核心角色。当开展成本控制工作时，虽然每个人承担的任务和发挥的作用存在差异，但只要大家认真负责地完成自己的本职工作，就能敏锐地发现那些潜藏在各个环节的资源浪费现象，并将其一一消除。

说到成本管理的责任人，只要是参与成本控制工作的成员，都肩负着重要责任。从这个角度来讲，企业的全体员工都是成本控制的责任人。

基层员工准确记录并如实汇报成本控制情况固然重要，但倘若各部门负责统计成本降低情况的关键岗位人员，未能切实履行自己的职责，那么成本控制就难以取得理想效果。

所以，企业要以目标成本为重要参照，在不突破目标成本的前提下，进一步细致、清晰地划分每个岗位、每位员工的具体职责。毕竟，成本控制并非一蹴而就，每位员工只有日复一日、持之以恒地履行好自己的职责，才能实现有效的成本控制。而在这个过程中，企业管理者更是发挥着引领和统筹的关键作用，他们同样是成本控制工作中极为重要的角色，如下图所示。

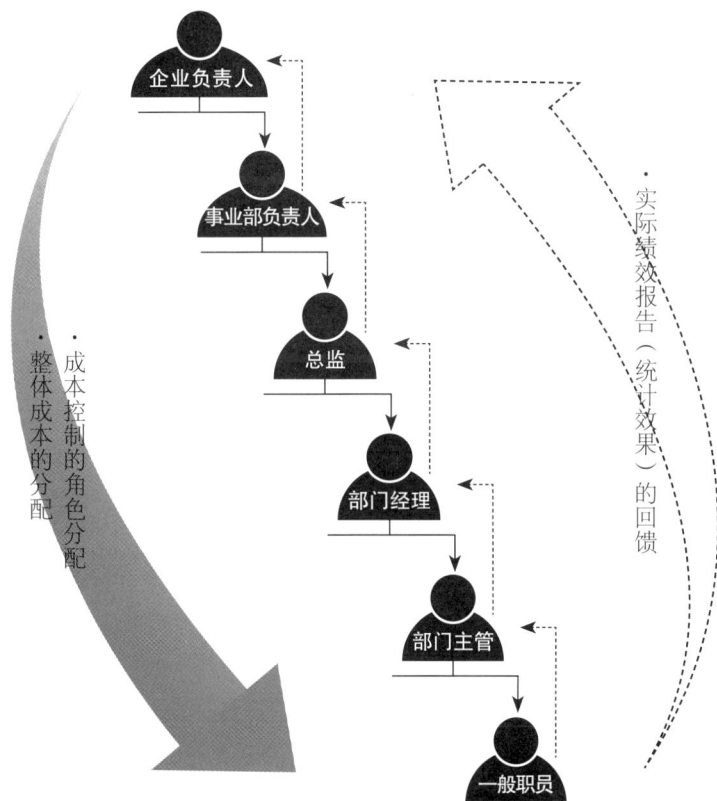

成本控制角色的分配方法和回馈

第五章 研发成本降低：企业发展的关键策略

只要提到成本控制，很多人便会想到加强生产现场管理、降低物耗、提高生产效率。他们往往忽略了一个问题：成本在广义上包含了设计（研发）成本、制造成本、销售成本三大部分，也就是说，很多人在成本控制方面往往只关注制造成本和销售成本。其实，我们将目光放得更远一点，以研发过程的成本控制作为整个项目成本控制的起点，才是产品成本控制的关键。

* * *

第一节 设计决定产品的成本

在产品的全生命周期中，设计环节对产品成本起着决定性作用，尤其是对直接成本，更是影响深受。若要实现成本降低，应着重从研发设计与制造加工这两大方面发力。

一、不控制研发成本的后果

（一）开发（设计）过程中的三大误区

在产品开发（设计）过程中，常常存在一些容易被忽视却影响深远的误区，这些误区会对产品的市场表现和企业效益产生不良影响。深入剖析这些问题，能为企业优化产品开发流程、提升竞争力提供关键思路。

1.过度聚焦产品性能，忽视产品经济性（成本）

设计工程师普遍存在一个问题：单纯从产品性能出发进行产品设计，这或许是因为职业习惯。设计师常将产品项目视为艺术品或科技结晶来打造，在追求产品性能卓越、外观完美的过程中，容易忽略诸多部件在生产过程中产生的成本，也不能充分考量产品在市场中的价格性能比以及受欢迎程度。

事实证明，在市场环境里，功能最为齐全、性能最为出色的产品，未必是最畅销的。

因为产品的市场表现受到价格、顾客认知水平等因素的制约。

比如，一款高端智能手机，尽管具备顶尖的拍照功能和极致的处理性能，但如果价格过高，超过了目标消费群体的承受范围，或者复杂的功能让普通消费者难以理解和使用，那么它的销量也可能不尽如人意。

2. 只关注表面成本，遗漏隐含（沉没）成本

某企业曾推出一款新品，在外壳固定方面使用了12枚螺钉，而竞争对手仅用3枚螺钉就实现了相同的固定效果。

从成本来看，9枚螺钉不过几角钱。然而，一旦进入批量生产阶段，因多出来的9枚螺钉而增加的采购成本、材料成本、仓储成本、装配（人工）成本、装运成本以及资金成本等支出，将是一笔巨大的费用。仅仅是比竞争对手多了9枚螺钉，却给企业带来了数额庞大的隐含（沉没）成本，这无疑会压缩利润空间，削弱产品在市场上的竞争力。

3. 急于开展新品开发，忽视原产品某些功能的再设计

部分产品价格高昂，往往是因为设计不够合理。在缺乏作业成本引导的产品设计中，设计师容易忽视许多部件、产品的多样性以及复杂生产过程产生的成本。实际上，通过对产品进行再设计，常常能进一步削减成本。但许多企业的研发部门在完成产品开发后，急于将精力投入其他新品设计中，只顾加快新品推出速度，却忽视了对原产品的改进。

例如，一款传统的办公家具，结构设计复杂，生产工序烦琐，导致成本居高不下。如果企业能够对其进行再设计，简化结构，优化生产流程，就可以降低成本，提高产品的性价比。然而，由于研发部门急于开发新的家具款式，没有对这款产品进行改进，使其在市场上逐渐失去竞争力。

（二）研发设计阶段缺乏成本管理的后果

从某种意义上讲，企业利润在研发设计阶段就被"预测"出来了。倘若这一关键阶段缺乏有效的成本管理，将会引发一系列不良后果。

1. 技术把控不当，导致成本增加

技术水平欠佳，易引发过度设计，表现为不合理的安全系数。这会致使单一零件成本远超竞争对手。

以钣金垫设计为例，钣金垫并非越厚就越安全，过厚的钣金垫不仅会使单一零件成本呈倍数增长，还可能降低产品的安全系数。就像汽车保险杠，若采用过硬的纯钢材质，在撞击时汽车自身或许不易损坏，但车内人员的安全却难以保障。所以，在设计钣金垫时，应考虑选用较薄的材料，借助合理的结构变形来吸收能量。如此一来，既能确保产品安全，降低材料成本，还能提升产品的燃油经济性。

2. 设计标准化、模块化程度低，拉高成本

当设计的标准化和模块化程度不高时，产品包含的零件数量会相应增多。这不仅会增加模具的开发成本，还会加大管理难度，对企业的成本控制极为不利。

3. 忽视工艺与标准成本分析，致使成本偏高

设计过程中若忽视工艺要求，且不进行标准成本分析，最终生产出来的产品成本往往会偏高。这是因为不合理的设计可能导致生产过程复杂，耗费更多的人力、物力和时间成本，从而提高产品的总成本。

设计人员若对工艺缺乏了解，且未开展标准成本分析，便无法明确产品材料费、管理费以及加工组装费等方面的具体增量，如此一来，设计出的产品成本往往居高不下。在产品成本的众多影响因素中，设计是最为关键的一环。

二、产品成本影响因素剖析

影响产品成本的因素涵盖设计、制造、制材、外包、物流及其他多个方面，如图 5-1 所示。制造成本最终会反映在产品报价上，若未对供应商的制造成本进行考量，采购成本就有可能高于企业的制造成本。此外，包装费用、加工精度以及加工费用等因素同样会对产品成本产生影响。在材料设计阶段，存在降低成本的空间，而加工精度与加工费用之间呈现出明确的正相关关系，如图 5-2 所示。

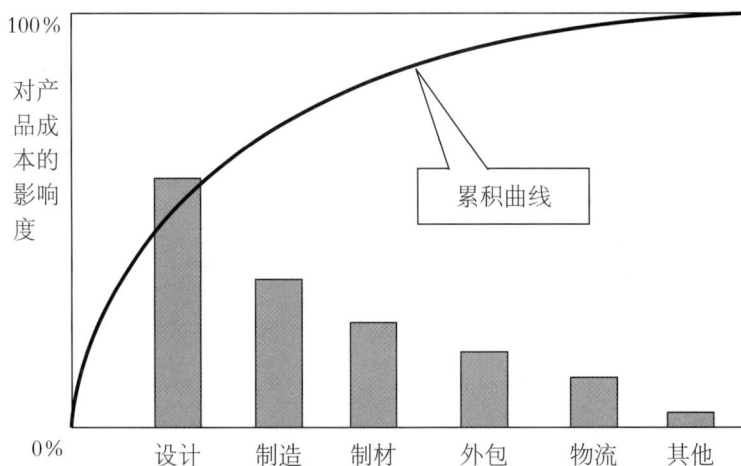

图 5-1　影响产品成本的因素

随着加工精度的提升，加工费用会以指数形式快速增长。当加工精度提升到一个数量级，意味着必须使用更高等级的设备。例如，原本使用几万元的设备即可满足生产需求，若要提高加工精度，就不得不更换为价值几百万元的设备。不同价格的设备，折旧费也不同，必然会导致加工成本出现极大差异。

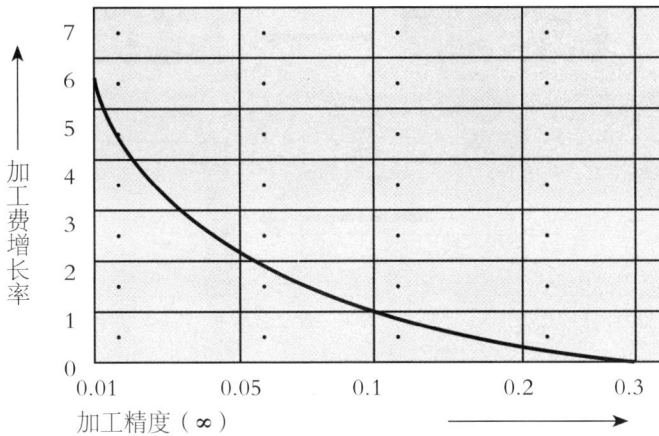

图 5-2 加工精度与加工费用的关系

为有效节约成本，在产品设计过程中应尽可能考虑便于操作的方案，因为难加工的设计会大幅提高成本。

如图 5-3 所示，设计某产品时，若其底部是一个极为平整的孔，产品成本就会显著增加，因为将底部设计为平面，必须采用特殊处理方法，需要使用特殊工具进行削平操作；而若将底部设计成三角形，仅需使用钻头打孔即可，无须其他特殊处理工序。

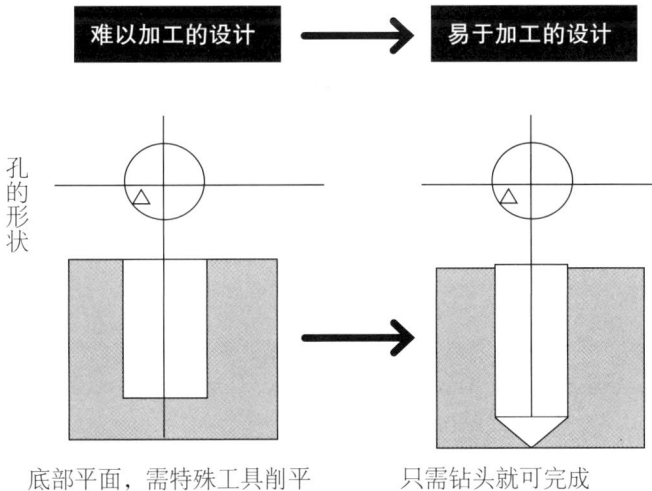

图 5-3 不同产品设计方案示例（一）

再如图 5-4 所示，在设计零件截面时，原本为圆形截面，需要开发专门刀具，成本高昂；但将截面设计成梯形后，制造过程就变得容易许多。

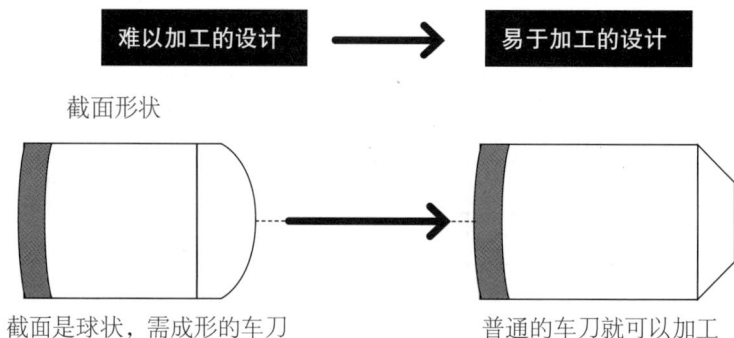

难以加工的设计　→　易于加工的设计

截面形状

截面是球状，需成形的车刀　　　　普通的车刀就可以加工

图 5-4　不同产品设计方案示例（二）

此外，对于设计方案的取舍，需依据产品的核心卖点来判断。若某项设计并非产品的独特优势，无法助力产品确立竞争优势，那么就没有进行该项设计的必要；反之，若某项设计能够成为产品的卖点，有助于提高产品价格，那么便可以考虑实施。

通过上述诸多示例，我们能够获得图 5-5 所示的三点重要启示。

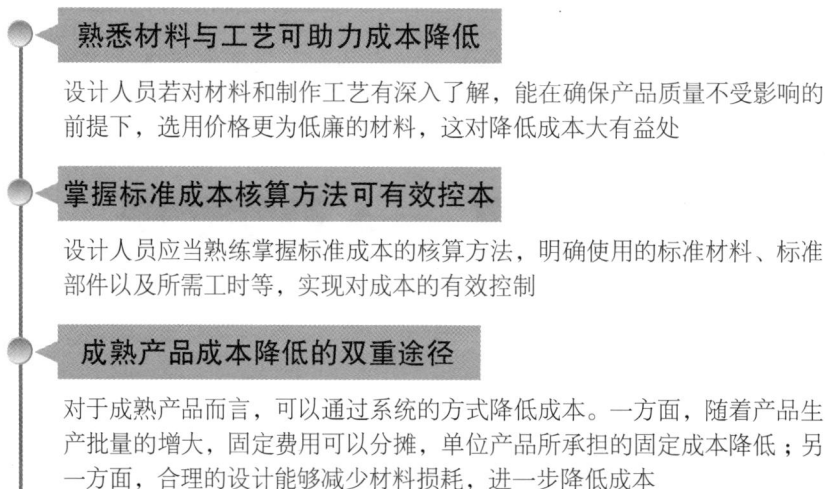

熟悉材料与工艺可助力成本降低

设计人员若对材料和制作工艺有深入了解，能在确保产品质量不受影响的前提下，选用价格更为低廉的材料，这对降低成本大有益处

掌握标准成本核算方法可有效控本

设计人员应当熟练掌握标准成本的核算方法，明确使用的标准材料、标准部件以及所需工时等，实现对成本的有效控制

成熟产品成本降低的双重途径

对于成熟产品而言，可以通过系统的方式降低成本。一方面，随着产品生产批量的增大，固定费用可以分摊，单位产品所承担的固定成本降低；另一方面，合理的设计能够减少材料损耗，进一步降低成本

图 5-5　三点重要启示

第二节　基于生命周期的研发成本控制

在当今竞争激烈的市场环境下，企业要实现可持续发展并保持竞争力，有效的成本控制至关重要。基于生命周期成本（Life Cycle Cost，LCC）的研发成本控制，为企业提供了一种全面、系统的成本管理方法，帮助企业在研发阶段就对成本进行科学规划与严格把控，实现经济效益的最大化。

一、生命周期成本的概念

生命周期成本是指产品从最初的规划设计开始，历经研发、生产、使用、维护，直至最终报废的整个过程中所产生的所有成本之和。这一概念突破了传统成本控制仅关注生产或采购环节的局限，将视野扩展到产品的整个生命周期（如图5-6所示），强调从源头进行成本控制，追求总成本的最小化。

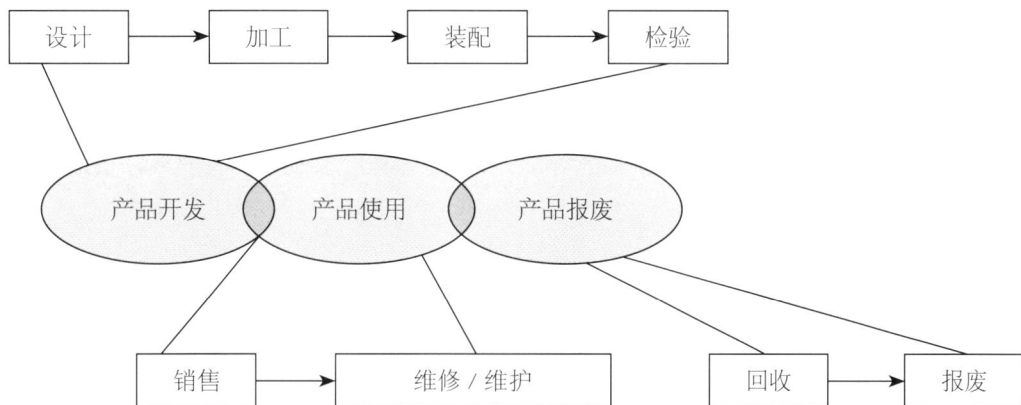

图5-6 产品生命周期图

二、生命周期成本的分类

以产品生命周期的跨度为基础，根据成本细分结构模式，产品生命周期成本分为图5-7所示的三种。

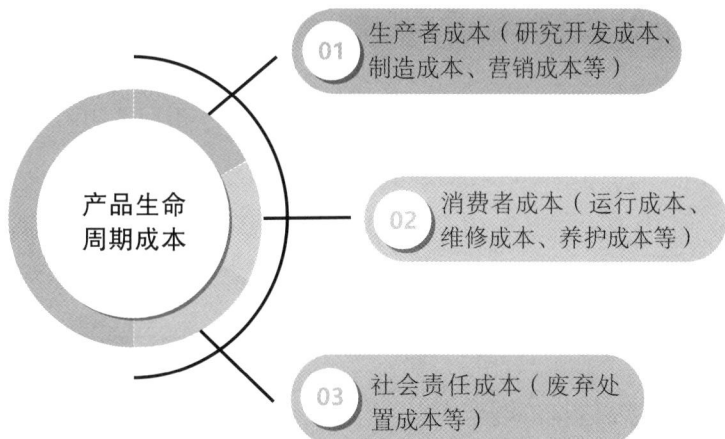

图5-7 产品生命周期成本的构成

（一）生产者成本

研究开发成本是企业研究开发新产品、新技术、新工艺所发生的产品设计费、工艺流程制定费、原材料和半成品试验费等。产品研制的结果具有不确定性，开发设计成本能否得到补偿不易确定，所以会计人员将其在当期列为支出是合乎情理的。但在成本管理中必须对其进行单独归集，以便对管理层决策提供依据。制造成本是产品在制造过程中发生的料、工、费等成本。营销成本是为推销产品和提高顾客满意度而产生的成本。

（二）消费者成本

消费者成本是从顾客的角度来确定产品进入消费领域后发生的各种成本，包括产品的运行成本、维修成本和养护成本等。

（三）社会责任成本

社会责任成本是产品生命周期终了时的成本。企业必须对产品生命周期终了时的废弃处置成本进行确认和分配，以保证产品在使用期满后得到适当处置。例如，德国要求在其境内销售产品的公司回收其包装物。这种做法把处置产品和元件的成本转移到生产商身上，扩大了成本计量的会计主体范围和会计期间，对于实现整体的竞争优势具有重要意义。

三、产品成本降低的关键在研发阶段

研发阶段是产品生命周期的关键起点，虽然该阶段成本在整个生命周期成本中所占比例相对较小，通常为 5%～15%，但其对后续成本的影响却高达 70%～80%。因为在研发过程中所做出的设计决策，如产品功能定位、技术路线选择、材料选用、工艺规划等，直接决定了产品在生产、使用和维护阶段的成本。例如，若在研发时选择复杂且昂贵的生产工艺，可能会导致生产阶段成本大幅上升；选用可靠性差的零部件，虽然能降低采购成本，但会增加产品在使用阶段的维修成本和故障损失。因此，在研发阶段基于生命周期进行成本控制具有事半功倍的效果。

（一）生命周期成本的构成要素

生命周期成本的构成要素如图 5-8 所示。

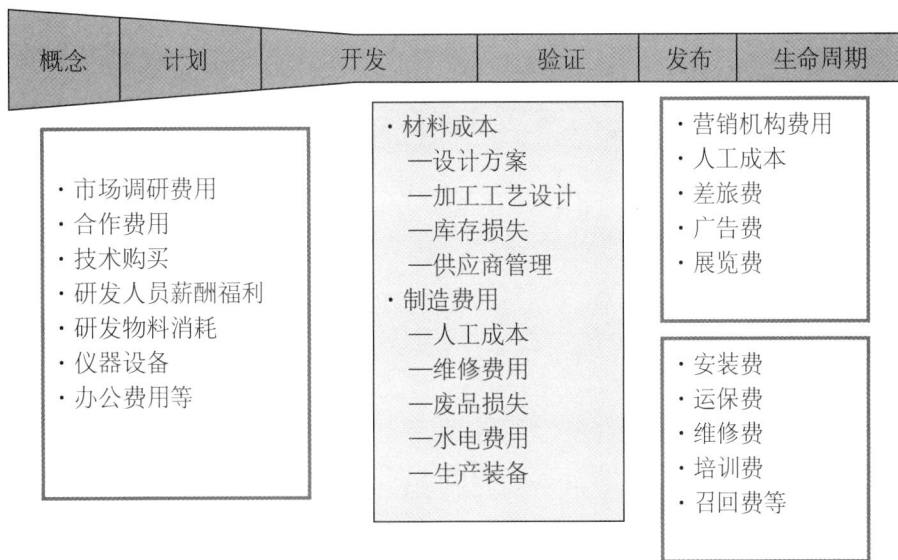

图 5-8　生命周期成本的构成要素

（二）从生命周期角度看产品成本

从生命周期角度看产品成本，会发现 80% 的成本费用在规划、开发阶段就已经确定了，如图 5-9 所示。

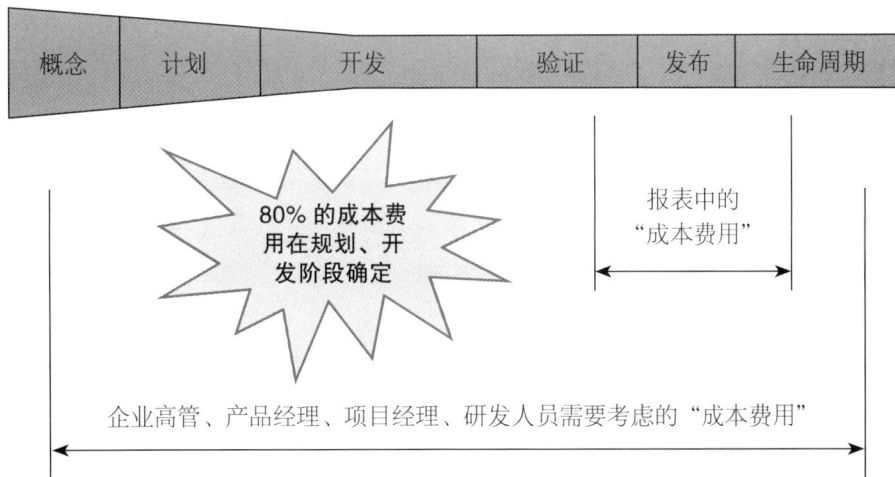

图 5-9　从生命周期角度看产品成本

产品开发的前期投入，可大大降低生命周期成本，如图 5-10 所示。

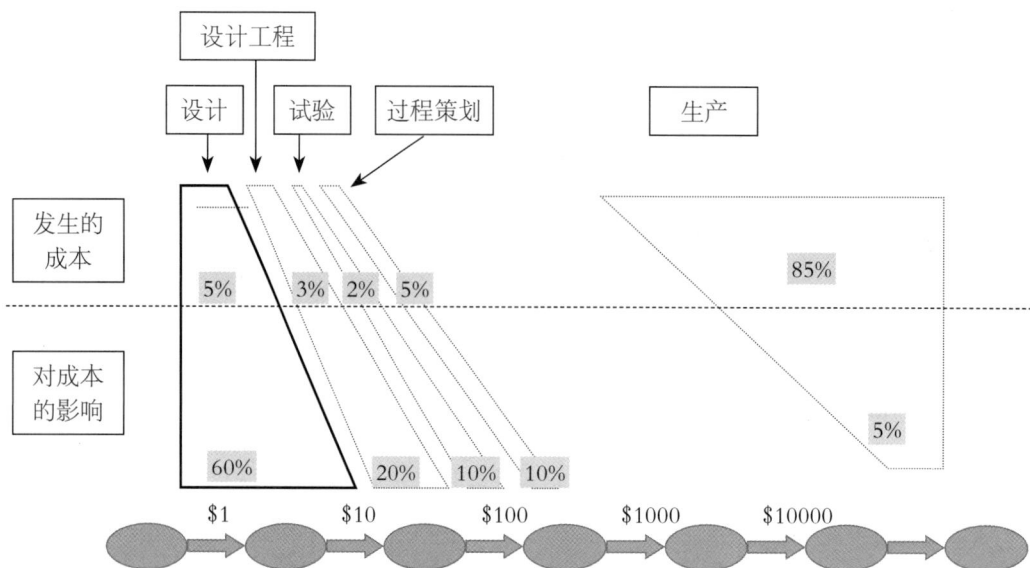

图 5-10　前期投入可降低生命周期成本

四、生命周期研发成本管理的关键

（一）设计成本降低

在产品成本管理方面，将研发成本列入产品成本来列算获利率及确定价格的做法，对于不同产业会有不同的影响。例如机械行业，每一个产品开发的成果可能只用来制造一台或数台机械，研发成本占产品成本的比例比较高，管理所带来的效益也比较大；然而对电子制造业而言，产品开发的成果可能用来生产数百万台电子产品，分摊之后的研发成本的比例可能很小，即使加强管理可能也看不出效益。因此，企业需要对研发方案进行再次审核，确认是否可以通过改进方案来控制研发成本。

1. 研发方案对产品成本的影响

在传统行业，如制药业，研发费用占整个生产成本的比例较小，列入当期损益对企业只有相应比例的影响；而在软件行业，研发费用是主要的生产成本，如果全部列入当期损益，对企业财务效益的反映方式和所得税的确认与计算影响极大。一般来说，改进研发方案对产品成本具有以下影响，如图 5-11 所示。

2. 研发方案的改进内容

研发方案的改进内容如图 5-12 所示。

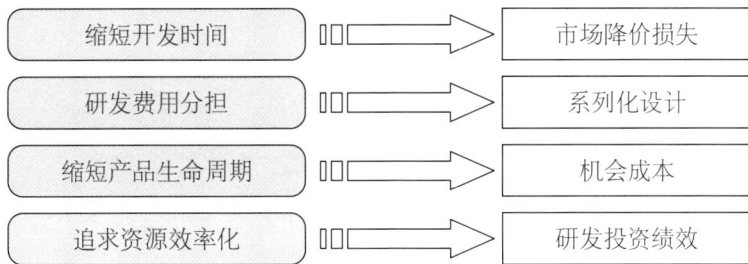

图 5-11 改进研发方案对产品成本的影响

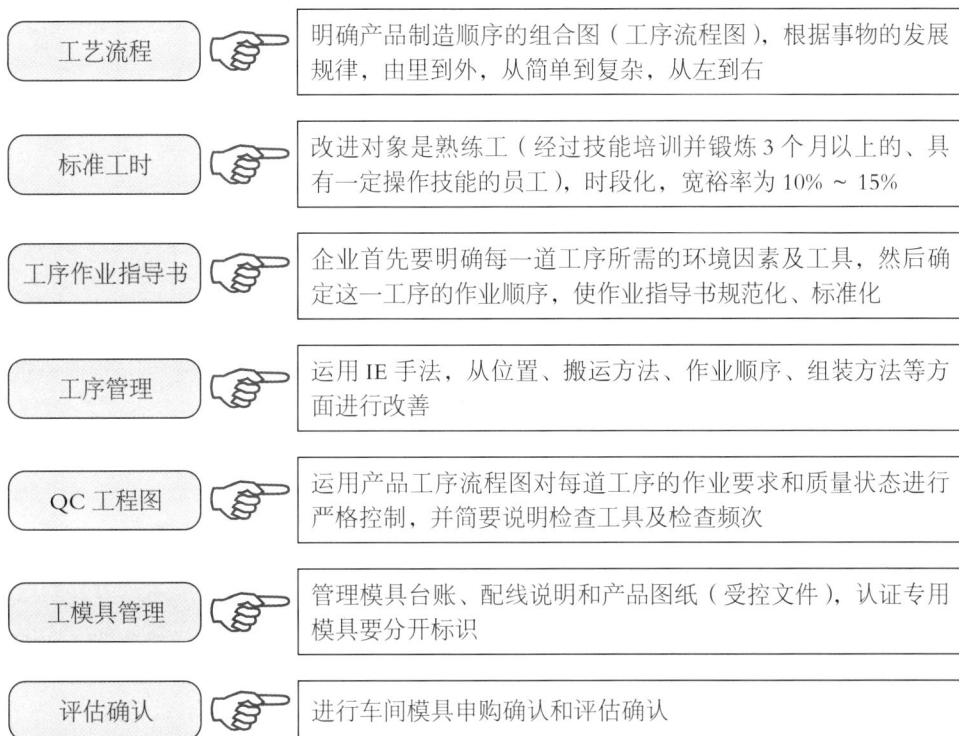

图 5-12 研发方案的改进内容

3. 成本的降低方法

（1）最低成本法

最低成本法是追求必要的基本机能。基本机能的组成如图 5-13 所示。

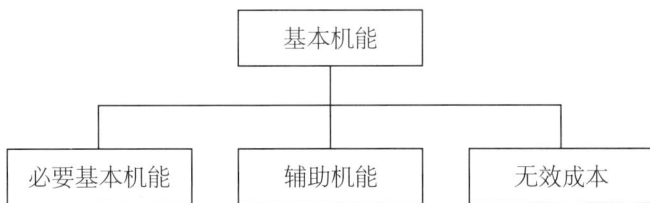

图 5-13 基本机能的组成

追求最低成本＝必要基本机能

必要基本机能包括材料费（完成必要机能的材料使用量及所需的最适合材料）、加工费（完成必要基本机能所需的加工工时）。

（2）竞争分析法

竞争分析法以最低成本追求必要的基本机能，虽然是企业进行成本管理的最佳模式，但需要有各方的配合。相比较而言，利用竞争分析法来进行成本控制相对简单，将自有产品分解，与竞争产品或目标成本进行比较，使用价值方法实施成本控制。

（3）相对比较法

① 材料费标准偏差分析法

利用材料费标准偏差分析，通过制程改善，可以达到降低成本的目的。

② 加工费标准偏差分析法

利用设备稼动偏差分析，寻求最适当的设备配置。

（二）采购成本降低

在产品研发设计之初就考虑原物料的采购成本，有利于建立供应商竞争环境，推动研发改进，减少供应风险。

采购成本是指与原材料采购相关的费用，存货的采购成本包括购买价款、相关税费、运输费、装卸费、保险费以及其他可归属于存货采购成本的费用。

1.采购部门的职责

（1）在企业统一的采购目标（如图5-14所示）下持续供应物料。

（2）通过供应商质量管理体系与过程控制，确保物料品质。

（3）选择最合适的供应商，建立竞争格局，降低采购成本。

合适的采购内容　　　合适的供应商

合适的数量　　　采购　　　合适的价格

合适的质量　　　合适的时间

图5-14　采购的目标

降低采购成本不只是采购部门的事情，需要很多部门共同参与，如图5-15所示。

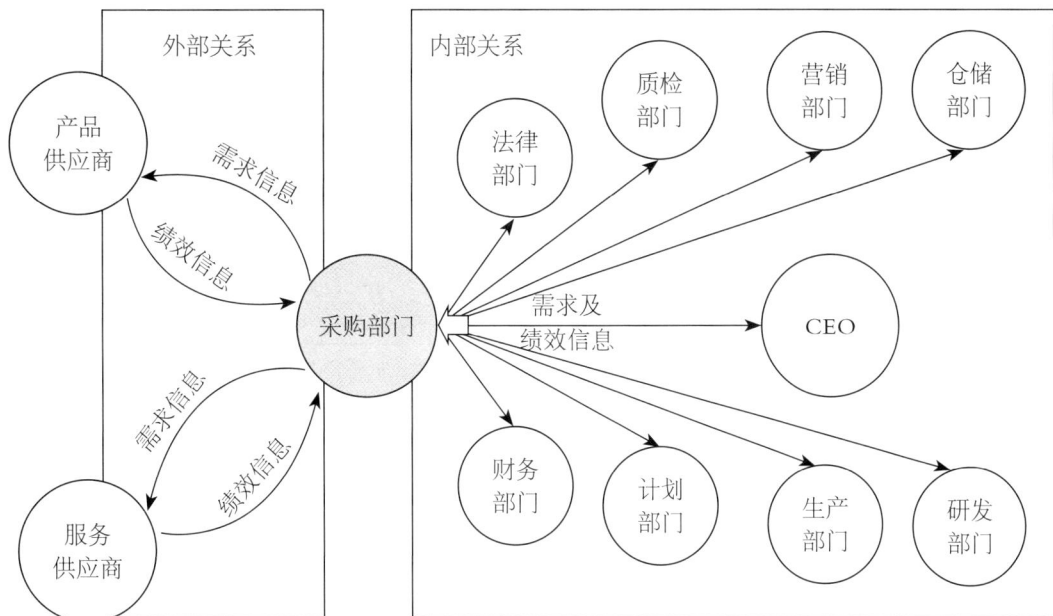

图 5-15　降低采购成本需要多个部门共同参与

2. 实现价值采购

价值采购就是从生命周期成本与全流程成本的角度，评估采购标的。

（1）TCO（Total Cost of Ownership），即总拥有成本，包括产品采购成本及后期使用、维护成本，是企业经常采用的技术评价标准。

（2）ESI（Early Supplier Involvement），早期供应商参与，在产品设计初期，供应商即参与产品开发，既能缩短开发周期，又能保证产品质量。

（3）在设计前端开展 DFSC 设计，建立供应商竞争格局。DFSC 是 Design for Supply Chain 的缩写，意为可供应性设计，有助于提升供应效率，提高库存周转率，减少交付时间。

（4）尊重合作伙伴，建立供应商交付能力基线，与合作伙伴共同成长。对于现场审核发现的问题，要将纠正和预防措施纳入供应商改善系统中，并持续跟进，形成闭环。

（5）归一化设计，批量采购，以量换价。一般来说，物料成本会上升，原因是低端产品选用低价物料，高端产品选用高价物料。归一化设计一般是就高不就低。归一化带来的批量采购收益，缩短了交货期，提升了制造效率。

3. 构建供应商竞争格局

战略采购的过程，就是需求识别与资源寻找的过程。企业应完整准确地描述物料规格，对采购量进行预测，寻找最合适的供应商，保证可持续供应。这需要全流程跨部门协作，在设计前端构建竞争格局（如图 5-16 所示）。对供应商和物料进行充分考察，一次把事情做对，避免被供应商"绑架"，同时充分考虑物料的可供应性、品质与成本，在设计前端打造成本竞争力。

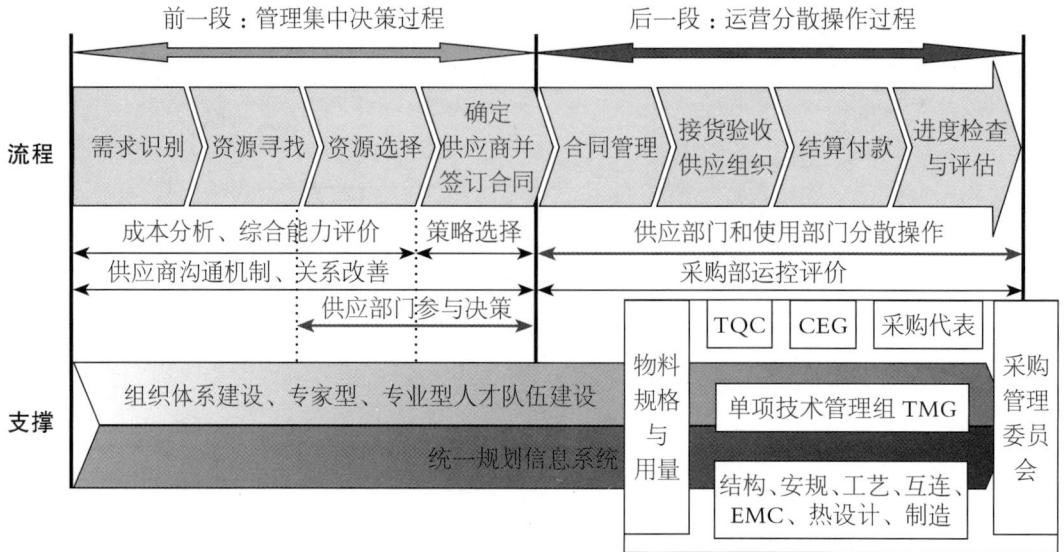

图 5-16　全流程构建供应商竞争格局图示

4. 采购部门充分发挥作用

（1）深度融入研发，构建物料管理体系

采购代表应深度参与产品研发项目，积极发挥关键作用。在研发设计的早期阶段，就应将采购需求融入其中，明确哪些物料具备可选性，哪些物料应被排除在外。同时，采购代表要建立完善的物料管理库，为研发设计提供全面、准确的物料信息，确保在满足产品性能要求的前提下，实现采购成本的有效控制与采购效率的大幅提升。

（2）强化特殊物料管理，把控供应风险

对于产品特性或技术要求等原因，不得不采用独家供货或选用长周期物料，采购代表需与研发设计人员共同制定应对策略。一方面，研发设计人员应确定替代品引入的时间计划，以便降低对这类特殊物料的依赖；另一方面，采购代表要建立风险管控机制，全面评估可能出现的供应中断、价格波动等风险，并制定相应的应对措施，保障产品研发和生产的连续性。

（3）明确独家物料选用责任

研发设计人员在产品设计过程中，对物料的选择具有关键决策权。他们应充分考虑产品功能、性能、成本以及供应稳定性等多方面因素，谨慎选择物料。若选用独家供应的物料，需确定可能带来的供应风险和成本增加等问题。

（4）构建竞争格局，落实采购职责

采购部门作为物料采购的执行主体，有责任通过广泛的市场调研、供应商开发与管理等工作，引入多家优质供应商参与竞争。通过竞争机制，不仅可以降低采购成本，还能提高物料供应的稳定性和质量，为企业创造更大的价值。若采购部门未能充分发挥职能，导致物料采购缺乏竞争，将影响企业的整体运营效益。

（三）质量成本降低

在设计前端关注质量，是最经济的做法。要知道，不计成本的质量，与不要质量的成本，都不可取。研发设计人员要找到最佳质量点，也就是质量总成本最低的点，如图5-17所示。

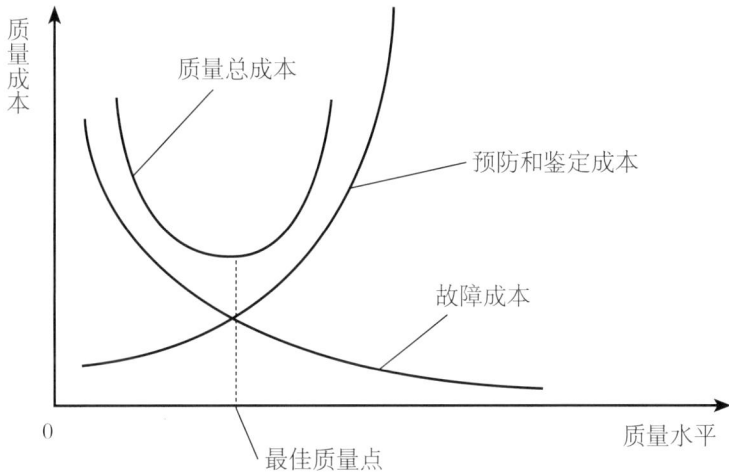

图5-17　最佳质量点

1. 优化产品设计，降低质量成本

采用稳健设计方法，使产品在各种环境和使用条件下都能稳定地发挥功能，以减少因环境因素或制造偏差对产品质量的影响。通过合理设计参数和公差范围，可提高产品的抗干扰能力。

例如，在汽车发动机设计中，采用先进的热管理系统，可使发动机在不同的温度和行驶情况下都能保持稳定的性能，减少因温度波动导致的零部件损坏和质量问题，从而降低后期的维修成本和故障损失。

2. 实施标准化设计

标准化设计是将产品的零部件、结构和工艺等进行标准化处理，以提高零部件的通用性和互换性。这不仅有利于生产制造和质量控制，还能降低设计成本、采购成本和库存成本。

　　例如，某电子设备制造商在多款产品中采用统一规格的接口、螺丝等零部件，这样可以通过大规模采购获得更优惠的价格，同时在生产过程中减少因零部件种类繁多导致的装配错误和质量问题，降低了内部故障成本。

　　3. 进行可靠性设计

　　可靠性设计是确保产品在规定的时间内和规定的条件下实现规定功能的能力。通过采用可靠性高的零部件、优化产品结构和电路设计等措施，可提高产品的可靠性。

　　例如，在航空航天产品研发中，对关键零部件进行冗余设计，当一个零部件出现故障时，备用零部件能够及时投入工作，保证产品的正常运行。虽然可靠性设计可能会在一定程度上增加研发成本，但从产品的生命周期来看，能够显著降低外部故障成本和维修成本，提高产品的市场竞争力。

（四）制造成本降低

　　制造成本降低的要点为：

　　（1）从全流程／端到端的角度降低制造成本，持之以恒地追求可持续竞争力。

　　（2）在设计前端，实现产品归一化和平台化，追求全局最优而不是局部最优。

　　（3）人力成本的降低优先于物料成本的降低。

（五）服务成本降低

　　服务成本降低的要点为：

　　（1）面向交付场景，在设计前端实现可服务性分析。

　　（2）基于全流程成本分析，实现归一化与定制化之间的平衡。

　　（3）在工程服务中，引入竞争机制，提高运营效率。

第六章　采购成本控制：企业成本控制的核心

控制采购成本，对企业经营业绩及净利润的增加至关重要。一般来说，采购支出占制造业总支出的 60% ~ 80%，因此控制与削减采购成本是企业成本控制的核心环节。

* * *

第一节　采购成本降低概述

一、采购成本观念转化

（一）采购价格成本观

在企业内部，许多采购员认为"采购成本 = 采购价格"。尽管这种观点一些企业的经营者不太认同，但对于采购员完成采购任务来说却有不可估量的意义。

采购价格即产品的购入价格，由供应商的产品制造成本与供应商的利润目标来决定，即：

产品购入价格=供应商产品制造成本+供应商的目标利润

1. 供应商产品制造成本

供应商产品制造成本包括原料费、人工费、制造费用三部分，如图 6-1 所示。

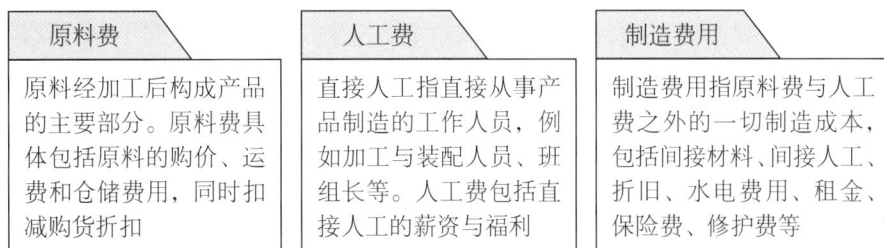

原料费	人工费	制造费用
原料经加工后构成产品的主要部分。原料费具体包括原料的购价、运费和仓储费用，同时扣减购货折扣	直接人工指直接从事产品制造的工作人员，例如加工与装配人员、班组长等。人工费包括直接人工的薪资与福利	制造费用指原料费与人工费之外的一切制造成本，包括间接材料、间接人工、折旧、水电费用、租金、保险费、修护费等

图 6-1　供应商产品制造成本的构成

2.供应商利润

利润即企业销售产品的收入扣除成本和税金以后的余额。供应商的成本消耗是固定的，但利润目标却是灵活的。供应商的目标是尽量提高产品销售价格，以获得更大的利润。对于企业来说，为了降低采购成本，会尽量压缩供应商的利润空间。供应商利润空间成为双方关注的焦点，具体如图6-2所示。

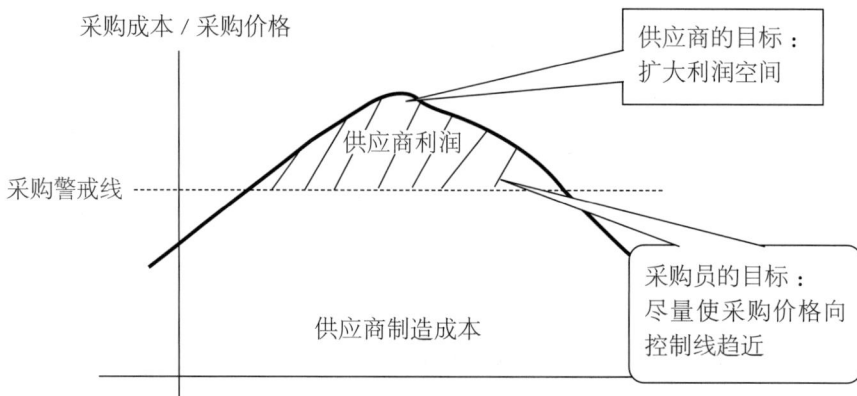

图 6-2　供应商利润空间

（二）采购支出成本观

传统的采购价格成本观仅关注采购环节的直接货币支出，即采购商品或服务实际支付的金额。而现代采购支出成本观则更为全面，不仅关注显性的采购价格，还关注采购过程中的各项隐性成本，如采购人员的差旅费、通信费、办公费等执行成本，为确保采购物资质量发生的检验检测成本，因采购延误导致的生产停滞成本，以及因采购物资交付不及时产生的缺货成本等。从战略层面来看，采购支出还与企业的整体运营成本和效益紧密相连。例如，优质原材料的采购支出在短期内可能较高，但能提升产品质量，减少次品率，降低售后维护成本，提高企业的市场竞争力，为企业带来长期的经济效益。因此，企业需从全局视角衡量采购支出，将其纳入企业整体的成本战略框架，综合考量采购支出对企业运营各环节的影响，以实现采购支出的最小化。

采购支出成本观通常涵盖材料维持成本、订购管理成本以及采购不当导致的间接成本，如图6-3所示。这些成本对企业控制采购支出起着关键作用。

图 6-3　企业采购支出成本的构成

1.材料维持成本

材料维持成本是为维持物料状态而产生的成本，可细分为固定成本与变动成本。

（1）固定成本

这类成本与采购数量并无关联，仓库的折旧费用、仓库员工的工资等，都属于固定成本，它们不随采购量的增减而变动。

（2）变动成本

这类成本与采购数量密切相关，比如，物料占用资金随着采购数量增加而增多，产生的利息也相应增加；物料在存储过程中可能出现破损和变质，采购量越大，潜在损失可能越大；还有物料的保险费用，也会依据采购数量进行调整。

具体来看，材料维持成本包含的项目如图6-4所示。

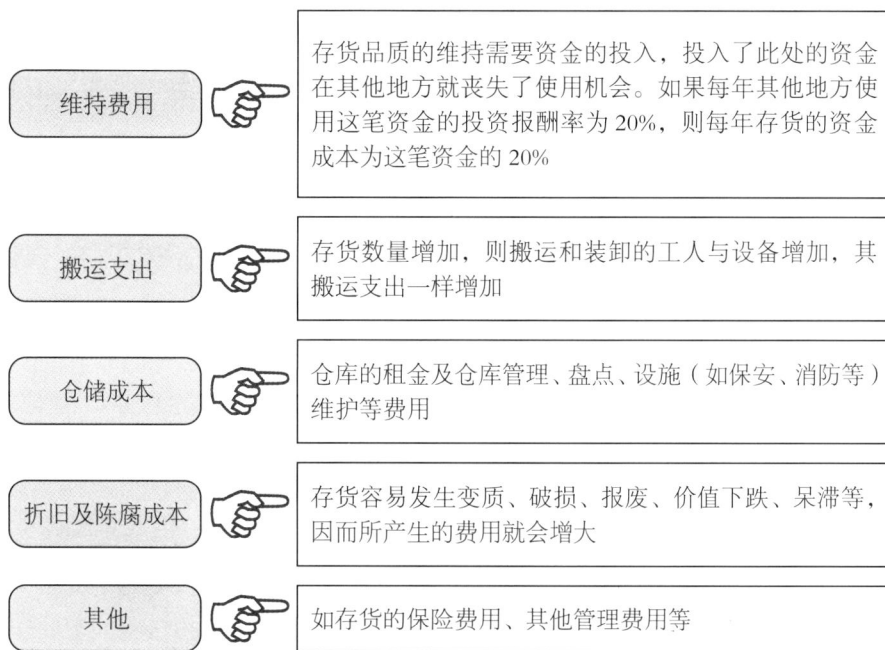

维持费用	☞	存货品质的维持需要资金的投入，投入了此处的资金在其他地方就丧失了使用机会。如果每年其他地方使用这笔资金的投资报酬率为20%，则每年存货的资金成本为这笔资金的20%
搬运支出	☞	存货数量增加，则搬运和装卸的工人与设备增加，其搬运支出一样增加
仓储成本	☞	仓库的租金及仓库管理、盘点、设施（如保安、消防等）维护等费用
折旧及陈腐成本	☞	存货容易发生变质、破损、报废、价值下跌、呆滞等，因而所产生的费用就会增大
其他	☞	如存货的保险费用、其他管理费用等

图6-4　材料维持成本的具体项目

2.订购管理成本

订购管理成本是企业完成一次采购活动，各个环节所产生的费用总和，如办公费，开展采购业务时办公物资的消耗；差旅费，采购人员外出洽谈业务、考察供应商等产生的交通、住宿费用；通信费，与供应商沟通联络产生的电话、网络等费用；快递费，传递采购文件、样品等产生的费用。

详细来讲，订购管理成本包括图6-5所示的成本。

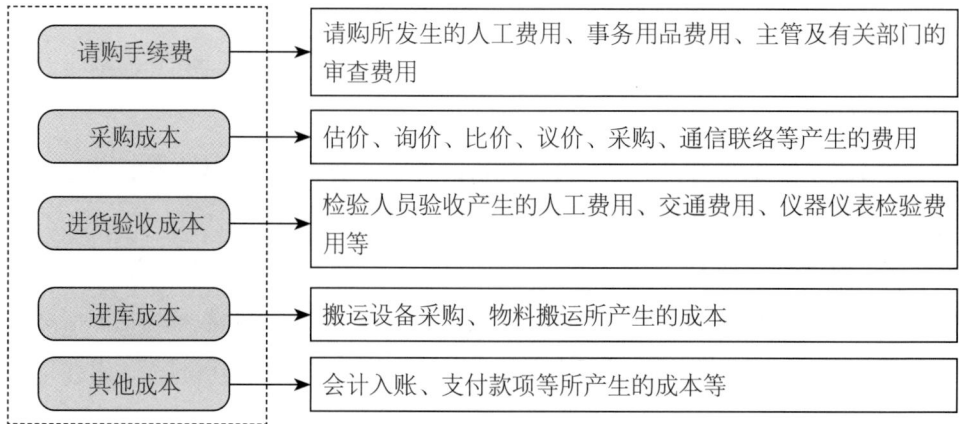

图6-5　订购管理成本的组成

3. 采购不当导致的间接成本

采购中断或者采购过早等不当行为，会给企业带来一系列损失，即采购不当导致的间接成本，主要包括待料停工损失，当物料供应不及时，生产线被迫停工，造成人力、设备等资源浪费；延迟发货损失，未能按时交付产品给客户，可能面临违约赔偿；丧失销售机会损失，因缺货无法满足客户需求，导致订单流失；商誉损失，企业信誉受损，影响未来业务拓展，还可能带来更为深远的间接或长期损失。

采购不当导致的间接成本可进一步细分为图6-6所示的五类。

图6-6　采购不当导致的间接成本分类

1. 采购过早及管理成本

采购时间过早，企业需要投入更多的资源用于物料管理，包括人工费用，安排专人管理提前采购的物料；库存费用，提前采购的物料会占用更多仓储空间；搬运费用，频繁搬运物料会增加成本。而且一旦订单取消，过早采购的物料极有可能变成难以处理的呆滞料。

2. 安全存货及成本

不少企业为应对需求或提前期的不确定性，会储备一定数量的安全存货，也就是缓冲存货。但确定安全存货的数量和时机颇具难度，安全存货过多会积压库存，占用大量资金和仓储空间；安全存货不足又容易引发断料、缺货甚至失销等情况。

3. 延期交货及成本

延期交货存在图 6-7 所示的两种情形。

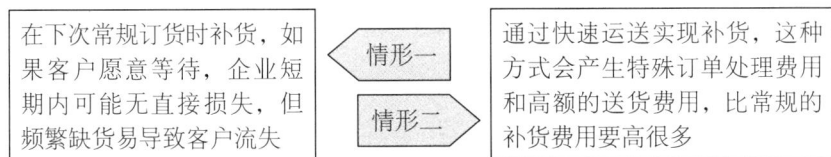

图 6-7　延期交货产生的成本

4. 失销成本

部分客户可能会接受延期交货，但仍有客户会转向其他企业，这就导致了失销。企业直接损失的是货物的利润，同时，当初负责该业务的销售人员投入的人力、精力也付诸东流，这属于机会损失。在一些情况下，企业很难精准地确定失销总量，比如客户电话订货时，若产品缺货，客户可能不会表明具体订货量，这样企业就难以知晓损失的规模，也难以预测对未来销售的影响。

5. 失去客户的成本

因缺货致使客户流失，企业失去的不仅是当前客户带来的利润，还包括未来一系列潜在收入。这种缺货造成的损失难以估量，除了利润损失，还有信誉损失。信誉难以量化，在采购成本控制中经常被忽视，但它对企业未来销售及客户经营活动有着至关重要的影响。

二、采购成本降低的基础

采购成本降低是企业实现成本控制和提升竞争力的关键环节，而做好以下基础工作则是达成这一目标的重要前提。

（一）制定完善的采购管理制度与流程

一套科学合理的采购管理制度是规范采购行为、降低采购成本的基本保障，这包括：

（1）明确采购计划的制订流程，依据企业生产经营需求和库存状况，精准编制采购计划，避免盲目采购造成库存积压或短缺。

（2）制定严谨的供应商选择与评估标准，从供应商的资质、信誉、产品质量与价格、交货期以及售后服务等多维度进行考量，确保选择优质且成本合理的供应商。

（3）在合同签订与执行环节，要确保合同条款清晰明确，涵盖价格、质量、交货时间、违约责任等关键内容，避免因合同漏洞引发纠纷而导致成本增加。

（二）搭建高效的采购信息系统

在数字化时代，采购信息系统能极大地提升企业的采购效率和成本控制能力。通过该系统，企业可以实时收集、整理和分析各类采购数据，如采购价格走势、供应商交货准时率、物料库存水平等。这些数据为采购决策提供了有力支持，可帮助企业及时发现采购过程中的问题和潜在的机会。

例如，借助大数据分析技术，企业可以根据历史采购数据预测原材料的价格波动情况，提前调整采购策略，降低采购成本。此外，采购信息系统还能实现采购流程的自动化和信息化，减少人工操作带来的失误和时间成本，提高采购效率。

（三）培养专业的采购团队

采购人员的专业素养和能力直接影响采购成本的高低。企业需要培养一支具备丰富采购知识、熟练谈判技巧、敏锐市场洞察力以及良好职业道德的采购团队。

（1）定期组织采购人员参加培训课程，学习最新的采购理念、成本控制方法和市场动态，提升其业务能力。

（2）鼓励采购人员不断提升自身的谈判技巧，在与供应商的谈判中争取更有利的采购条件，降低采购价格。

（3）采购人员应具备良好的职业道德，坚决杜绝采购过程中的腐败行为，确保采购活动公正、公平和廉洁，维护企业的利益。

（四）强化供应商关系管理

与供应商建立长期稳定、互利共赢的合作关系，对采购成本降低至关重要。企业应加强与供应商的沟通与协作，及时分享需求信息和市场动态，共同应对市场变化和成本压力。

例如，在原材料价格波动较大时，企业应与供应商协商共同承担价格风险，确保原材料供应的稳定性和价格的合理性。

同时，对供应商进行定期评估和考核，激励供应商不断提升产品质量和服务水平，降低因质量问题导致的返工、退货成本以及因交货延迟产生的缺货成本。

（五）建立成本核算与分析体系

准确的成本核算和深入的成本分析是采购成本降低的核心工作之一。企业应建立完善的采购成本核算体系，清晰界定采购成本的构成，包括采购价格、运输费用、检验费用、仓储费用等，确保成本数据的准确性和完整性。同时在此基础上，定期对采购成本进行分析，找出成本变动的原因和成本控制的关键点。通过成本分析，企业可以发现采购过程中的成本浪费环节，如不合理的采购批量、过高的运输费用等，并有针对性地采取改进措施，实现采购成本的有效降低。

第二节 采购成本降低的方法

一、运用VA/VE分析降低采购成本

（一）何谓 VA/VE 分析

1. 价值分析（Value Analysis，VA）

价值分析聚焦于产品或服务的功能剖析，是一种以最低的生命周期成本可靠地实现必要功能的有组织的创造性活动。这里的"价值"，作为衡量某事物与其实现费用之间合理性的尺度，强调在满足功能需求的基础上追求成本效益最大化。

例如：电视机厂家在生产电视机配件螺丝的时候，有铁的、有铜的。其中，铁螺丝的成本为 0.2 元，而铜螺丝的成本为 0.3 元，但两者的功能相同。所以从价值角度出发，最好选择铁螺丝。

对采购而言，价值分析的目的是：寻求成本最小化、追求价值最大化。

2. 价值工程（Value Engineering，VE）

价值工程的工作原理是对采购产品或服务的功能加以研究，以最低的生命周期成本，通过剔除、简化、变更、替代等方法，来达成降低成本的目的。由于采购产品在设计、制造、采购的过程中存在许多无用成本，因此价值工程的重点就是消除无用成本，如图 6-8 所示。

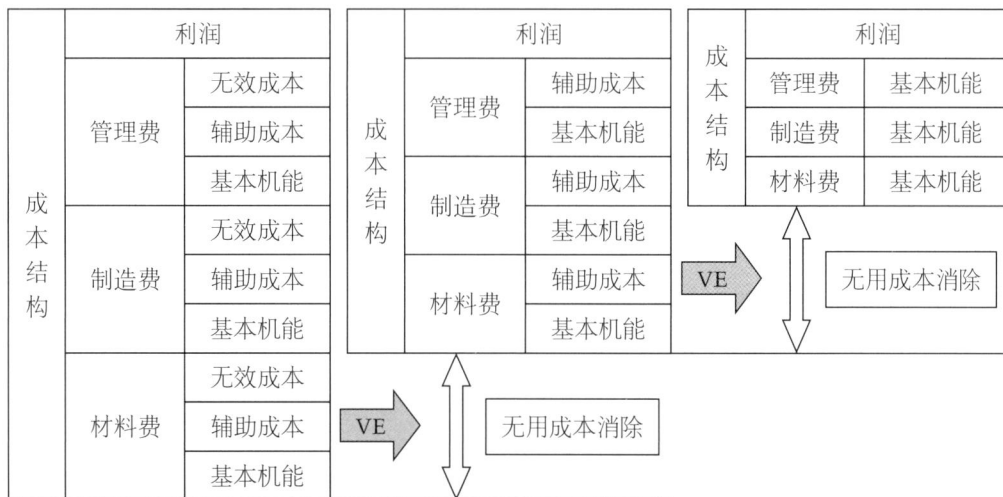

图 6-8 价值工程中无用成本消除

（二）价值分析的步骤

1. 选择分析对象

一般情况下，采购产品越复杂，成本付出也就越大，因此也最值得分析。在选择分析对象时，应将产品的主件与配件总和按价值的高低排序，选取最值得分析的产品。

对于企业来说，选择的分析对象为：

（1）采购数量较多的产品。

（2）采购价值较大的产品。

（3）对企业影响较大的产品。

（4）成本消耗较多的产品。

2. 分析产品或者服务的功能

分析产品的功能主要是为了选择配件，选择能容易找到且可以替代的配件。

例如，电脑制造公司选择配件的时候，要分析电脑主机的功能，因为主机的功能要远大于装饰功能。如果装饰功能较重要的话，电脑内部就不会配备如此多的电路板。

3. 收集资料

收集采购产品、采购过程相关的资料，主要包括采购产品的制造成本、品质、制造方法、产量、发展情况等。

4. 提出改善方法

改善方法主要包括剔除、简化、变更、替代等，具体如下。

（1）剔除多余的运输方法，比如，在采购过程中进行人力运输与车辆运输的价值分析。

（2）通过价值分析，可以简化采购谈判的环节。

（3）在采购过程中，如果发现采购产品的质量没有达到预期要求，但并不影响产品的功能时，企业是可以采购该产品的，因为它可以降低成本。比如，用塑料风扇代替铝风扇是一个降低成本的有效方法。

二、基于产品周期成本的深度分析

产品需要经历诞生、成长、成熟和衰退的过程，就像生物的生命历程一样，所以产品的这个过程称为产品生命周期。产品生命周期就是产品从进入市场到退出市场所经历的市场生命过程，进入和退出市场标志着生命周期的开始和结束。

（一）产品生命周期的四阶段

产品生命周期一般可以分成四个阶段：导入期、成长期、成熟期和衰退期（如表6-1所示）。对于采购而言，把握产品的最佳时期，才能降低采购成本。

表6-1 产品生命周期的四阶段

序号	阶段	说明
1	导入期	新产品投入市场，便进入了导入期。在此阶段，产品生产批量小、制造成本高、广告费用大、销售价格偏高、销售量极为有限。因此对于零售业采购员来说，必须把握时机
2	成长期	当产品进入成长期，也就是需求增长阶段，需求量和销售额迅速上升，生产成本大幅度下降，销售价格也会降低。如果采购量增加，在一定情况下可以降低采购成本
3	成熟期	随着购买产品的数量增多，市场需求趋于饱和，产品便进入了成熟期阶段。此时产品销售增长速度缓慢直至转而下降，由于竞争的加剧，广告费用再度提高，利润随之下降，销售价格可能上升。采购员是否出手则需要看情况
4	衰退期	随着科技的发展、新产品和替代品的出现，产品从而进入了衰退期。产品的需求量和销售量迅速下降，此时成本较高的企业就会因无利可图而陆续停止生产，该产品的生命周期也就结束了。如果是末代产品，对于零售业采购员来说，则必须谨慎采购

产品生命周期曲线如图6-9所示。

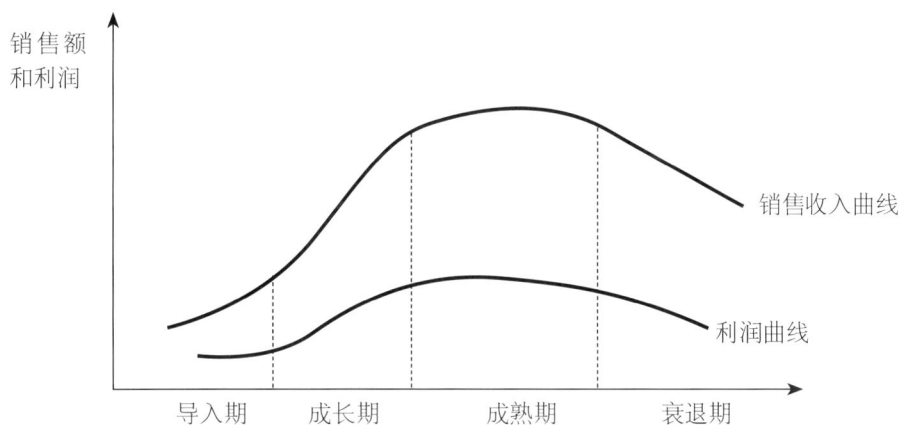

图6-9 产品生命周期曲线

（二）产品生命周期对采购成本的影响

产品所处的生命周期阶段不同，产品的固有成本也就不同。这里的固有成本一般指市场价格，由于产品所处的阶段不同，因此市场价格也不同。除了市场价格的影响外，采购人员还必须考虑产品的维护成本。如果采购产品的维护成本过高，则必须选择产品周期成本最小的。

例如，工厂的采购员为本企业采购机器设备时，应该选择价格最低的时候，这样最经济。如果是零售企业的采购员，也在产品价格最低时去买，那么可能会使采购品成为呆滞品。

因此，产品生命周期决定了产品的价格，而产品的价格决定了产品采购成本周期，如图 6-10 所示。

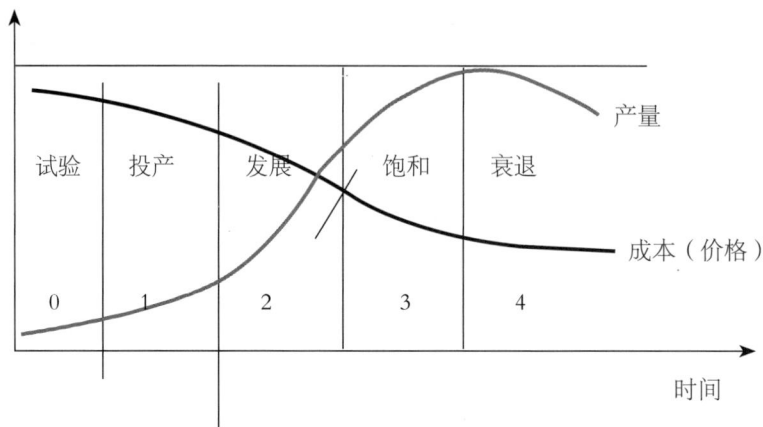

图 6-10　产品采购周期成本曲线

三、借助目标成本法精准降低采购成本

（一）目标成本法概述

目标成本法是一种以市场为导向（Market-Driven）的对产品制造、生产服务过程进行利润预测和成本管理的方法。

目标成本法的目的是，在产品生命周期的研发设计、原材料采购阶段计算出产品的成本，而不是试图在制造过程中降低成本或者在销售过程中获取利润。

目标成本法对于工厂采购而言，是通过预测未来市场的销售价格来确定今天原材料采购的价格。这与传统的采购定价不同，公式为：

传统采购：

$$成本=利润-销售价格$$

成本定价法：

$$未来的市场销售价格-目标利润=采购价格+制造成本$$

（二）目标成本法的意义

目标成本法的意义在于合理确定采购品的价格。企业在给采购品定价时，不应一味地谈价、压价，而是采用科学方法核算出采购什么价位的产品、配件，才能获得利润。

例如，某电视制造厂预测电视机未来的价格可能是 500 元，目标利润为 100 元。因此确定了 400 元的成本。如果再减去人工等其他费用 300 元，则电视机原材料的采购价格只能在 100 元之内。

四、推行早期供应商参与策略

早期供应商参与是指在产品开发阶段，企业与供应商之间就对产品设计、生产以及模具、机器、夹具开发等方面进行技术探讨。

早期供应商参与的主要目的是让供应商清楚地领会产品的设计意图与要求；同时也让产品设计者更好地明白模具、机器、夹具的生产能力、产品的工艺性能，从而做出更合理的设计，流程如图 6-11 所示。

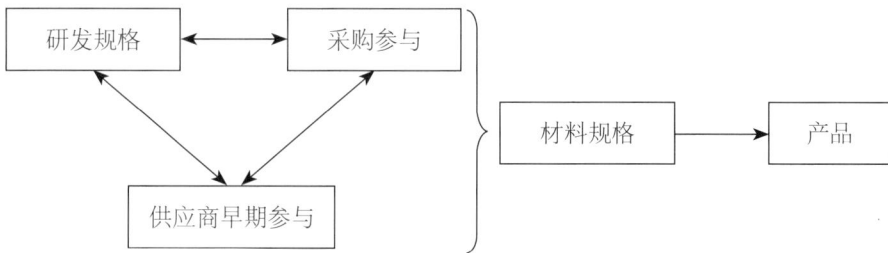

图 6-11　早期供应商参与流程

五、通过集权采购实现规模降本

（一）集权采购的概念

一些集团公司或者政府部门，为了降低分散采购的选择风险和时间成本，除了一般性材料由分公司采购外，其他大型机电设备等均由公司本部负责集中采购，这就是一般意义上的集权采购。

但在实际的操作中，总公司为了压缩分公司的采购主动权，防止分公司与供应商串通，将所有物料统一交由总公司集中采购，如图 6-12 所示。

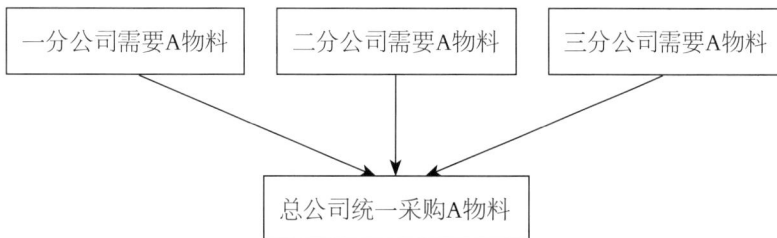

图 6-12　集权采购

（二）集权采购的优点

集权采购有表6-2所示的优点。

表6-2　集权采购的优点

序号	优点	详述
1	降低采购成本	通过集中采购形成规模效应，更容易获得供应商的价格优惠
2	减少资源浪费	避免了各部门独立采购导致的重复流程、重复运输和人力浪费
3	降低运输成本	大规模采购可以优化运输方式，提高运输效率，降低运输成本
4	避免重复采购	在分散采购模式下，各部门可能因为信息不共享，对同一物资进行重复采购，造成资源浪费。而集权采购则可以避免这种情况的发生
5	优化库存管理	集权采购可以根据企业的整体需求和库存情况，合理安排采购数量和采购时间，减少库存积压和缺货现象

（三）集权采购的实施

集权采购包括以下几种典型的运作模式：集中定价、分开采购；集中订货、分开收货付款；集中订货、分开收货、集中付款；集权采购后调拨等。采用哪种模式，取决于集团对下属公司的股权控制、税收政策、物料特性、进出口业绩统计等因素。一个集团内可能同时存在几种集权采购模式。

1. 集中订货、分开收货、集中付款模式

这种模式下，集团总部负责管理供应商及制定采购政策，并负责采购订货工作。分支机构提出采购申请后，集团总部进行汇总、调整，并根据调整结果下达采购订单，将收货通知单下发给分支机构；分支机构根据收货通知单或采购订单进行收货及入库；集团总部汇集分支机构的入库单，与外部供应商进行货款结算，并根据各分支机构的入库单与分支机构分别进行内部结算。

2. 集权采购后调拨模式

分支机构提出采购申请后，集团总部进行汇总、调整，并根据调整结果下达采购订单，完成后续的收货、入库、外部货款结算处理等工作。之后，集团总部根据各分支机构的采购申请，启动内部调拨流程，制定调拨订单并进行调拨出库，分支机构根据调拨订单做入库处理，两者最后再进行内部结算处理。

六、采用招标采购有效降低成本

招标又称公开竞标，是现行常见的一种采购方法，是按规定条件，由卖方投报价格，并择期当众开标，公开比价，以符合规定的最低价者得标的一种买卖契约行为。

招标采购具有自由公平竞争的优点。可以使买者以合理的价格购得理想物料，并能杜绝徇私、防止弊端。但手续较烦琐、费时，对于紧急采购与特殊规格货品采购不适用。

例如，A 想要购进一批设备，委托招标公司进行招标。招标公司将全国生产这种设备的厂家召集起来，对价格进行比较，选价格最低的那个厂家作为供应商，如图 6-13 所示。

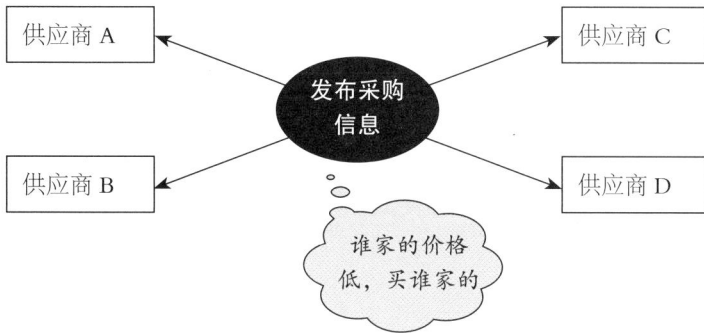

图 6-13　招标采购

招标采购适用于政府机关、大型集团公司的采购，它不需要企业花费精力与时间去开发供应商，而是由供应商亲自上门，在一个公开的环境下论价比价。这样可以帮助企业找到价格最低的采购品，同时也防止了采购员与供应商的私下交易。

因此，招标采购有利于降低采购价格，减少采购行政支出，防止集团内部为了采购而相互提价。

七、运用ABC分类法控制采购成本

ABC 分类法是将库存的所有物料，按照全年货币价值从大到小排序，然后分为三大类，分别为 A 类、B 类和 C 类。A 类物料价值最高，会受到高度重视；处于中间的 B 类物料受重视程度稍差；而 C 类物料价值低，仅进行例行控制管理。图 6-14 所示是仓库 ABC 三类物料的存量。

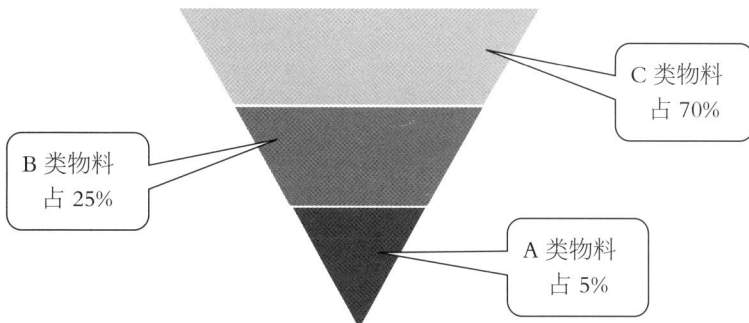

图 6-14　物料 ABC 法

（一）A类材料的采购

1.订购形式

对占用资金多的A类材料必须严格采取定期订购，订购间隔可以长一些，要进行精心管理。

2.采购方式

A类材料可采取询价比较采购和招标采购，这样能控制采购成本，保证采购质量。采购前，采购人员应做好准备工作，进行市场调查，货比三家。大宗材料、重要材料的采购，要签订购销合同。材料进场必须进行计量验收，对材料的质量报告、规格、品种、质量、数量等验收合格后方可入库。进行货款结算，并对材料采购计划进行检查与调整，及时有效地纠正偏差。

（二）B类材料的采购

1.采购渠道

B类材料是指批量不是很大的常用材料、专用物资。采购渠道有定做及加工改制，主要适用于非标准产品、专用设备等。加工改制包括带料加工和不带料加工。

2.采购方式

B类材料的采购可采取竞争性谈判。采购方直接与三家以上的供货商或生产厂家进行谈判，从中选出质量好、价格低的生产厂家或供货商。

3.订货方式

B类材料的订货方式有定期订货或定量订货。对B类材料虽无须像A类材料那样进行精心管理，但材料计划、采购、运输、保管和发放等环节的管理，要与A类材料相同。

（三）C类材料的采购

1.C类材料特点

C类材料是指用量小、在市场上可以直接买到的物资。这类材料占用资金少，属于辅助性材料，容易造成积压。

2.采购渠道、订货方式

C类材料的进货渠道为市场采购，订货方式为定量订货。企业必须严格按计划购买，不得盲目多购。采购人员要认真进行市场调查，收集与材料质量、价格等有关的市场信息，做到择优选购。保管人员要加强材料的保管与发放，严格执行领用手续，做到账、卡、物相符。

总之，ABC分类法，是保证产品质量、降低材料消耗、杜绝浪费、减少库存积压的重要途径。无论是对A类材料，还是B类、C类材料，只有认真做好材料计划、采购、运输、储存、保管、发放、回收等环节的管理工作；同时根据不同的材料采用不同的进货渠道和采购方式，才能及时、准确、有效地做好材料质量与成本控制，实现节约成本、提高经济效益的目的。

八、采取按需订货（Lot for Lot）降低成本

按需订货（Lot for Lot）属于 MRP 订货技术，生成的计划订单在数量上等于每个时间段的净需求量。按需订货既可以有效避免采购过多、采购不足，也可以有效控制采购成本增加。目前大多数生产企业均采用该种订货方式。

计算公式：

$$净需求量=生产订单需求量-（现有库存量+在途采购量）$$

案例

例如，下面是某收音机生产企业的外购需求表。

订单名称	产品名称	需求量	下单时间	交货时间
广州明华 01 单	电子	1000 个	1 月 1 日	2 月 1 日
广州明华 01 单	天线	500 个	1 月 1 日	2 月 1 日
四海科技 01 单	电子	2000 个	1 月 1 日	2 月 1 日
四海科技 01 单	天线	4000 个	1 月 1 日	2 月 1 日

该企业没有电子与天线产品的生产线，因此需要外购。如果收音机的生产周期为一个月，目前库存量：电子5000个、天线3000个，则计算过程为：

1.1月份电子需求量：

广州明华01单的1000+四海科技01单2000-前库存量是电子5000=-2000个

因此1月份没有必要实施采购。

2.1月份天线需求量：

广州明华01单的500+四海科技01单4000-前库存量是电子3000=1500个

因此1月份天线需求量是1500个。

采用按需订货，可以准确计算出在一段时间内的产品净需求量。上面的例子过于简单，在现实生产中，企业订单每时每刻都在增加，采购需求也在不断变化，因而利用MRP 技术实施按需订货，是一个比较科学的方法。

九、利用定量采购控制成本

所谓定量采购，是指当库存量下降到预定的最低库存数量（采购点）时，按规定数量（一般以经济批量 EOQ 为标准）进行采购的一种成本控制方式，如图 6-15 所示。当库存量下降到订货点（也称为再订货点）时，企业应马上按预先确定的订货量（Q）发出货物订单，经过交货周期（LT），收到货物，使库存水平上升。定量采购常用于零售企业。

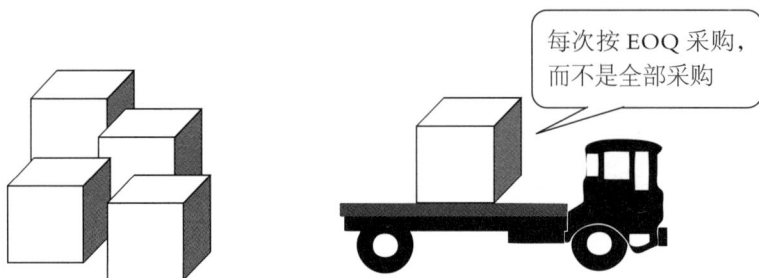

每次按 EOQ 采购，而不是全部采购

图 6-15　定量采购控制法

十、借助定期采购控制成本

定期采购是一种按预先确定的订货间隔进行采购来补充库存的方式。企业应根据过去的经验或经营目标预先确定一个订货间隔。每经过一个订货间隔就进行订货，每次订货数量都不同。定期采购模式下，库存只在特定的时间进行盘点，例如每周一次或每月一次，常用于零售企业，如图 6-16 所示。定期采购的优点如图 6-17 所示。

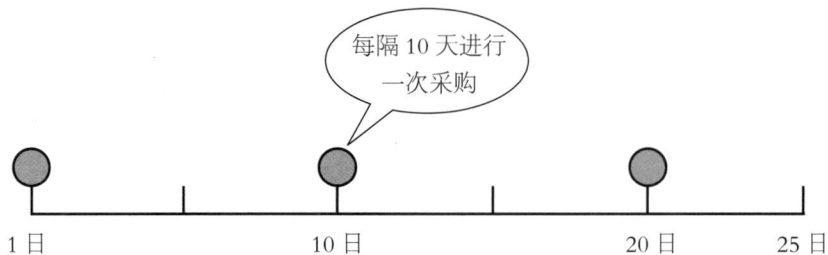

每隔 10 天进行一次采购

| 1 日 | 10 日 | 20 日 | 25 日 |

图 6-16　定期采购

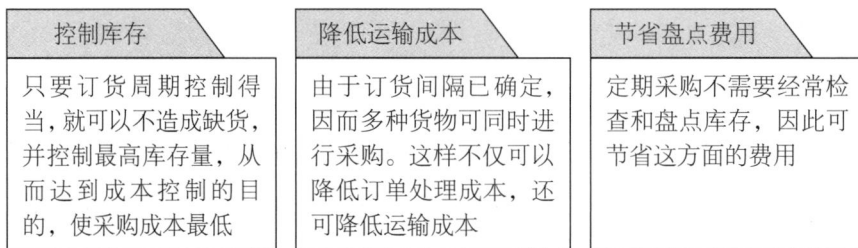

控制库存	降低运输成本	节省盘点费用
只要订货周期控制得当，就可以不造成缺货，并控制最高库存量，从而达到成本控制的目的，使采购成本最低	由于订货间隔已确定，因而多种货物可同时进行采购。这样不仅可以降低订单处理成本，还可降低运输成本	定期采购不需要经常检查和盘点库存，因此可节省这方面的费用

图 6-17　定期采购的优点

十一、运用经济批量采购法

经济订货批量（Economic Order Quantity，EOQ）是使订单处理和存货占用总成本达到最小的每次订货数量（按单位数计算）。订单处理成本包括计算机使用、订单数据处理、订单跟踪及新到产品处置等费用。存货占用成本包括仓储、存货投资、保险、税收、货物变质及失窃等费用。无论总成本如何，都可采用经济批量采购法，如图6-18所示。订单处理成本随每次订货数量的增加而减少（因为只需较少的订单就可购买全年总量），而存货占用成本则随每次订货数量的增加而增加（因为有更多的货品作为存货进行保管，且平均保管时间也更长）。这两种成本加起来就得到了总成本曲线。

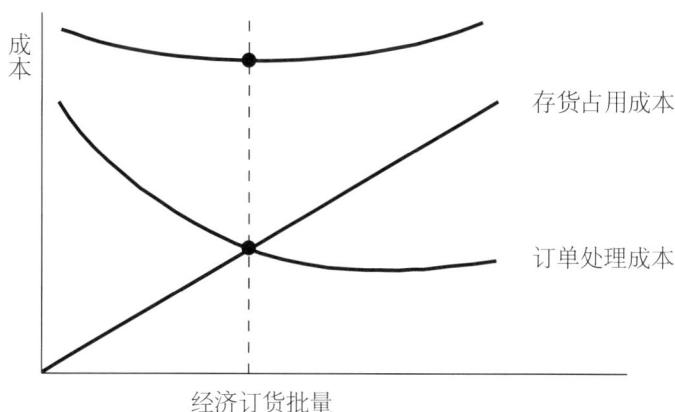

图 6-18　经济批量采购法

由于需求、价格、数量折扣、可变订货成本和维持成本等因素的变化，企业必须经常修正EOQ。

对企业而言，经济订货量如何计算非常关键。为了解决这一问题，采购人员应掌握计算经济订货量的公式，并按照这些公式确定每次订货数量。

经济订货量的计算公式：

$$EOQ = \sqrt{\frac{2DS}{IC}}$$

式中　EOQ——每次订货数量（以单位计）；

　　　D——年需求量（以数量计）；

　　　S——订货成本（以金额计）；

　　　I——年存货成本占单位成本的百分比；

　　　C——商品的单位成本（以金额计）。

案例

　　某超市估计每年能销售15000套电动工具。这些工具每件成本为900元。损坏、保险费、呆账及失窃等费用为成本的10%（每件90元）。单位订货成本为252.3元。则经济订货量为：

$$EOQ = \sqrt{\frac{2 \times 15000 \times 252.3}{10\% \times 900}}$$

$$= \sqrt{\frac{7569000}{90}}$$

$$= 290（套）$$

第七章　生产成本雕琢：细节之处见真章

生产成本控制在企业运营中占据举足轻重的地位。它是企业为达成降低成本的目标，针对生产过程中的各类消耗及费用，开展的指导、控制与监督工作，其核心目的在于确保实际成本始终在预先设定的标准成本范围之内。生产成本控制并不局限于生产消耗的管控，它与企业的生产组织模式以及产品数量管理存在着紧密的联系。合理的生产组织能够优化资源配置，减少不必要的流程损耗；精准的产品数量管理则有助于避免生产过剩或不足引起的成本增加。

* * *

第一节　生产成本构成全面解析

一、直接材料成本

（一）定义

直接材料是指企业在生产产品过程中消耗的、直接用于产品生产并构成产品实体的原料、主要材料，以及有助于产品形成的辅助材料。

例如，汽车制造企业生产汽车时用到的钢材、橡胶、玻璃等；服装生产企业使用的布料、纽扣、拉链等，都属于直接材料。这部分成本会随着产品产量的增加而直接增加，是生产成本的重要组成部分。

（二）原材料种类及占比

产品生产所需的原材料种类繁多。

例如，在汽车制造中，钢材、橡胶、塑料、玻璃等是主要原材料。钢材成本可能占原材料总成本的 50%～60%，因为汽车的车身、底盘等关键部件主要由钢材制成；橡胶用于轮胎、密封件等，占比可能在 10%～15%；塑料用于内饰件、仪表盘等，占比为15%～20%；玻璃用于车窗、挡风玻璃等，占比为 5%～10%。

通过对原材料种类及占比的分析，企业可以明确生产成本的主要来源，便于重点管理和控制。

（三）影响原材料成本的因素

1. 市场价格波动

原材料的市场价格受多种因素影响，如宏观经济形势、供求关系、国际政治局势等。以石油为例，当国际地缘政治局势紧张时，石油供应预期减少，价格就会上涨。而塑料、橡胶等以石油为原料的化工产品，价格也会随之上升，进而增加企业的原材料成本。

2. 供应商关系

与供应商建立良好的合作关系至关重要。这样可为企业带来一定的价格优惠、优先供货优惠等。相反，如果企业与供应商关系不佳，可能面临供货不及时、价格较高等问题。比如，一些企业通过与供应商签订长期合同，锁定原材料价格和供应数量，有效降低了成本波动风险。

二、直接人工成本

（一）定义

直接人工是指企业在一定时期的生产经营中因使用劳动力所发生的各项直接和间接成本总和。主要是直接从事产品生产的员工的货币消耗，包括职工工资总额、社会保险费用、职工福利费用等。例如，工厂流水线工人的工资、奖金以及企业为其缴纳的五险一金等。

直接人工成本与产品的生产工时和员工的工资水平紧密相关。

（二）人工成本核算方法

常见的人工成本核算方法有计时工资制和计件工资制。

1. 计时工资制

计时工资制是按照员工的工作时间来计算工资。

例如，某工厂工人的小时工资为 20 元，一天工作 8 小时，那么每个工人每天的工资就是 $20 \times 8 = 160$ 元。

这种方法适用于工作成果难以量化、需要持续投入时间和精力的岗位，如行政管理人员、研发人员等。

2. 计件工资制

计件工资制是根据员工生产的产品数量或完成的工作量来计算工资。

比如，在服装加工厂，工人每缝制一件衣服可得 10 元，若一天缝制 10 件衣服，当

天工资就是 $10 \times 10 = 100$ 元。

这种方法能激励员工提高工作效率，适用于生产过程相对简单、产品数量容易统计的岗位。

（三）劳动生产率与人工成本的关系

劳动生产率是指劳动者在一定时期内创造的劳动成果与与之相适应的劳动消耗量之间的比值。一般来说，劳动生产率越高，单位产品的人工成本越低。

例如，一家企业通过技术创新和员工培训，使员工的生产效率提高了 50%，在工资水平不变的情况下，单位产品分摊的人工成本就会降低。相反，如果劳动生产率低下，即使员工工资不高，单位产品的人工成本也会相对较高，因为生产相同数量的产品需要投入更多的人工时间。

三、制造费用

（一）定义

制造费用是指企业为生产产品和提供劳务而发生的各项间接费用，包括企业生产部门发生的水电费、固定资产折旧、无形资产摊销、管理人员的职工薪酬、劳动保护费、国家规定的环保费用、季节性和修理期间的停工损失等。比如，生产车间的设备维修费用、车间管理人员的工资等都属于制造费用。制造费用一般不能直接列入产品成本，需要按照一定的方法进行分配。

（二）设备折旧与水电费

1. 设备折旧

企业购买的生产设备，随着使用时间的推移和生产过程中发生的磨损，价值会逐渐降低，这部分价值转移到产品成本中就是设备折旧。

例如，一台价值 100 万元的生产设备，预计使用年限为 10 年，每年的折旧额就是 $100 \div 10 = 10$ 万元。

2. 水电费

生产过程中需要消耗大量的水电资源。

例如，一家钢铁厂，每月的水电费可能高达几十万元。

这些费用是确保生产正常运行的必要支出，应列入制造费用。

（三）制造费用分摊方法及对成本的影响

常见的制造费用分摊方法有按生产工时比例分配、按机器工时比例分配、按直接材料成本比例分配等。

1. 按生产工时比例分配

如果企业生产多种产品，且各种产品的生产工时不同，就可以按照生产工时的比例来分摊制造费用。

例如，某企业本月制造费用总额为 10 万元，生产 A 产品耗时 2000 小时，生产 B 产品耗时 3000 小时,则 A 产品应分摊的制造费用为 10×［2000÷（2000+3000）］=4 万元，B 产品应分摊 6 万元。这种方法适用于人工操作较多、生产工时与制造费用相关性较高的企业。

2. 按机器工时比例分配

对于自动化程度较高、机器设备使用频繁的企业，按机器工时比例分配制造费用更合适。

比如，一家电子厂主要依靠机器设备来进行生产，本月制造费用为 8 万元，A 产品机器工时为 1500 小时，B 产品机器工时为 2500 小时，那么 A 产品分摊的制造费用为 8×［1500÷（1500+2500）］=3 万元，B 产品分摊 5 万元。

3. 按直接材料成本比例分配

当制造费用与直接材料成本关系密切时，可采用这种方法。

例如，某家具厂生产不同款式的家具，本月制造费用 6 万元，生产 A 家具耗用直接材料成本 20 万元，生产 B 家具耗用直接材料成本 30 万元，A 家具应分摊的制造费用为 6×［20÷（20+30）］=2.4 万元，B 家具分摊 3.6 万元。

不同的分摊方法会使产品成本的计算结果不同，进而影响企业的定价决策、利润计算和成本控制。企业应根据自身生产特点和成本结构，选择合适的制造费用分摊方法，以准确反映产品的成本。

第二节　工艺优化驱动成本降低

一、深度剖析现有工艺，挖掘成本降低潜力

深度剖析现有工艺是企业挖掘成本降低潜力的重要途径。

（一）从生产流程入手进行梳理

企业可从生产流程入手，运用流程分析法，详细梳理从原材料投入产品产出的全过程。

例如，某服装制造企业逐一审查布料裁剪、缝制、整烫等步骤，发现某些工序存在

操作烦琐、流程重复等问题。部分复杂款式服装的缝制过程中，工人需频繁更换针线与操作方法，导致生产效率低下。该企业重新设计缝制流程，采用模块化作业方式，将相似工艺环节集中处理，提高了生产效率，减少了人工工时，从而降低了人工成本。

（二）对资源消耗进行细致分析

在资源利用方面，企业应对原材料、能源等的消耗进行细致分析。例如，机械加工企业深入研究各类金属原材料的使用情况，可能会发现某些原材料存在浪费现象。通过优化产品设计，合理调整零部件尺寸与结构，可减少不必要的材料余量；或采用新型替代材料，在保证产品性能的前提下降低材料成本。

同时，企业还应对能源消耗进行监测，若发现某些设备能耗过高，可通过升级、改造或优化运行参数，来提高能源利用效率，降低能源成本。

（三）在质量控制环节挖掘成本降低潜力

质量控制环节同样蕴含成本降低的潜力。企业需深入分析产品质量缺陷产生的原因与环节。

比如，某电子产品制造企业发现成品率较低，经分析是某一装配环节的精度把控不当所致。通过改进装配工艺，引入更精准的检测设备，可提高产品质量，减少因次品返工、报废带来的成本损失，从质量维度实现成本的有效降低。

通过对现有工艺多维度的深度剖析，企业能够全面挖掘成本降低潜力，提升自身竞争力。

（四）对现有工艺进行成本效益分析

企业开展工艺优化工作的，首要任务是对现有生产工艺进行全面且深入的成本效益剖析。这要求企业详细梳理生产流程中所涉及的各类成本要素，包括原材料成本、设备运行成本、人工成本、能源消耗成本以及废品损失成本等。

例如，某传统机械加工企业现有的零部件加工工艺，过度依赖人工操作与传统机床设备。经核算，在该工艺下，每件零部件的原材料利用率为65%～70%，人工工时成本占总成本的30%～35%，设备折旧与维护成本占15%～20%，能源消耗成本占10%～15%，废品率为10%～15%。由于原材料浪费严重、人工成本较高，导致单位产品的生产成本居高不下。通过对现有工艺成本结构进行深度分析，该企业精准锁定成本控制的关键节点（提高原材料利用率、降低人工操作占比等），为后续工艺改进明确了方向，并挖掘出降低生产成本的巨大潜力。

二、谨慎权衡新工艺引入的利弊，实现长期成本优化

在企业追求可持续发展的过程中，新工艺的引入虽能为成本优化带来契机，但企业需谨慎权衡。从战略管理角度来看，新工艺引入并非简单的技术更替，而是牵一发而动全身的系统工程。

（一）全面评估新工艺的可行性

首先，企业应全面评估新工艺的可行性，涵盖技术成熟度、适配性等方面。

例如，某传统化工企业计划引入一项新型催化工艺以提升产品转化率、降低原料消耗。在引入前，企业需深入研究该工艺在行业内的应用情况，分析其在不同生产规模、环境条件下的稳定性，避免因技术不成熟导致频繁停产调试，从而增加设备维护、生产延误等隐性成本。

另外，技术可行性至关重要，企业必须评估自身技术实力能否充分吸纳新工艺，以及新工艺与现有生产流程的适配程度。

例如，某化工企业在考量引入新型催化工艺时，需要确保新催化剂的使用不会对现有设备造成损害，并且企业技术人员能够熟练掌握新催化工艺的操作要点。

（二）进行成本收益分析

企业不仅要考量新工艺引进初期的设备购置、人员培训等直接投入，更要着眼于长期效益。例如，半导体制造企业采用先进光刻工艺后，前期需投入巨额资金用于设备采购与研发，但随着工艺成熟，芯片良品率大幅提升、生产效率显著提高。从长期视角看，单位芯片的生产成本会得到有效降低。

例如，某电子制造企业计划引入一条自动化贴片生产线，新设备采购成本高达500万～800万元，安装调试及人员培训费用为80万～120万元。尽管前期投入巨大，但从长期运营视角来看，新工艺能够大幅提升生产效率、降低人工成本与废品率。

（三）考虑新工艺对供应链、市场竞争格局的影响

企业还要考虑新工艺对供应链、市场竞争格局的影响。若新工艺使企业原材料需求发生改变，企业应评估新供应商合作成本及材料供应稳定性；若新工艺能赋予产品独特的竞争优势，带来市场份额扩大、销售价格提升等潜在好处，企业都应进行全面、谨慎的考量，以实现长期成本优化，推动企业在市场中稳健前行。

（四）考虑市场需求与产品定位

市场需求与产品定位亦是关键的考量因素。若企业将产品定位于高端市场，对产品

质量与生产效率要求极高，那么引入先进工艺来增强产品竞争力则尤为必要；若产品面向中低端市场，成本控制则可能成为首要考量因素，企业需谨慎评估新工艺所带来的成本增加。

三、简化与优化流程，削减生产过程成本

流程简化与优化已成为企业降低生产成本的一种极为有效的手段。流程简化，意味着去除那些烦琐且不必要的环节，避免资源无端浪费，让整个工作流程更加顺畅高效。例如，在生产线上，通过重新设计产品组装步骤，减少不必要的零件搬运距离，能极大地节省人力与时间成本。而流程优化则是采用先进的技术和管理理念，对现有流程进行全方位改进。例如，引入自动化设备，精准把控生产节奏，不仅能提高产品质量，还能大幅降低次品率，减少因次品产生的额外成本。总之，通过流程简化与优化，企业能够在各个环节精打细算，从而实现生产成本的显著降低，在市场中赢得更大的竞争优势。

例如，一家服装制造企业在对原有的服装生产流程进行全面梳理时，发现存在诸多繁杂且不必要的环节。以服装裁剪环节为例，原流程需要经过多次人工测量与标记，不仅耗费大量时间与人力，还极易出现误差。通过引入数字化裁剪系统，企业实现了裁剪流程的自动化与标准化。该系统依据服装版型数据，自动生成裁剪方案并进行精准裁剪，减少了人工测量与标记环节，裁剪效率提高了30%～40%，人工成本降低了20%～25%。同时，由于裁剪精度提升，面料利用率从原来的80%～85%提高至90%～95%，切实降低了原材料成本。通过类似的流程简化与优化措施，企业能够削减生产过程中的时间成本、人工成本以及原材料成本，实现生产成本的显著降低。

四、应用新技术，降低资源消耗与成本

在现代企业发展过程中，新技术的应用已成为推动企业降低资源消耗与生产成本的核心驱动力，为企业开辟出一条前所未有的全新路径。从宏观经济视角审视，新技术的介入打破了传统生产模式下的资源配置格局，通过对生产流程、生产工艺等多维度进行创新变革，可促使企业生产效率实现质的飞跃，进而有效降低单位产品所耗费的资源与生产成本。

以云计算技术在电商企业中的应用为例：借助强大的云存储与计算能力，电商企业可轻松应对促销期间呈指数级增长的用户访问量，无须进行大规模硬件设施建设与维护，即可保障平台稳定运行。这不仅避免了物理服务器扩容带来的高额成本，还能依据实际业务量灵活调配资源，有效降低了单位业务的资源消耗与成本支出。

从技术创新层面看，新技术的引入往往伴随着生产流程的重塑与优化。例如，工业

互联网技术在制造业中，通过对生产设备的互联互通与数据的实时采集分析，实现对生产过程的精准控制与智能调度。在汽车制造企业中，工业互联网可依据零部件库存情况、生产进度以及市场订单需求，动态调整生产线的运行节奏，减少设备空转时间与原材料库存积压，大幅降低生产过程中的资源浪费与成本损耗，为企业在资源高效利用与成本控制方面开辟出一条创新性的发展路径，使其在激烈的市场竞争中占据成本优势，实现可持续发展。

以 3D 打印技术在制造业的应用为例：3D 打印技术凭借独特的增材制造原理，扭转了传统减材制造模式下大量原材料被切削、浪费的局面。在产品研发与生产环节，3D 打印能够依据精准的数字化模型，直接将原材料逐层堆积成型，极大程度减少原材料在加工过程中的损耗，实现资源的高效利用。同时，该技术还能简化复杂零部件的生产流程，降低模具制造等中间环节的成本投入，为制造业降低资源消耗与生产成本开拓出一条极具创新性与前瞻性的路径，有力推动制造业向资源节约型、成本高效型发展模式转型。

以一家航空零部件制造企业生产航空发动机叶片为例：传统加工工艺需对大块金属原材料进行切削，大量材料被切成废料，原材料利用率仅为 30% ～ 40%。采用 3D 打印技术后，将金属粉末按照预先设计的叶片三维模型逐层堆积烧结成型，原材料利用率大幅提升至 80% ～ 90%。同时，3D 打印能一体成型复杂结构，减少了零件组装工序，原本需要多道工序和多种设备协作完成的生产过程得以简化，生产周期从数周缩短至数天，设备运行时间减少了，能源消耗显著降低。某航空制造企业使用 3D 打印技术生产发动机叶片后，单位产品能耗降低了 40% ～ 50%，设备维护成本降低了 25% ～ 35%。

五、协同工艺优化与质量控制，确保成本与质量平衡

在工艺优化过程中，确保产品质量是不可突破的底线，企业应实现工艺优化与质量控制的协同。

（一）加强过程控制，实现成本与质量的平衡

企业可通过加强过程控制来实现成本与质量的平衡。企业在优化生产工艺时，可以引入先进的自动化生产设备，减少人工操作环节，降低人工成本。与此同时，在生产线上安装高精度的质量检测设备，实时监测产品的各项质量指标，如产品的重量、成分、外观等。一旦检测到质量异常，系统自动报警并停止生产，及时进行调整，确保产品质量符合标准。此外，企业还能够通过优化原材料采购策略，挑选质量稳定且价格合理的供应商，在保证原材料质量的前提下，降低采购成本。比如，与供应商建立长期合作关系，通过批量采购、联合研发等方式，实现互利共赢，在降低原材料采购成本的同时，保障原材料质量的稳定性。通过这些措施，企业在降低生产成本的同时，能够有效保障产品质量，实现

成本与质量的平衡发展。

（二）质量成本与工艺优化的关系模型

质量成本主要涵盖预防成本、鉴定成本、内部损失成本和外部损失成本。在工艺优化初始阶段，企业通常需要投入一定的预防成本，如员工培训、工艺研发等，以确保新工艺能够稳定运行，促进产品质量提升。同时，鉴定成本可能也会有所增加，比如购置更先进的质量检测设备。然而随着工艺优化的逐步推进，产品质量得以提升，内部损失成本（如废品损失、返工成本）和外部损失成本（如客户投诉处理成本、产品召回成本）将显著降低。当预防成本、鉴定成本的增加幅度小于内部损失成本和外部损失成本的降低幅度时，企业整体质量成本下降，实现了工艺优化与质量成本控制的良性循环。

例如，一家汽车零部件制造企业在实施工艺优化项目前，质量成本占总成本的 15%～20%，其中，内部损失成本占质量成本的 40%～50%，外部损失成本占 30%～40%。实施工艺优化后，预防成本增加了 2%～3%，鉴定成本增加了 1%～2%，但内部损失成本降低了 8%～10%，外部损失成本降低了 6%～8%，最终质量成本占总成本的比例降至 8%～12%。这样就在保证产品质量的同时，有效降低了生产成本。

第三节　物料管控精细化降本策略

物料管控在生产成本控制中起着基础性作用。精准高效的物料管控能够确保企业在生产过程中，以最少的物料投入获取最大的产出效益。

一、加强物料管理的基础工作

（一）物料清单

控制材料成本的最基本工具是物料清单（Bill of Material，BOM）。物料清单由研发部门编制，包括每种产品在生产时必须使用的材料，以及每种材料的使用数量。材料消耗数量与边角料的消耗、生产报废率和不良品率等有关。

1. 物料清单的组成内容

（1）产品类别；

（2）产品编号；

（3）产品名称；

（4）材料编号；

（5）材料名称；

（6）材料规格；

（7）度量单位；

（8）标准用量；

（9）材料单价（由财务人员填写）；

（10）材料成本（由财务人员填写）；

（11）制定人；

（12）复核人；

（13）审定人。

物料清单（BOM 清单）示例如表 7-1 所示。

表 7-1　物料清单（BOM 清单）示例

产品名称			产品编号		产品料号			客户料号		/
制表部门			使用部门		制表人			校对人		审核人
类别	序号	物料名称	规格及说明				用量	零件位置		备注
组成 1	1									
	2									
组成 2	3									
	4									
组成 3	5									
	6									
组成 4	7									
	8									
组成 5	9									
	10									
组装	11									
	12									
线材	13									
	14									
包装	15									
	16									

2. 物料清单的发放

物料清单编制出来后应发放给以下部门，如表 7-2 所示。

表 7-2　物料清单应发放的部门

序号	部门	用途
1	PMC 部	根据物料清单统筹安排生产计划
2	采购部	根据物料清单确定采购什么规格的材料，采购多少
3	生产部	根据物料清单确定领用什么规格的材料，领用多少
4	仓库	根据物料清单确定发出什么规格的材料，发出多少
5	品质部	根据物料清单判断产品用的是什么规格的材料，消耗数量对不对
6	财务部	根据物料清单来核算材料成本和产品成本

3. 物料清单的变更

物料清单一旦制定就不能随便更改。如果设计图纸改变、生产困难、客户要求变更或出现新的替代材料时，可以修改物料清单，但是一定要以书面形式，并及时将修改后的物料清单传达给相关部门。物料清单变更的书面通知有以下两种方式。

（1）直接下发新的物料清单，并标明生效日期。

（2）使用"材料规格变更通知单"（如表 7-3 所示），并注明以下内容。

① 变更原因；

② 变更内容及详细说明；

③ 原有材料的处理方法、原有材料制成的半成品和产成品的处理方法等。

物料清单需要修改时，第一，一定要用书面形式进行修改，不能口头传达；第二，研发部有义务及时将修改后的物料清单分别发送到相关部门。

表 7-3　材料规格变更通知单

产品型号 / 名称		更改通知单号	
申请人		申请日期	
正式执行时间			
一、更改理由（原因）： □客户需求　□产品定义更改　□降低成本　□材料代替　□缺料　□其他			
二、更改有效性： □长期性 □临时性（注明有效日期 / 有效批次）			

续表

三、更改类别： □轻微更改　□重要更改　□致命更改				

四、更改内容说明（需要更改的信息／资料）				

五、更改涉及的相关文件： 　□功能／性能　□制程工艺　□检验				

六、处理意见／方式：

序号	状态		处理方式	备注
1	库存	原材料		
		半成品		
		成品		
2	在线	原材料		
		半成品		
		成品		
3	市场投放			

七、旧版和新版资料（文件）处理要求： 　□作废，文件中心收回　□发布新版本资料

八、文件知会部门： 　□PMC部　□生产部　□品质部　□技术研发部　□售后服务部　□财务部　□销售部 　□采购部　□仓库

部门领导审查意见： 　　　　　　　　　　　审核签名： 　　　　　　　　　　　日期：

总经理意见： 　　　　　　　　　　　审核签名： 　　　　　　　　　　　日期：

部门评审意见：

采购部	销售部	工程部	生产部	仓库

（二）材料消耗定额的确定

1. 材料消耗定额的分类

材料消耗定额分为两种，如图 7-1 所示。

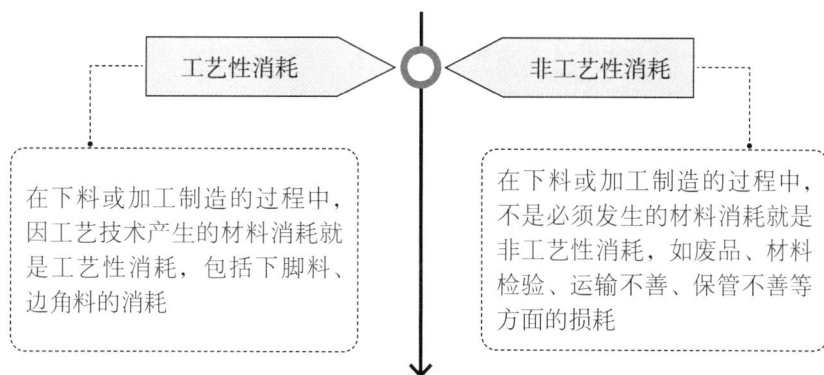

图 7-1 材料消耗定额的分类

2. 原材料消耗定额的确定

（1）计算公式。

$$原材料消耗定额=单位零件净重+各类工艺性损耗$$

（2）确定原材料消耗定额的方式有三种，如图 7-2 所示。

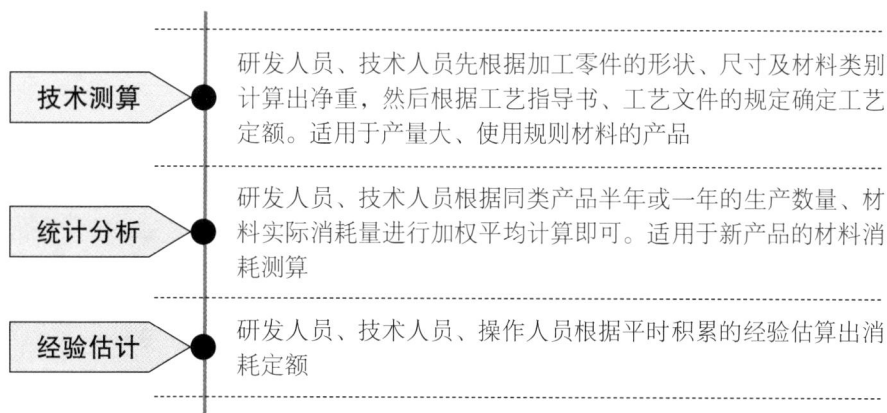

图 7-2 确定原材料消耗定额的方式

3. 辅料消耗定额的确定

不同辅料消耗定额的确定方法如图 7-3 所示。

与主要原材料结合使用的辅料

可按主要原材料消耗定额的比例来确定

与产品直接相关的辅料

可根据产品单位数量、面积、重量、长度来确定。例如，包装用木箱、纸箱、塑料袋可按产品数量确定；一双鞋配一个纸鞋盒，一件衣服配 10 个纽扣；电镀、油漆、热处理等化工工艺用料可按产品的面积或重量计算

与设备启动时间或工作日有关的辅料

可按照设备启动时间或工作日来确定。例如，润滑油、轴承、接触器、刹车装置、吊车用钢丝绳等多长时间更换一次

与使用期限有关的辅料

可按规定的使用期限来确定，如劳保用品、清洁用品、三角带等

难以核算的辅料

可以按照产值的比例计算消耗定额。例如，针对一些小零配件，每万元产值允许消耗多少元辅料

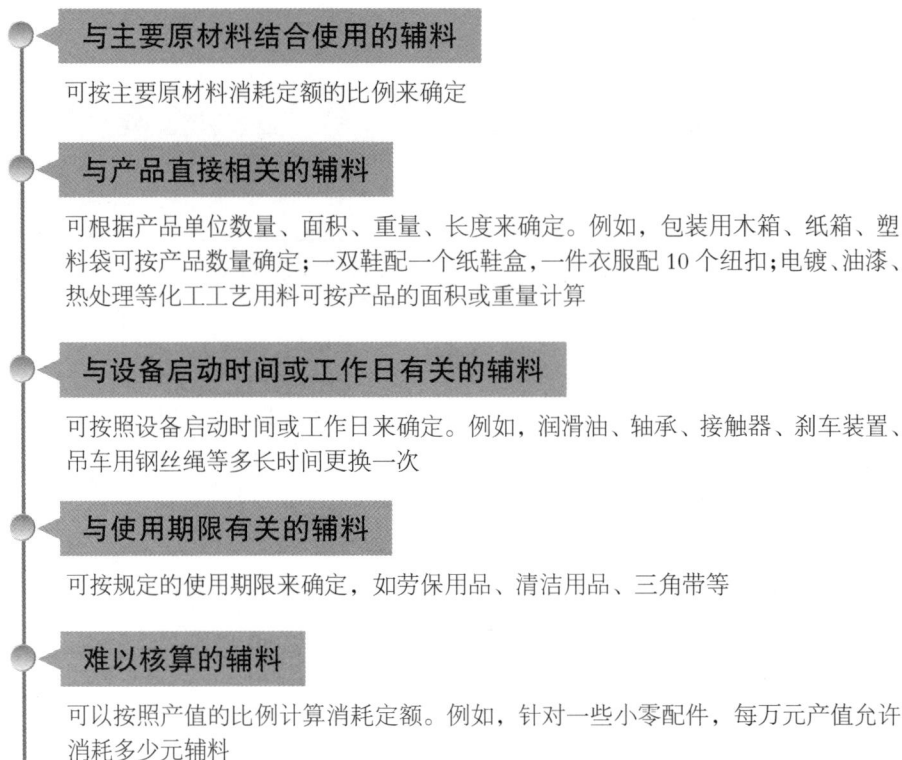

图 7-3　不同辅料消耗定额的确定方法

4.燃料动力消耗定额的确定

燃料动力消耗定额直接与产品产量挂钩。例如，每生产 100 件产品，允许消耗 ××度电、×× 吨水、×× 立方米天然气、×× 立方米压缩空气等。

5.工具消耗定额的确定

工具消耗定额根据产品的加工时间、加工数量及工具的使用期限来确定。例如，量具使用 3 年后报废，钻头使用 3000 小时后报废，刀具使用 1000 小时后报废。

（三）引入库存管理系统

选择合适的库存管理系统是实现库存现代化管理的关键。市场上主流的库存管理系统包括企业资源计划（ERP）系统、仓储管理系统（WMS）和库存优化软件等。ERP 系统功能全面，涵盖采购、生产、销售、库存等多个模块，适合大型企业的一体化管理。

例如，华为公司在全球范围内实施 SAP ERP 系统，实现了对全球供应链库存的实时监控与协同管理，库存准确率达到 99% 以上，采购周期缩短了 30%。

WMS 侧重于仓储作业管理，如入库、出库、盘点、库位管理等，适合物流仓储企业和大型制造企业的仓库管理。顺丰速运采用自主研发的 WMS，实现了对海量包裹的高效

分拣与存储管理，仓库作业效率提升了50%以上，错误率降至0.1%以下。库存优化软件则通过数据分析和优化算法，帮助企业确定最优的库存水平和补货策略。

例如，ZARA利用库存优化软件，根据销售数据和市场趋势，实时调整库存策略，新品上市两周内的售罄率提高了20%，库存积压率降低了15%。

企业需综合考虑自身规模、业务特点、预算等因素，选择最适合的库存管理系统，并注重系统的实施与培训，确保系统能够有效助力企业实现库存管理目标。

二、库存管理精细化与智能化

库存管理作为企业运营管理的核心环节，其创新与实践对于优化资源配置、提升资金周转率以及增强企业竞争力具有深远意义。在复杂多变的市场环境中，企业必须不断探索先进的库存管理理念与技术，实现库存管理的精细化与智能化。

（一）ABC分类法及其他库存分类管理方法

1.ABC分类法

ABC分类法是一种经典的库存分类管理方法，通过对库存物品按价值和用量进行分类，实现差异化管理。A类物品价值高、用量少，通常占库存价值的70%~80%，但数量仅占10%~20%，应对其实施严格的库存控制，如采用定量订货模型，精确控制库存水平。B类物品价值和用量适中，占库存价值的15%~25%，数量占20%~30%，可采用定期订货模型，对其进行适度管理。C类物品价值低、用量大，占库存价值的5%~10%，数量占50%~70%，适合较大批量采购，并简化管理流程，具体如表7-4所示。

表7-4　ABC分类法

分类	价值占比	数量占比	管理策略	订货模型
A类	70% ~ 80%	10% ~ 20%	严格控制	定量订货
B类	15% ~ 25%	20% ~ 30%	适度管理	定期订货
C类	5% ~ 10%	50% ~ 70%	简化管理	批量采购

2.其他库存分类管理方法

除ABC分类法外，还有VED分类法（按重要性分类）、FSN分类法（按使用频率分类）等。例如，在医疗行业，VED分类法将库存物资分为关键物资（Vital）、重要物资（Essential）和一般物资（Desirable）。关键物资如心脏起搏器等，一旦缺货将危及患者生命，需确保100%的库存可用性；重要物资如常用药品，需保持合理的库存水平；一般物资如办公用品，可适当放宽库存管理。通过VED分类法，医疗机构能够优化库存结构，保障医疗服务的连续性。

（二）零库存管理理念

零库存管理理念并非追求库存数量为零的绝对状态，而是旨在通过优化供应链各环节的协同运作，将库存持有量降至最低限度，以实现成本的大幅削减与运营效率的显著提升。

例如，丰田汽车公司是零库存管理的典范，其采用准时制生产（JIT）模式，根据订单需求组织生产，零部件供应商在规定的时间精准配送零部件，实现了生产与供应的无缝对接。在传统生产模式下，丰田汽车的库存周转天数为30天，实施JIT模式后，库存周转天数缩短至5天以内，库存持有成本降低了60%以上。

戴尔电脑采用直销模式和按订单生产（BTO）策略。消费者下单后，戴尔根据订单配置电脑，从供应商处采购零部件，直接组装发货。通过这种模式，戴尔电脑将库存风险转移给供应商，使自身库存水平维持在极低水平，库存周转率高达100次/年以上，远高于行业平均水平，有效提升了资金使用效率和市场响应速度。

这一理念的核心在于精准的需求预测、高效的物流配送以及紧密的供应商合作关系。

1. 构建精准的需求预测体系

企业应搭建一套融合大数据分析、市场调研及客户反馈的精准需求预测体系。

例如，某时尚品牌对全球时尚潮流趋势进行实时追踪，运用数据分析模型预测消费者对不同款式服装的需求。其设计团队依据预测结果迅速推出新款，使产品能够精准匹配市场需求，避免了库存积压导致的物料浪费。在物料使用效率提升方面，这种精准预测减少了因生产过量造成的物料闲置情况，让每一批物料都能及时投入生产并转化为符合市场需求的产品。

企业可借鉴此模式，多渠道收集数据，涵盖历史销售数据、社交媒体舆情、行业动态资讯等。然后运用先进的数据挖掘算法，深入剖析数据背后的规律，并以此为依据制订生产计划，确保生产的产品符合市场需求，避免物料因生产过剩而造成积压，提高物料投入产出效率。

2. 打造高效的物流配送网络

建立高效的物流配送网络是实现零库存管理的关键环节。企业应与物流合作伙伴紧密协作，优化配送路线，运用智能物流技术实现运输过程的实时监控与调度。例如，引入物联网设备，实时掌握货物位置与运输状态，以便及时调整配送方案。同时，根据生产计划与订单需求，精确安排物料配送时间，确保物料在需要时准时送达，以减少物料在仓库及运输途中的停留时间，加快物料流转速度，提升物料使用效率。

还是以日本丰田汽车为例，其采用准时制生产（JIT）模式，零部件供应商依据丰田的生产计划，在规定的时间将零部件精准配送至其生产线旁。这种"恰好及时"的配送模式，使丰田汽车的生产车间几乎不存在零部件库存积压。物料到达车间后立即投入生产，极大地提高了物料的流转速度与使用效率。同时，减少了库存占用空间以及库存管理成本，让企业资源能够更集中地投入核心生产环节。

3. 深化与供应商的战略合作关系

与供应商的深入合作是实现零库存管理的重要保障，企业应与供应商建立友好的战略合作关系。

例如，苹果公司在全球范围内与众多优质供应商建立了深度战略合作伙伴关系。苹果公司通常提前与供应商共享产品研发计划、生产需求预测等信息，供应商根据这些信息提前规划原材料采购与生产，确保在苹果公司需要时能够按时、按质、按量供应零部件。在物料使用上，苹果公司通过与供应商协同，实现了物料供应与生产需求的无缝对接，避免了供应不及时导致的生产停滞以及过量采购造成的物料浪费，从供应链源头提升了物料使用效率。

企业应与优质供应商签订长期合作协议，在信息共享、联合研发、质量管控等方面加强协作。通过协同运作，供应商能够及时响应企业物料需求，保证供应的及时性与稳定性，避免因供应中断导致企业生产停滞，同时也防止企业因担忧供应不足而过量采购，从源头提升物料使用效率，助力零库存管理目标的实现。

4. 优化生产流程与布局

企业应对内部生产流程进行优化与重组，减少不必要的生产环节与等待时间。例如，采用精益生产理念，消除生产过程中的浪费现象，如过度加工、多余动作等。同时，合理规划生产布局，使物料在生产车间内的流转路径最短、效率最高。通过这些措施，能降低物料在生产环节的损耗，提高物料从投入产出的转化效率，为实现零库存管理提供内部支撑。

5. 强化信息技术应用

企业应充分利用信息技术，搭建一体化的库存管理信息系统，涵盖需求预测、采购管理、库存监控、物流配送等模块，实现各环节信息的实时共享与协同运作。企业通过该系统能实时掌握库存动态，一旦库存水平接近安全库存下限，系统自动触发采购订单，并将信息同步至供应商与物流部门。企业借助信息技术的强大功能，可提高库存管理的精准性与及时性，为零库存管理提供有力的技术保障。

三、物料使用效率提升

在企业生产运营体系中，物料使用效率的提升是企业降低成本、增强竞争力的关键因素。高效的物料管理不仅能够减少资源浪费，还能优化生产流程，提高企业的经济效益，促进企业可持续发展。

（一）物料浪费的原因分析与对策

1.人为因素

物料浪费的人为因素与对策如表7-5所示。

表7-5　人为因素与对策

原因	说明	对策
操作不当	员工在物料领取、搬运、加工过程中缺乏规范的操作，易造成物料损坏。例如，在电子组装车间，工人因不熟悉精密电子元件的拿取方法，导致元件引脚折断，造成物料报废	加强员工培训，制定详细的操作手册，并建立监督机制，对违规操作进行监督与纠正
责任心缺失	部分员工未充分认识物料的价值，随意丢弃或浪费物料。如服装制造企业中，工人对剩余布料随意处置，未考虑二次利用	应强化员工节约意识，建立物料节约奖励机制，激励员工主动减少浪费

2.生产流程因素

物料浪费的生产流程因素与对策如表7-6所示。

表7-6　生产流程因素与对策

原因	说明	对策
工艺不合理	生产工艺设计未充分考虑物料特性，导致物料利用率低。以机械加工为例，不合理的切割工艺会产生大量边角废料	优化生产工艺，采用先进的设计软件进行模拟分析，确定最佳的工艺参数，提高物料利用率
计划不准确	生产计划与实际需求脱节，造成物料采购过多或过少。采购过多会导致库存积压，物料过期变质；采购过少则影响生产进度，频繁补货也会增加成本	加强生产计划与市场需求的对接，运用大数据分析技术，精准预测物料需求，制订科学的采购计划

（二）生产过程中物料损耗的控制措施

1.物料领用管理

企业应建立定额领料制度，并要求员工严格执行。

物料清单上通常会标明产品需要哪几种材料，每种材料的标准用量是多少。生产部应根据物料清单填制"定额领料单"，然后去仓库分批领料。仓库人员在发料的同时要做好相应的记录，控制领用数量，从源头上减少物料消耗。

生产部最好分批领料。如果一次领完所有材料，则容易丢失，造成损失。而且，有些材料离开了存储环境容易发生变质、生锈等损耗。

如果领用的材料已经全部用完，但是产品尚未生产完毕，生产部需填制"超额领料单"，经相关责任人签字后再去仓库领料。

（1）如果是物料清单的标准用量计算有误，应由研发部工程师签字，修改物料清单。

（2）如果是工人操作失误，应由车间主任签字，由车间承担材料超额消耗的成本。车间主任应对员工进行培训，防止员工错误操作。

（3）如果机床故障造成材料损坏，应由机床维护保养人员签字并负责。

（4）如果是原材料本身的质量差，技术指标不过关，应由采购部负责人签字，并承担相关成本。

生产统计员应在每月底汇总本月所有的"超额领料单"，统计材料超额消耗的数量、金额和原因，并上报给主管生产的副总，由其召集相关责任人开会，商讨解决问题的方案。

2. 生产设备维护

企业应定期对生产设备进行维护与保养，确保设备稳定运行。设备故障易造成物料加工偏差，增加损耗。例如，印刷企业的印刷机若未及时保养，会出现套印不准，造成纸张浪费。企业应制订设备维护计划，并安排专人负责，减少设备故障引起的物料损耗。

3. 质量控制

企业应加强生产过程的质量检测，及时发现并纠正质量问题，避免因次品返工造成的物料浪费。在食品加工企业，通过设置多道质量检测关卡，对原材料、半成品、成品进行严格检测，可将次品率控制在 1% 以内，大幅减少物料损耗。

（三）关于代用材料、边角料的问题

在生产实践中，时常会面临代用材料及边角料的处理问题。研发与生产人员通过深入研究发现，部分边角料可用于特定零件及产品的生产加工；或在原材料短缺之际，可用其他物料进行代替。

当出现上述情形时，无论是从仓库领取代用材料，还是利用生产的边角料，生产部均需严格填写"代用材料申请单"，并提交至相关部门进行签字确认。

1. 研发部

研发部需对"代用材料申请单"进行签字确认，以确保采用的代用材料不会对产品质量造成影响。研发部凭借专业的技术知识与丰富的实践经验，从产品设计与性能角度，对代用材料的适用性进行把关，保障产品使用代用材料后，依然能符合既定的质量标准。

2. 品质部

品质部的签字意味着其已知悉代用材料及边角料投入生产这一情况。在后续产品检验过程中，品质部将重点关注利用此类特殊物料生产出来的产品，确保其完全符合相关质量

要求。品质部通过强化检验流程与标准，为产品质量提供额外的保护防线。

3. 仓库

仓库虽无须在"代用材料申请单"上签字，但仓库管理人员在见到研发部签字确认的申请单后，方可为生产部提供代用材料。仓库以此作为物料发放的关键依据，严格把控物料的出库流程，确保物料供应的准确性与规范性。

4. 财务部

财务部在这一流程中签字与否，需根据物料类型进行区分。

（1）代用材料

当使用代用材料时，财务部的签字至关重要。不同材料因特性与生产用途不同，成本也存在显著差异。产品的售价在很大程度上决定了产品可承受的成本范围。部分代用材料虽能够替代现有材料，但倘若成本过高，从经济可行性角度考量并不划算，此时财务部有权予以限制，拒绝签字。然而，若生产处于紧急状态，经主管生产的副总经理签字特批后，即便财务部未同意，生产部也可先行使用代用材料。

（2）边角余料

若使用边角余料，则无须财务部签字同意。这是因为边角余料的成本已在原先领料时就列入生产成本，无须进行重复核算。但无论使用的是代用材料还是边角余料，原有产品的成本必然会因物料的变更而发生改变。在此情况下，生产部必须及时将相关信息告知财务部，以便其依据新的生产情况重新核算产品成本。若未能及时告知，将会导致产品成本数据失真，进而影响企业对产品盈利能力的判断与生产决策的制定。

（四）呆滞材料和呆滞存货的管理

呆滞材料有两种，一种是质量好，但生产用不上，且不知道什么时候会再次使用的材料；另一种是生产用得上，但买得太多，暂时用不上的囤积材料。呆滞存货是指卖不掉的存货。

1. 预防管理

产生呆滞材料和呆滞存货的原因很复杂，因为企业很多部门的活动都会影响材料的管理。要想预防呆滞材料和呆滞存货，企业各部门都应做好自己的本职工作，具体如表7-7所示。

表7-7　呆滞材料和呆滞存货预防的部门责任

序号	部门	责任
1	销售部	（1）做好市场预测和销售计划 （2）搞清楚客户要求的产品规格、技术标准、检验标准、数量、外观包装等 （3）紧密联系客户，一旦客户要求变更产品规格，应以书面形式告知生产部；一旦客户减少订单，应尽快通知生产部减少备货，采购部减少采购

序号	部门	责任
2	研发部	（1）在设计产品时尽量使用标准化的材料,不要使用特殊规格的材料。因为第一,特殊规格的材料贵,采购量小,很难降低采购单价；第二,交货期通常比较长 （2）在设计产品时尽量准确无误,提高材料利用率 （3）简化产品设计,尽量用本地材料或在国内容易采购的材料 （4）研究代替材料的可行性和原材料的其他用途 （5）制定产品的校正标准,对于生产不良品率、报废率等不要出现模棱两可的标准,以免引起争议
3	采购部	制定材料选择、样品核准、进料验收、仓储管理、退货追踪的规则
4	生产部	（1）做好生产计划,保证产销协调。这里有两个问题：一是避免销售人员错估市场需求,使产品卖不出去；二是避免为了要提高生产效率、分摊固定成本而超量生产,结果使产品卖不出去 （2）不要一次领太多材料,以防材料丢失、变质或超量生产产品

2. 呆滞材料和呆滞存货管理

有呆滞材料和呆滞存货的企业，应成立呆料呆货处理小组，首先给每一种材料和产品设定期限，例如，入库后 ×× 个月没有被消耗掉就变成呆料和呆货；然后计算存货的库龄，找出呆料和呆货，并填在库存盘点表上，分别加以处理，如图7-4所示。

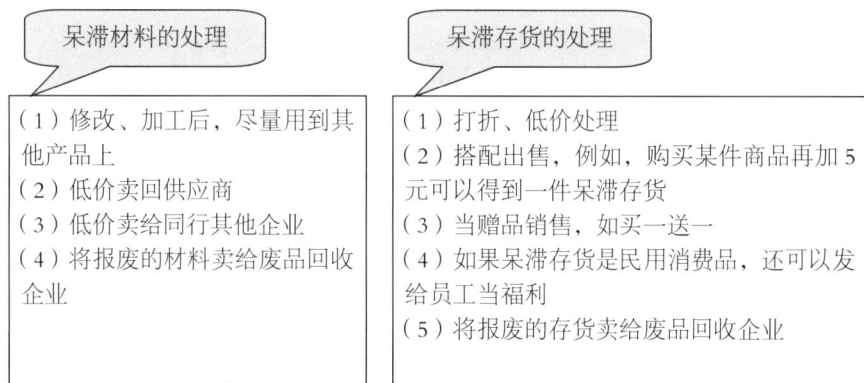

图 7-4 呆滞材料和呆滞存货的处理措施

（五）物料回收与再利用

物料回收与再利用如图7-5所示。

可回收物料分类	☞	对生产过程中产生的可回收物料进行分类，如金属废料、塑料边角料、木质包装等。例如，家具制造企业将废弃木材按材质、规格分类，可为后续再利用提供便利
内部再利用	☞	对于部分可修复或再加工的物料，在企业内部进行二次利用。例如，机械制造企业将磨损的零部件进行修复后重新投入使用，降低了新物料采购成本
与外部企业合作	☞	与专业回收企业建立合作关系，将内部无法利用的物料交由其处理。例如，电子制造企业将废旧线路板出售给有资质的回收企业，可实现资源的循环利用，并获得一定的收益

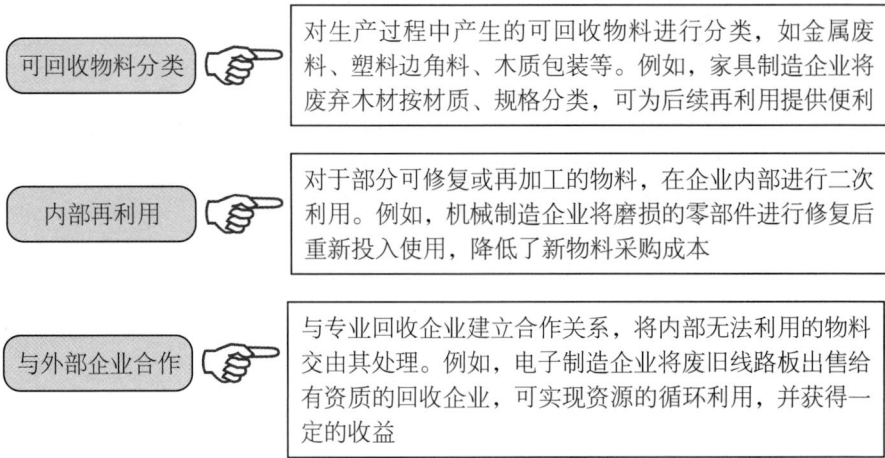

图 7-5　物料回收与再利用

　　通过以上物料回收与再利用措施，企业不仅能降低成本，还能履行社会责任，实现经济效益与环境效益的双赢。

第八章　物流成本破解：智慧物流，成本骤降

在当今激烈的商业竞争环境中，物流成本的有效控制已成为企业提升竞争力的关键因素之一。智慧物流作为一种新兴的物流模式，正以强大的技术优势和创新理念，为物流成本的降低提供全新的解决方案。通过深度融合信息技术、智能设备以及先进的管理理念，智慧物流能够实现运作的精细化、智能化和高效化，从而促使物流成本大幅下降。

* * *

第一节　仓储革新，空间利用最大化

在当今激烈的竞争环境中，仓储成本的有效控制对于提升企业盈利能力至关重要。仓储空间利用实现最大化，是仓储革新的核心目标之一，这样能显著提升企业竞争力。

一、合理规划仓库布局

在现代物流体系中，仓库作为货物存储与流转的枢纽，其布局规划的合理性对运营效率、成本控制以及客户服务水平有着深远影响。科学且精细的仓库布局规划，能够有效整合仓储资源，提升仓储空间利用率，降低运营成本，增强企业的市场竞争力。

（一）功能区域划分精细化

深入且细致的功能区域划分，应与货物特性、出入库频率等多种因素相关联。

1.货物特性

不同品类的货物具有不同的物理与化学属性，对存储环境也有着不同的要求。

例如，食品类货物对卫生条件与温度、湿度有着较高的要求，仓库应设置专门的干净、恒温、恒湿的存储区域；而对于电子产品，因其对静电较为敏感，需设置防静电的设施与存储环境。对危险化学品则必须严格按照相关法规要求，独立设置具有防火、防爆、防泄漏等安全防护措施的存储专区，并与其他普通货物保持安全距离。

2. 出入库频率

出入库频率同样是功能区域划分的重要考量因素。在促销活动开展期间，海量订单如雪片般纷至沓来，此时将热门电子产品、应季服装等畅销商品放置于靠近出货口的区域，仓库人员能够在最短的时间内快速定位并拣选货物，极大地提高发货速度，有效提升客户满意度。

例如，一家年销售额达数亿元的电商企业，通过将畅销品放置于靠近出货口的区域，在促销期间，发货效率提升了 30% 以上，客户投诉率显著降低。

3. 体积与重量

对于体积大、重量大的货物，将其放置在底层搬运设备易于操作的区域比较合适。大型机械设备的零部件、建筑材料等货物，不仅体积庞大，重量也十分可观。若存储位置不当，不仅会增加搬运难度，还会因频繁的人力搬运导致安全事故发生，同时也会大大提高人力成本。将此类货物放置在底层，叉车、起重机等大型搬运设备能够方便地装卸与搬运，能减少人力搬运环节，降低劳动强度与安全风险，同时还能提高搬运效率，减少时间成本。

4. 促销活动

电商企业在举行促销活动时，可为促销商品设立专门的区域。在促销活动开始前，将参与促销的商品集中存储于该区域，并根据商品的品类、销售热度等进行分区。这样在活动期间，工作人员能够迅速、准确地拣选货物，高效出货，更好地满足消费者的需求，为企业赢得市场机会。

（二）通道设计优化

通道在仓库中起着连接各个功能区域、保障货物顺畅流转的关键作用，其布局的合理性直接关系仓库空间利用效率与员工作业效率。

1. 通道宽度的设置

通道过宽，无疑会造成仓库空间浪费，增加仓库租赁成本；而通道过窄，则会影响搬运设备的正常通行与操作，降低搬运效率，甚至可能引发设备碰撞等安全事故。因此，企业应依据搬运设备的尺寸、行驶路线来精准计算通道的宽度。

例如，托盘搬运车在转弯时需要一定的空间距离，同时还需要与对向车辆错车。某仓库经过大量实践与模拟分析得出，通道宽度保持在 2 ～ 3 米较为合适，这样既能确保电动托盘搬运车安全、顺畅地转弯与错车，又能最大程度地减少空间浪费。

2. 通道布局

除了宽度，通道布局同样不容忽视。采用 U 形、L 形等通道布局，能够有效减少搬运路径。在 U 形通道布局中，货物的入库与出库作业在同一侧进行，搬运设备从仓库入口进入后，沿着 U 形通道依次完成入库、存储、出库等操作，避免了搬运路线的交叉与折返，提高了空间利用效率与作业效率。

例如，某中型制造业企业对仓库进行改造，采用 U 形通道布局后，货物搬运距离缩短了 20%，仓库整体作业效率提升了 15% 以上。

L 形通道布局则适合形状不规则或有多个出入口的仓库。通过合理规划 L 形通道的走向，巧妙地连接各个功能区域，能使货物搬运路线更加顺畅，有效提高仓库空间的综合利用率。

（三）搬运路线规划

搬运路线规划是仓库布局的关键环节，其核心目标在于根据货物的出入库流程以及各功能区域的位置，规划出最合理的搬运路线，使货物在仓库内的搬运距离最短，同时避免重复搬运和交叉搬运等情况发生。

1. 了解仓库的整体布局

在规划搬运路线之前，需要对仓库的整体布局有一个清晰的认识，明确存储区、分拣区、入库暂存区、出库暂存区以及办公区等功能区域的位置。例如，存储区应与分拣区紧密相连，以便于人员快速从存储区拣选货物送至分拣区进行分类；入库暂存区应靠近仓库入口，以便于货物卸车；出库暂存区则要临近出货口，以便于货物快速装车发货。

2. 考虑货物的出入库流程

货物的出入库流程是规划搬运路线的重要依据。对于货物入库，货物从仓库入口进入后，首先到入库暂存区进行验收与登记。然后，仓库人员根据货物的类别和存储要求，将其搬运至相应的存储区域。在这个过程中，搬运路线应该最短，以减少货物在仓库内的停留时间。例如，对于常温食品入库，可规划一条从入库暂存区至常温食品存储区的直线搬运路线。

对于货物出库，货物从存储区被拣选至分拣区进行分类与包装，然后搬运至出库暂存区等待发货。在规划出库搬运路线时，同样要确保路线最短且顺畅。比如，对于电商仓库中订单量较大的商品，可设置专门的快速出库通道，使分拣好的货物直接通过该通道被搬运至出库暂存区，以提高出库效率。

3. 搬运设备的行驶路线

为了避免重复搬运和交叉搬运，需要对搬运设备的行驶路线进行合理规划，在仓库内设置明显的搬运通道，并确定不同类型搬运设备的行驶方向。例如，叉车主要负责较重货物的搬运，可让其在主通道行驶；而电动托盘搬运车则用于较轻货物的短距离搬运，可让其在辅助通道行驶。同时，在仓库内设置交通标识和信号装置，引导搬运设备有序行驶，防止碰撞与堵塞。

科学合理地规划搬运路线，能够有效降低货物搬运成本，提高仓库作业效率，减少货物损坏风险，为仓库的高效运营提供有力保障。

二、选用高效存储设备

（一）立体货架广泛应用

在现代化仓储领域，立体货架作为一种高效的存储设备，已成为提升仓储空间利用率和运营效率的关键要素。其以独特的设计和卓越的性能，在各类仓库中发挥着不可替代的作用。

1. 立体货架的结构与工作原理

立体货架主要由货架主体、巷道堆垛机、输送系统以及控制系统等部分构成。货架主体通常是高强度钢材。通过模块化的组装方式，企业能够根据仓库的实际空间和存储需求，灵活构建不同规格和高度的货架结构。它的多层层板设计，将仓库空间向高空延伸，为货物存储开辟了垂直空间。

巷道堆垛机是立体货架系统中的核心搬运设备。它沿着货架间预先设定的轨道运行，可准确地水平、垂直移动，完成货物存取任务。堆垛机配备了先进的驱动系统和定位装置，能够根据计算机控制系统的指令，快速、准确地行驶到指定货位，完成货物的存入或取出操作。输送系统则负责从仓库的出入口将货物与巷道堆垛机对接进行运输，确保货物在仓库内顺畅流转。常见的输送设备包括链式输送机、辊筒输送机、皮带输送机等，它们根据货物的特点和仓库的布局，组成高效的输送网络。控制系统作为立体货架的"大脑"，通过信息化软件对整个存储系统进行集中管理和监控。操作人员只需在控制终端输入货物的出入库指令，控制系统就能自动调度巷道堆垛机和输送系统，完成一系列复杂的操作，实现仓储作业的自动化和智能化。

2. 立体货架的优势

（1）空间利用最大化

传统平面货架主要在水平方向上扩展存储空间，对垂直空间的利用极为有限，导致仓库空间利用率较低。而立体货架充分挖掘了垂直空间的潜力，货架高度达十几米甚至更高，能够在有限的地面面积上大幅增加存储容量。据统计，与普通平面货架相比，立体货架的空间利用率可提高 2~5 倍，尤其适合土地资源稀缺、租金昂贵的城市地区仓库，能够有效降低企业的仓储成本。

（2）存储效率大幅提升

立体货架系统的自动化操作，显著缩短了货物的存取时间。巷道堆垛机的高速运行以及精确的定位功能，使其能够在短时间内完成大批量货物的出入库任务。同时，输送系统的高效对接，保证了货物流转的连续性，减少了货物在仓库内的停留时间。

例如，在电商企业的大型物流仓库中，立体货架配合自动化分拣系统，每小时能够处理数千件商品的出入库操作，极大地提高了仓库的作业效率，满足了电商企业对高效仓储物流的需求。

（3）货物存储安全可靠

立体货架的结构稳固，能够为货物提供良好的支撑和保护。通过合理规划货位，可防止货物挤压和碰撞，减少货物损坏的风险。此外，自动化的操作流程减少了人工干预，降低了人为因素导致的货物错放、丢失等问题。同时，控制系统能够实时监控货架的状态和货物存储情况，一旦发现异常，立即发出警报，仓库人员会及时采取措施，确保货物存储的安全性和可靠性。

（4）便于库存管理与信息化集成

立体货架系统与信息化管理软件紧密结合，实现了库存的实时监控和精细化管理。通过控制系统，操作人员能够随时了解仓库内货物的存储位置、数量、出入库记录等信息，为企业的生产、销售决策提供准确的数据支持。同时，立体货架系统能够与企业的 ERP（企业资源计划）、WMS（仓储管理系统）等信息化系统无缝集成，实现企业供应链管理的信息化、智能化，提高企业整体运营管理水平。

3. 立体货架在不同行业的应用

（1）电商行业

电商业务的飞速发展，带来了海量的商品存储和订单处理需求。立体货架在电商仓库中得到广泛应用，能够有效存储各类商品，从服装、日用品到电子产品等。通过自动化的货物存取和分拣系统，电商企业能够快速响应客户订单，实现商品的快速出库和配送。

例如，某知名电商企业的大型物流中心，采用高度达 20 米的自动化立体货架，配合先进的分拣设备和信息化管理系统，每天能够处理数十万单的商品出入库业务，极大地提升了企业的物流配送效率和客户满意度。

（2）制造业

在制造业领域，立体货架主要用于原材料、零部件以及成品的存储。以汽车制造企业为例，汽车零部件种类繁多、形状各异，企业能够根据零部件的特点，在立体货架上定制不同类型的货位，实现零部件的高效存储和快速取用。在生产过程中，自动化的物料配送系统，将所需零部件及时准确地送达相应的生产线，保障生产的连续性和高效性。同时，对于成品汽车的存储，立体货架能够充分利用仓库空间，提高存储密度，降低仓储成本。

（3）医药行业

医药产品对存储环境的要求十分严格，以保证药品的质量和安全性。立体货架应用在医药仓库中，不仅能够提高空间利用率，还能通过自动化操作减少人工接触药品的机会，降低药品被污染的风险。同时，温湿度控制系统和信息化管理软件，能够实时监控药品的存储环境，确保药品存储在适宜的条件下。

例如，某大型医药企业的仓库采用了立体货架和自动化分拣系统，实现了药品的分类存储、快速出入库以及全程质量追溯，有效提升了医药仓储管理水平，保障了药品供应的及时性和安全性。

（二）特殊货架定制

在实际仓储场景中，货物的形状、尺寸千差万别，并非所有货物都能通过常规货架进行存储。针对特殊形状、尺寸的货物，定制专用货架成为一种行之有效的解决办法。

例如，汽车零部件种类繁多，形状不规则的零部件不在少数。这些零部件如果采用普通货架存储，往往会出现摆放不规整、空间浪费等问题。为了解决这一难题，汽车零部件仓库可以为形状不规则的零部件定制可调节、组合式货架。

这种货架采用模块化设计，由多个可灵活组装与调节的部件组成。在定制过程中，技术人员会根据零部件的具体形状、尺寸以及重量等参数，对货架的结构进行精准设计。通过调整货架的层板高度、角度以及间距等，使其完美贴合零部件的轮廓，实现高效存储。

例如，对于形状复杂的汽车发动机缸体，可定制带有特定凹槽与支撑结构的货架，确保缸体能稳定放置，同时避免因空间适配不当而造成的空间浪费。

这种定制化的可调节、组合式货架不仅能够提高存储密度，在有限的空间内存储更多的零部件；还能方便工作人员进行货物的存取操作，提高仓储作业效率，降低劳动强度。在零部件的出入库过程中，工作人员能够快速找到所需零部件，减少寻找时间，从而提升整个仓库的运营效率，为企业的高效运作提供有力保障。

三、库存管理信息化

当今，数字化浪潮席卷着各行各业，库存管理信息化已成为企业提升运营效率、降低成本的关键路径。它借助先进的信息技术手段，对库存管理的各个环节进行优化与重塑，为企业带来显著的效益提升。

（一）引入 WMS，精准掌控库存数据

WMS（仓储管理系统）作为库存管理信息化的核心工具，发挥着实时监测与数据整合的关键作用。借助这一系统，企业能够全方位、动态地掌握库存的各类信息，包括库存数量的实时变化、货物所处的具体位置以及出入库的详细信息等内容。在货物入库环节，条码、RFID（射频识别）等前沿技术大显身手。当货物抵达仓库时，工作人员只需对粘贴在货物上的条码或 RFID 标签进行扫描，货物的详细信息便会立即录入 WMS，确保数据的准确性与及时性。而在货物出库时，系统则会依据出库指令，自动、精准地更新库存数据，实现库存信息的实时同步。

例如，某电子产品制造企业在引入 WMS 之前，库存管理方式较为传统，采用人工记录与统计，库存准确率仅维持在 70% 左右。这导致了诸多问题，一方面，库存数量不

清，导致仓库中时常出现货物积压情况，造成大量仓储空间被浪费；另一方面，缺货情况频繁发生，严重影响了生产的连续性，给企业带来了较大的经济损失。然而，在成功运用 WMS 之后，该企业的库存管理状况得到了根本性的改善。库存准确率一举提升至95% 以上，有效减少了库存信息不准确所引发的空间浪费与缺货风险，极大地降低了企业的运营成本，提高了生产效率。

（二）智能库存规划

大数据技术的深度融合，为库存规划带来了智能化变革。企业可运用大数据技术对海量库存数据进行深度挖掘与分析，精准获取货物出入库的频率、季节性波动规律以及各类货物的销售趋势等关键信息。基于这些精准的数据分析结果，信息系统能够自动生成科学合理的库存布局方案。

具体而言，对于那些出入库频率较高的货物，系统会将其安排在仓库中易于存取的区域，例如靠近仓库出入口或拣货通道。这样一来，工作人员在进行货物拣选与搬运时，能够以最短的路径、最快的速度完成操作，大大提高了仓储作业效率。而对于出入库频率较低的货物，则会被安排在仓库中相对偏远的位置，充分利用仓库的边角空间，提升仓库的整体空间利用率。通过这种智能的库存布局，企业在保障仓储作业高效运行的同时，实现了仓库空间资源利用的最大化，为可持续发展奠定了坚实基础。

四、仓储作业流程优化

在仓储管理中，作业流程的优化对于企业提升整体运营效率、削减成本以及增强仓储空间利用率至关重要。通过完善货物上架与拣选策略，精简装卸搬运流程，能够显著提升仓储作业的质量与效益。

（一）货物上架与拣选策略的优化

1. 上架策略

企业可以根据货物特性与仓储需求，灵活选择先进先出（FIFO）、后进先出（LIFO）等科学合理的上架策略。

例如，鉴于食品保质期的严格要求，FIFO 上架策略成为必然选择。在货物上架时，将先入库的食品放置在易于拿取的外侧或上层货位，后入库的食品依次向内或向下存放。如此一来，出库时便能确保先入库、临近保质期的食品优先被拣选，有效降低了食品过期变质的风险，极大减少了因过期导致的浪费现象。

同时，在规划货物上架路径时，可借助仓库管理系统（WMS）的数据分析功能，综合考虑货位分布、货物重量与体积等因素，为每一批货物规划最短且最便捷的上架路线，大幅减少工作人员在仓库内的行走距离，提高上架效率，降低人力成本。

2. 拣选策略

在拣选环节，企业可以积极引入分区拣选、接力拣选等创新方式。

（1）分区拣选

分区拣选是依据货物的类别、存储区域或订单特点，将仓库划分为若干个拣选区域，并为每个区域安排专门的拣选人员。这样，拣选人员熟悉所在区域的货物布局，快速定位并拣选货物，可减少在仓库内的无效走动时间，显著提升拣选效率。

（2）接力拣选

接力拣选则是将整个拣选流程拆分成多个阶段，每个阶段由不同的工作人员负责。前一个工作人员完成自己区域的拣选后，迅速将货物传递给下一个工作人员，如同接力赛跑一般。这种方式使拣选工作能够连续进行，避免了单个工作人员因负责区域过大而导致的疲劳作业与效率降低，有效缩短了整体拣选时间，降低了人力成本。

高效的拣选策略不仅直接提升了作业效率，还使货物在仓库内的周转速度加快，间接提升了仓储空间的利用效率，工作人员能够在单位时间内处理更多的货物。

（二）装卸搬运流程的精简

1. 减少搬运环节与次数

企业应对货物装卸搬运流程进行全面梳理与优化，深入分析每个搬运步骤存在的必要性，去除冗余环节。通过合理规划仓库布局，可使货物的入库、存储与出库路径更加顺畅，减少货物在仓库内的迂回运输。

例如，将入库暂存区、存储区与出库暂存区进行合理布局，确保货物在搬运过程中以最短的路线流动，避免不必要的往返搬运。

同时，采用先进的搬运设备调度系统，根据货物的数量与流向，合理安排搬运设备，提高设备的使用效率，减少设备空驶时间，进一步降低搬运成本。

2. 推行托盘一体化作业

大力推行托盘一体化作业模式，使货物在入库、存储、出库全过程均以托盘为基本单位进行操作。在入库时，直接将货物放置在托盘上，通过叉车或托盘搬运车将托盘连同货物一起搬运至存储货位。存储过程中，货物始终在托盘上，无须进行二次倒装。而出库时，同样以托盘为单位，将货物搬运至出库暂存区或直接装车发货。这种托盘一体化作业方式，极大减少了货物的倒装次数，降低了货物因多次搬运与倒装而受损的风险。同时，托盘的标准化尺寸与良好的通用性，便于搬运设备操作，可提高搬运效率，节省仓储空间。

例如，电商仓库采用托盘一体化作业后，货物的搬运效率提升了30%以上，货物损坏率降低了 50%，仓储空间利用率提高了 15% 左右，为企业带来了显著的经济效益。

第二节　外包决策，智慧管理

在激烈的竞争环境下，物流成本的有效控制成为企业提升竞争力的关键。企业可以考虑将物流业务外包给专业的第三方物流公司，利用其专业优势和规模效应降低物流成本。同时，企业也可以与其他企业进行物流资源整合，实现共同配送、仓储共享等，来降低物流成本。

一、物流外包的优势

（一）专业资源与规模效应

专业的物流公司通常在物流领域深耕多年，积累了丰富的行业经验和专业资源。他们拥有先进的物流设施，如现代化的仓库、高效的运输车辆以及智能化的物流管理系统。以大型第三方物流企业为例，其仓库配备了自动化的分拣设备，能大幅提高货物分拣效率，降低人工成本。同时，物流公司凭借较大的业务量形成规模效应，在运输、仓储等环节具备更强的议价能力。

比如，与燃油供应商合作时，由于运输需求大，能够争取到更优惠的燃油价格，进而降低运输成本。

企业将物流业务外包，可直接借助这些专业资源和规模优势，减少自身在物流设施设备购置以及运营管理方面的投入，实现成本的有效降低。

（二）灵活调整合作需求

市场环境复杂多变，企业的物流需求也随之变动。物流外包赋予企业更高的灵活性，企业可根据业务淡旺季、市场拓展或收缩等实际情况，灵活调整与外包商的合作范围和服务规模。在销售旺季，企业订单量激增，可要求外包商增加运输车辆和仓储空间，满足货物快速配送和存储需求；而在淡季，企业则可相应减少外包服务规模，避免因物流资源闲置而造成浪费。相比企业自行构建庞大的物流体系，外包模式能更好地适应市场变化，降低物流成本的不确定性。

（三）专注核心业务，提升整体效率

物流业务往往并非企业的核心业务。将物流业务外包后，企业能够将更多的人力、物

力和财力投入核心业务的研发、生产和销售等环节。

例如，一家专注于电子产品制造的企业，将物流业务外包给专业物流公司后，得以将资源集中用于产品创新和市场拓展，使产品研发周期缩短，市场份额不断扩大。

同时，物流公司凭借专业的能力，能够优化物流流程，提高物流运作效率，确保货物及时、准确地送到客户手中，间接提升了企业的客户满意度和整体运营效率，降低了企业的潜在成本。

二、物流外包的要点

（一）外包商筛选

企业在选择物流外包商时，需进行全面且深入的评估。外包商的服务质量是首要考量因素，包括货物运输准时率、货物破损率、客户投诉处理能力等。企业可通过查阅外包商过往客户的评价、实地考察外包商的运营设施以及分析外包商的服务案例等方式，了解其服务水平。

例如，一家服装企业在筛选物流外包商时发现，某外包商在服装运输过程中对货物的保护不到位，导致货物褶皱率较高，影响产品销售，便将其排除在外。

此外，物流外包商的价格也至关重要，企业要综合考虑外包服务的成本与预期收益，避免因追求低价而忽视服务质量或因价格过高而增加物流成本。

同时，物流外包商的行业经验、技术实力以及信息化水平等也是重要的评估指标。具备先进物流技术和完善信息系统的外包商，能够为企业提供实时的物流信息，提升物流管理的透明度和可控性。

（二）合同签订与风险防范

签订物流外包合同是保障合同双方权益的关键。合同中应明确规定服务范围、服务标准、费用结算方式、违约责任等核心条款，如图 8-1 所示。

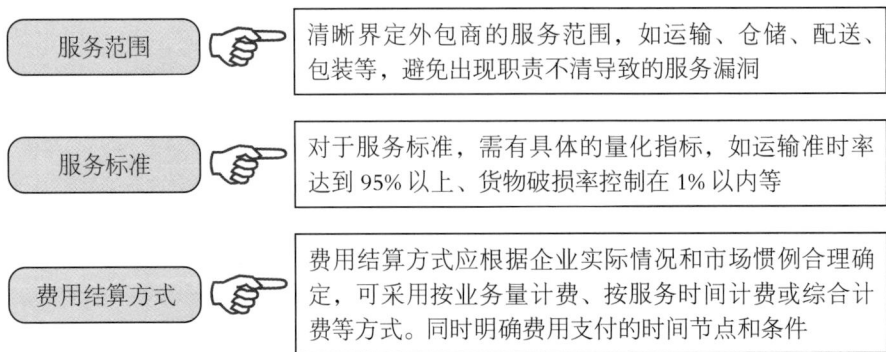

服务范围	☞	清晰界定外包商的服务范围，如运输、仓储、配送、包装等，避免出现职责不清导致的服务漏洞
服务标准	☞	对于服务标准，需有具体的量化指标，如运输准时率达到 95% 以上、货物破损率控制在 1% 以内等
费用结算方式	☞	费用结算方式应根据企业实际情况和市场惯例合理确定，可采用按业务量计费、按服务时间计费或综合计费等方式。同时明确费用支付的时间节点和条件

| 违约责任 | ☞ | 合同中要设置合理的违约责任条款，一旦外包商出现服务质量不达标、延期交货等违约行为，企业可要求其承担相应的赔偿责任 |

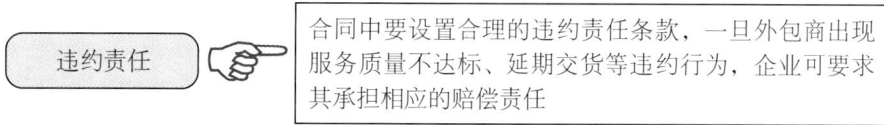

图 8-1 物流外包合同核心条款

同时，企业还应建立风险预警机制，定期对外包业务进行风险评估，及时发现潜在风险并采取应对措施，确保物流外包业务顺利实施。

第九章　销售成本优化：精准营销，效益最大化

销售成本优化涵盖多个关键维度。销售渠道拓展能够有效降低销售成本。通过对销售渠道的合理布局与整合，去除冗余环节，可提升销售业绩，减少不必要的资源投入。促销分析则聚焦 ROI（投资回报率）最大化。企业深入剖析促销活动的效果与投入产出比，精准策划促销方案，可避免盲目促销导致的成本浪费，能以最小的促销成本获取最大的销售收益。良好的客户关系是实现低成本运营的重要保障。企业可通过优质服务增强客户黏性，降低客户流失率，减少新客户获取成本，从而在客户关系维护方面实现低成本运营。综合以上方面，可全方位助力企业销售成本降低，最终实现效益最大化的目标。

* * *

第一节　销售渠道调整，销售成本降低

企业可从销售渠道调整、合作伙伴管理、物流与供应链整合等方面入手，来降低销售成本，促进营销业绩提升。

一、调整销售渠道

企业可以通过图 9-1 所示的措施调整销售渠道，降低销售成本。

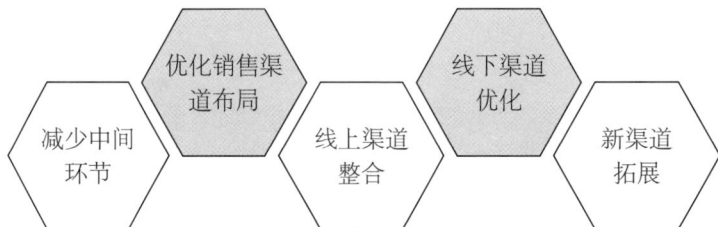

图 9-1　销售渠道调整措施

（一）减少中间环节

评估现有销售体系，剔除不必要的中间层级，使产品从生产商到消费者的路径更短。

比如，一些快消品企业以前通过多级经销商销售产品，现在可尝试与大型零售商直接合作，或拓展线上直销渠道，减少中间环节的利润分成，降低销售成本。

（二）优化销售渠道布局

根据不同地区的市场需求、消费习惯和竞争状况，合理调整销售渠道布局。在市场潜力大的地区增加投入，加密销售网点；在市场饱和度高或销售成本高的地区，适当收缩或整合销售渠道。

比如，家电企业在一、二线城市可与大型家电连锁卖场合作，在三、四线城市及农村市场则可借助当地的经销商和零售商，提高销售的覆盖率和效益。

（三）线上渠道整合

1. 整合多平台资源

企业通常在多个线上平台开展业务，如官方网站、电商平台（淘宝、京东等）以及各类社交媒体账号（微信公众号、微博、抖音等）。将这些平台的客户数据、营销资源进行整合，能避免重复营销。例如，通过技术手段将各平台会员体系打通，客户在任一平台注册后，信息可同步至其他平台，企业无须维护每个平台的会员信息，降低了人力成本。同时，统一各平台的产品展示风格与促销活动信息，让客户无论从哪个渠道接触企业，都能获得一致的体验，从而提升客户对品牌的认知度与好感度，提高转化率。

例如，某企业整合线上平台资源后，运营成本降低了10%，客户转化率提升了15%。

2. 线上广告合理投放

企业应利用大数据分析技术精准定位目标客户群体，提高广告投放的精准度。以往企业可能广泛撒网投放广告，成本高且效果不佳。如今借助数据分析工具，企业可根据客户的年龄、性别、地域、消费习惯等特征，筛选出高潜力客户群体，有针对性地投放广告。

比如，一家母婴产品企业通过数据分析发现，其主要目标客户为年龄在25～35岁、居住在城市、有网购习惯的女性。于是，该企业将广告集中投放在女性常用的母婴类APP、育儿类社交媒体，使广告成本降低了30%，而客户点击率与购买转化率分别提高了20%和15%。

3. 提升网站与APP的用户体验

企业应确保企业官网和APP的页面加载速度快、操作便捷，页面布局合理，使客户能快速找到所需信息，并简化购物流程或服务申请流程。

例如，某在线旅游平台发现客户在预订酒店时，会因烦琐的填写步骤而放弃。于是该平台优化预订流程，将必填信息简化，采用智能联想与自动填充功能，减少客户输入，结果预订转化率提升了 25%。同时因客户体验改善，客户留存率提高，间接降低了客户获取成本。

（四）线下渠道优化

1. 合理布局实体门店

对于有线下门店的企业，应根据市场调研与销售数据，优化门店布局。分析各门店的客流量、销售额、运营成本等指标，关闭或调整效益不佳的门店。

比如，某连锁便利企业通过数据分析发现，部分位于偏远地区或竞争激烈区域的门店，客流量少且运营成本高，长期处于亏损状态。于是该企业关闭了这些门店，并将资源集中投入核心商圈与社区的门店，对其进行升级改造，增加商品种类、优化购物环境。调整后，整体销售额并未下降，运营成本却降低了 18%，同时核心门店的客户满意度与忠诚度大幅提升，带动了周边区域销售额的增长。

2. 优化供应链

企业应与供应商建立紧密的合作关系，优化供应链，降低采购成本，通过集中采购、长期合作等方式，争取更优惠的采购价格与付款条件。

例如，一家服装制造企业与面料供应商签订长期合作协议，承诺每年的采购量，从而获得了 15% 的采购价格优惠，同时供应商根据企业生产计划，优化配送流程，降低了企业的库存成本与物流成本。

此外，企业应优化仓储与物流配送网络，合理规划仓库位置与配送路线，提高配送效率，降低物流费用。

例如，某电商企业通过优化物流配送路线，将配送成本降低了 20%。

3. 加强与线下合作伙伴的协同

企业应与经销商、零售商等线下合作伙伴协同开展营销活动，共享客户资源与营销成本。

例如，某家电企业与大型家电卖场合作，共同举办促销活动，双方共同承担活动费用，共享活动带来的客户流量。通过这种合作方式，企业不仅降低了营销成本，还借助卖场的客户资源，提高了产品销量。

同时，企业还应为合作伙伴提供培训与支持，提升其销售能力与服务水平，促进双方业务共同增长。

（五）新渠道拓展

企业应积极探索并开拓新销售渠道，如直播带货、社群团购等。这些新销售渠道往往具有较低的运营成本和较高的传播效率。

1. 直播带货与短视频营销

近年来，直播带货与短视频营销发展迅猛。企业可与知名主播合作或自行开展直播带货活动，展示产品功能与使用方法，实时解答客户疑问，促进产品销售。直播带货具有互动性强、传播速度快等特点，能在短时间内吸引大量客户关注。

例如，某美妆品牌通过与知名美妆主播合作直播带货，一场直播的销售额达到了数百万元，而营销成本比传统广告投放大幅降低。

同时，企业还可以制作优质短视频，在抖音、快手等平台发布，吸引用户关注，引导用户购买产品。短视频营销可通过创意内容促进用户自发传播，从而扩大品牌影响力，提升产品销量。

2. 社群团购与私域流量运营

企业应建立社群团购渠道，通过微信群、QQ群等社交群组，组织客户开展团购活动。社群团购能直接触达终端客户，减少中间环节成本，并通过社群互动，增强客户黏性与忠诚度。

例如，某生鲜企业开展社群团购活动，客户在群内下单后，企业统一配送，降低了物流成本与营销成本，客户复购率提升了30%。此外，企业注重私域流量运营，将客户沉淀在企业自己的平台（如公众号、小程序、APP等），通过个性化营销与服务，提高客户转化率与客单价。

3. 跨界合作与联合营销

企业可以寻找与非竞争企业的跨界合作机会，联合开展营销活动，共享客户资源，扩大客户群体。

例如，一家咖啡店与一家书店合作，开展"咖啡＋书籍"的联合营销活动，咖啡店为书店顾客提供咖啡优惠券，书店为咖啡店顾客提供书籍折扣券。双方通过合作，吸引了对方的客户群体，增加了客流量与销售额，同时降低了营销成本。

这种跨界合作能共享双方的品牌优势与客户资源，实现互利共赢。

二、强化与合作伙伴的关系

企业可以通过图9-2所示的措施强化与合作伙伴的关系，以降低销售成本。

图9-2　强化与合作伙伴的关系

（一）选择优质合作伙伴

在选择合作伙伴时，企业应进行严格的评估和筛选。优先选择拥有良好信誉、丰富销售经验、强大市场覆盖能力和较低成本的合作伙伴。

例如，某服装企业选择经销商时，要考察店铺位置、经营业绩、团队素质等内容，确保其能够为企业产品销售提供有力支持，同时能降低合作风险和成本。

（二）建立长期合作关系

与优质合作伙伴建立长期稳定的合作关系，共同制定市场策略，共享市场信息，协同开展促销活动，可实现互利共赢，降低合作成本。

例如，汽车企业与经销商建立长期合作关系，共同进行市场推广和客户服务，可提高销售效率，降低销售成本。

（三）优化合作条款

企业应与合作伙伴签订合作协议，明确双方的权利和义务，优化费用分担、返利政策、库存管理等条款。

例如，供应商与零售商确定了合理的库存周转率目标，对达到目标的零售商给予一定的返利，可激励合作伙伴降低库存成本，提高销售效率。

三、整合物流与供应链

企业可以通过图9-3所示的措施整合物流与供应链。

1 物流网络优化　　**2** 供应链协同　　**3** 采用先进的物流技术

图9-3　整合物流与供应链的措施

（一）物流网络优化

构建高效的物流配送网络，合理规划仓库布局和配送路线，可提高物流配送效率，降低物流成本。

例如，电商企业可在全国主要城市设立仓储中心，根据订单分布情况实行就近配送，以减少运输距离和时间，降低运输成本和库存成本。

（二）供应链协同

企业应加强与供应商、物流商的协同合作，实现信息共享和业务协同，提高供应链的响应速度和灵活性，降低库存成本和缺货成本。

例如，某服装企业与面料供应商、生产厂家和物流商建立信息共享平台，实时掌握原材料供应、生产进度和物流配送情况，并根据市场需求及时调整生产和配送计划，降低库存积压和缺货风险。

（三）采用先进的物流技术

引入物联网、大数据、人工智能等先进技术，可提升物流管理的智能化水平，实现物流信息的实时跟踪和精准预测，提高物流资源的利用效率，降低物流成本。

例如，企业可利用智能仓储系统和自动化配送设备，提高仓库的存储和分拣效率，降低人力成本。

四、加强销售数据分析与管理

企业可以通过图 9-4 所示的措施加强销售数据的分析与管理。

图 9-4　加强销售数据分析与管理的措施

（一）建立数据平台

搭建数据分析平台，收集、整合和分析来自各个渠道的销售数据、库存数据、客户数据等，可为企业的销售决策提供数据支持。

例如，某零售企业通过建立门店销售数据平台，可实时掌握各门店的销售情况、库存水平和顾客购买习惯，为商品调配、促销活动策划和渠道优化提供依据。

（二）数据驱动决策

企业应根据数据分析结果，深入了解销售运营状况和存在的问题，制定有针对性的渠道优化策略。

例如，通过分析不同渠道的销售利润率、客户转化率等指标，可发现哪些销售渠道表现不佳，哪些销售渠道有潜力可挖，从而合理调整资源分配和销售策略。

（三）实时监控与评估

企业应对销售运营进行实时监控和动态评估，及时发现其中的成本异常、销售波动等问题，并迅速采取措施加以解决。

例如，某企业通过实时监控物流成本数据，发现某一地区的运输成本突然上升，于是迅速调查原因并采取优化措施，如调整配送路线、更换物流合作伙伴等，使销售成本始终处于可控状态。

第二节　促销分析，ROI 最大化

一、精准定位促销目标群体

企业可以借助大数据分析工具，对收集的客户数据进行深度挖掘，剖析客户购买历史、消费频率、客单价、产品偏好类型等信息，构建精准的客户画像。

例如，一家运动品牌企业通过分析发现，部分客户频繁购买高端跑鞋，且对新品发布较为关注，这些客户便成为高端跑鞋新品促销的核心目标群体。

基于此，企业能够精准向客户推送相关促销信息，提高促销活动的针对性，避免资源浪费在无购买意愿的客户身上。也就说是，企业可以通过精准定位促销目标群体来降低销售成本。

（一）深度剖析目标群体特征

1. 人口统计学特征梳理

企业需全面梳理目标群体的人口统计学特征，如图9-5所示。

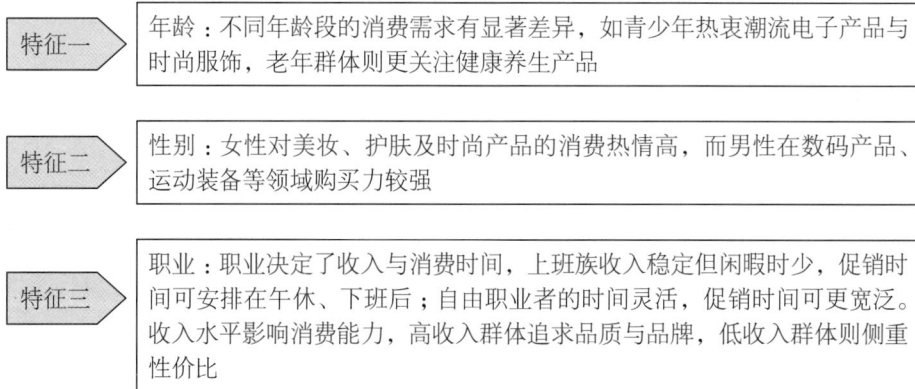

特征一	年龄：不同年龄段的消费需求有显著差异，如青少年热衷潮流电子产品与时尚服饰，老年群体则更关注健康养生产品
特征二	性别：女性对美妆、护肤及时尚产品的消费热情高，而男性在数码产品、运动装备等领域购买力较强
特征三	职业：职业决定了收入与消费时间，上班族收入稳定但闲暇时少，促销时间可安排在午休、下班后；自由职业者的时间灵活，促销时间可更宽泛。收入水平影响消费能力，高收入群体追求品质与品牌，低收入群体则侧重性价比

| 特征四 | 教育程度：高学历人群易接受高科技产品与文化类产品，低学历人群更注重实用性 |
| 特征五 | 家庭状况：有孩子的家庭对母婴、教育产品需求大 |

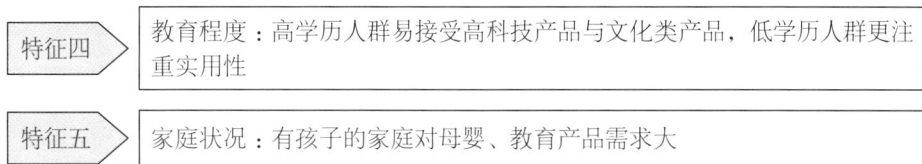

图 9-5　人口统计学信息梳理

企业通过精准把握这些特征，可筛选出核心目标群体，减少促销资源的浪费。

2. 心理特征解析

目标群体的心理特征如图 9-6 所示。

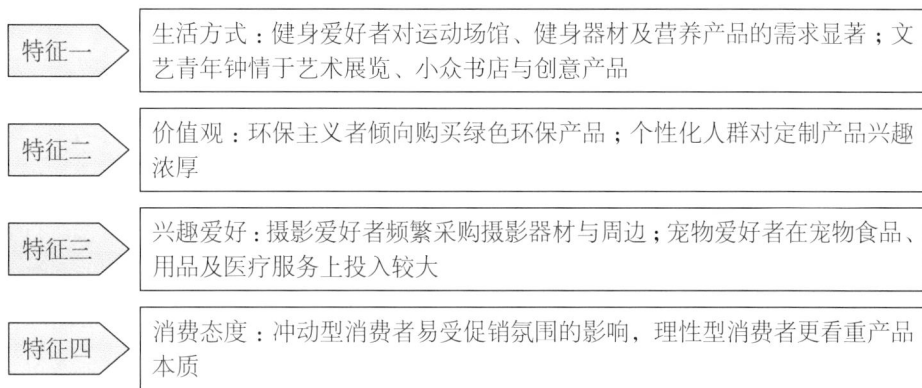

特征一	生活方式：健身爱好者对运动场馆、健身器材及营养产品的需求显著；文艺青年钟情于艺术展览、小众书店与创意产品
特征二	价值观：环保主义者倾向购买绿色环保产品；个性化人群对定制产品兴趣浓厚
特征三	兴趣爱好：摄影爱好者频繁采购摄影器材与周边；宠物爱好者在宠物食品、用品及医疗服务上投入较大
特征四	消费态度：冲动型消费者易受促销氛围的影响，理性型消费者更看重产品本质

图 9-6　目标群体的心理特征

企业精准分析这些心理特征，能制定贴合目标群体心理需求的促销方案，从而增强促销效果，降低成本。

3. 行为特征洞察

目标群体的消费行为特征如图 9-7 所示。

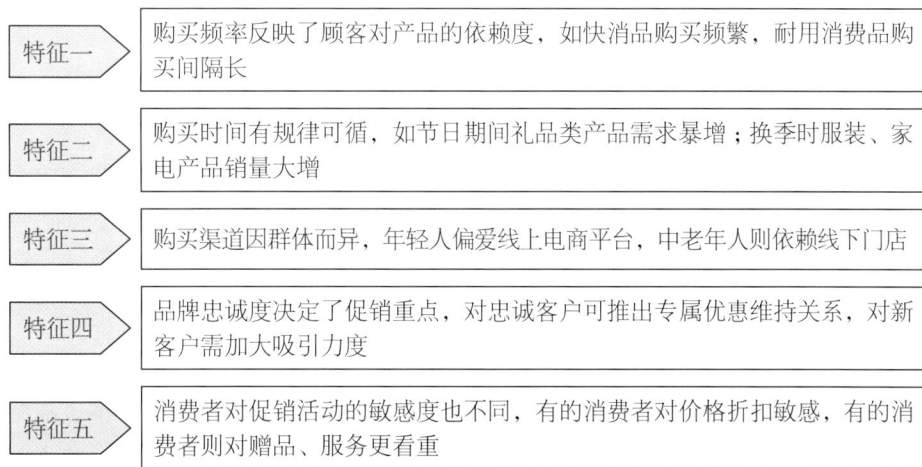

特征一	购买频率反映了顾客对产品的依赖度，如快消品购买频繁，耐用消费品购买间隔长
特征二	购买时间有规律可循，如节日期间礼品类产品需求暴增；换季时服装、家电产品销量大增
特征三	购买渠道因群体而异，年轻人偏爱线上电商平台，中老年人则依赖线下门店
特征四	品牌忠诚度决定了促销重点，对忠诚客户可推出专属优惠维持关系，对新客户需加大吸引力度
特征五	消费者对促销活动的敏感度也不同，有的消费者对价格折扣敏感，有的消费者则对赠品、服务更看重

图 9-7　目标群体的消费行为特征

企业基于这些行为特征，精准推送促销信息，可以提升促销业绩，降低销售成本。

（二）借助工具精准挖掘数据

1. 深度利用自有数据

企业要充分挖掘内部积累的销售数据与客户关系管理（CRM）系统的数据。通过分析销售数据，可了解不同产品的客户分布。

例如，某品牌服装企业发现，某款连衣裙的主要购买者为 25～35 岁的女性都市白领。CRM 系统能呈现客户的购买历史、偏好等信息，企业可据此精准地向客户推送有针对性的促销信息，该品牌服装企业就可向目标客户推送新款连衣裙上市信息，以减少无效促销的投入。

2. 巧用第三方数据资源

企业可购买专业的市场调研数据或借助社交媒体、电商平台的数据分析服务，以获取更广泛的市场信息。专业调研机构的数据可提供行业整体消费者习惯、市场发展趋势等信息，帮助企业在大市场环境下明确定位目标群体。社交媒体平台如抖音、微博，能依据用户兴趣标签、行为数据为企业提供精准的用户画像。电商平台可基于用户浏览、搜索、购买行为，为商家推荐潜在的目标客户群体。

例如，某数码产品企业通过电商平台的数据分析发现，关注某类游戏设备的用户群体是潜在目标客户，从而针对该群体开展精准的促销活动，降低了促销成本。

3. 实施数据挖掘与建模

采用先进的数据挖掘技术，如聚类分析，将客户按相似特征聚类，可便于企业发现潜在的目标群体细分市场。关联规则挖掘可显示产品间的关联关系，如购买婴儿奶粉的客户常同时购买纸尿裤，企业可针对此类关联客户群体推出组合促销活动。建立预测模型，如逻辑回归模型，基于客户历史数据和行为特征，可预测客户购买概率。

例如，某金融机构通过建立模型，预测出哪些客户购买新推出理财产品的概率高，并对其进行重点促销，从而提高了促销资源的利用效率，降低了促销成本。

（三）精准传播促销信息

1. 线上渠道精准投放

（1）社交媒体平台适配

企业可依据目标群体特征，选择合适的社交媒体平台。年轻时尚的群体通常集中在抖音、小红书，企业可制作精美的短视频、图文内容进行促销推广。

例如，某美妆品牌在小红书发布产品使用教程、用户体验等内容，并推出限时折扣，吸引目标客户购买。

中年群体多活跃于微信，企业可通过微信公众号推送产品资讯、优惠活动信息，利用朋友圈广告进行精准投放。

（2）电子邮件营销定制

企业可对目标客户，进行个性化电子邮件营销，根据客户的购买历史和偏好，定制邮件内容。

例如，某运动品牌为经常购买跑步装备的客户发送新款跑鞋促销邮件，包含专属折扣、产品介绍及用户评价等内容，提高了客户购买转化率，降低了营销成本。

（3）电商平台精准推广

企业可利用电商平台的广告投放工具，如直通车、钻展等，根据平台提供的用户画像数据，对目标群体进行精准的广告投放。

例如，某母婴店在淘宝平台针对新手妈妈投放婴儿奶粉促销广告，提高了广告展示的精准度，减少了无效曝光，降低了促销成本。

2. 线下渠道精准触达

（1）门店促销精准定位

企业可在目标群体常出现的场所布局门店，进行促销。

例如，某母婴产品商家在儿童医院附近开展促销，如设置亲子互动区、提供婴儿产品试用，吸引有宝宝的家庭。

运动产品商家在健身房、体育馆周边开设门店进行促销，如举办运动体验活动、推出会员专属优惠，吸引广大运动爱好者。

（2）活动营销精准对接

企业可举办或参与与目标群体相关的线下活动。

例如，某美妆品牌参加美妆展会，现场展示产品、提供化妆服务，并推出展会专属优惠，直接与目标消费者互动。

科技企业可举办新品发布会，邀请科技媒体、行业专家及目标客户参与，现场进行产品促销，精准触达目标群体，增强促销效果。

二、合理规划促销资源投入

（一）预算分配优化

在竞争激烈的商业环境中，促销活动是吸引消费者、提升销售额的重要手段。但如何合理规划促销资源投入，成为企业实现高效营销的关键。制定促销预算时，企业不能盲目跟风或凭主观臆断，而应基于科学的分析方法。历史促销数据犹如一座宝藏，蕴含着丰富的信息。企业可以深入挖掘这些数据，分析过往促销活动在不同时间段、不同市场环境下的表现，比如不同季度、不同地区的促销效果。同时，充分考虑宏观经济形势、行业发展趋势、消费者需求变化等因素，对未来市场做出合理预测。

例如，某电商企业在以往的促销活动中，投入大量资源在多种促销渠道上。现在通过详细的数据统计与分析发现，社交媒体广告投放这一促销渠道，虽然在预算占比中并非最高，但带来的客户转化率却相当可观。众多消费者会通过社交媒体上的广告链接，进入电商平台完成购买。相反，传统的线下传单发放，耗费大量的人力、物力与财力，包括传单设计、印刷成本，以及雇佣人员的费用等，然而最终带来的客户购买数量却寥寥无几，营销效果不佳。基于这一分析结果，该电商企业果断做出决策，将更多的预算向社交媒体广告投放倾斜，减少了线下传单印刷与发放的费用支出，并把节省下来的资金投入到更有效的社交媒体广告推广中，如增加广告投放频次、优化广告内容，等以提高客户吸引力。最终，该企业在没有增加总体促销预算的前提下，显著提升了促销活动的整体效果。不仅吸引了更多的潜在客户，而且提高了客户的购买转化率，最终使投资回报率（ROI）得到了大幅提升。

1. 成本核算与预算管理

（1）精细成本核算

企业应对促销活动的各项成本进行详细核算，包括商品折扣成本、赠品成本、广告宣传成本、人力成本等。以线下促销活动为例，企业应准确计算场地租赁、活动布置、销售人员工资等各项费用。

（2）合理预算编制

企业应根据销售目标、市场情况和自身财务状况，制定合理的促销预算。可采用零基预算或滚动预算法，确保预算既能够满足促销活动的需要，又不会造成浪费。例如，在新品上市时，根据产品的定位和预计销量，合理规划广告宣传、促销活动等方面的预算。

2. 资源整合与优化利用

（1）内部资源整合

企业应整合内部的人力、物力和财力资源，实现资源的共享和协同。如在促销活动中，可将市场部、销售部、物流部等部门的资源进行统一调配，以提高工作效率，降低成本。

（2）外部资源共享

企业应与供应商、合作伙伴建立紧密的合作关系，共同开展促销活动，实现资源共享和成本共担。例如，品牌商与电商平台合作时，电商平台提供流量支持和促销活动场地，品牌商提供商品和促销优惠，双方共同承担促销成本，共享促销成果。

（二）选择高性价比促销手段

企业在策划促销活动时，需要全面对比不同促销手段的成本与预期收益。成本不仅仅包括直接的资金投入，还涵盖了时间成本、人力成本等隐性成本。预期收益则包括销售额的增长、品牌知名度的提升、客户黏性的增强等多个方面。通过深入分析，优先挑选那些成本低且效果显著的促销方式，才能实现促销资源的高效利用。

例如，线上优惠券发放相较于大规模的线下广告投放，具有明显的成本优势。线上优惠券发放无须投入巨额资金用于广告位的购买、广告材料的制作以及线下推广团队的组建等。企业仅需在电商平台、社交媒体等，通过简单的技术操作即可完成优惠券的制作与发放。同时，企业还可以根据不同的营销目标，灵活设置优惠券的面额与使用条件：为了吸引新客户尝试产品，可以设置新用户专享的大额优惠券；为了鼓励客户增加购买金额，可以设置消费满一定金额可用的优惠券。此外，结合会员制度，企业可为会员提供专属优惠券，这不仅能直接刺激会员进行购买，还能增强会员对企业的黏性与忠诚度。会员在享受专属优惠的过程中，会感受到企业对他们的重视，从而更愿意在该企业持续消费。通过这种高性价比的促销手段，企业能够以相对较低的成本投入，获得较高的销售回报，有效提升了投资回报率，实现了促销资源利用的最大化。

1. 多样化促销手段

（1）组合使用不同促销工具

企业可将打折优惠、满减活动、抽奖、限时抢购等多种促销方式有机结合。例如，电商平台可在大促期间推出"满300减50"的活动，同时对部分商品给予一定折扣，并为购买指定商品的用户提供赠品，再开展一些抽奖活动，可以吸引不同需求的消费者。

（2）创新促销形式

企业可结合热点话题、节日、文化活动等开展创意促销。比如，在世界杯期间，某运动品牌商家推出了与足球相关的主题促销活动，购买足球装备满一定金额的顾客可参与足球射门赢取优惠券的游戏，从而增加了促销的趣味性和吸引力。

2. 个性化促销方案

（1）会员制与个性化推荐

企业可建立会员体系，根据会员的消费行为和偏好，为其提供个性化的促销优惠。如美妆品牌商家根据会员以往购买化妆品的类型，为其推送专属的新品试用、折扣券或个性化产品组合优惠等信息。

（2）精准营销与定制化促销

企业可利用营销自动化工具，根据客户的行为触发不同的促销活动。如客户浏览某款产品但未购买，可为其发送该产品的专属折扣券或相关产品的组合优惠信息，以提高促销的精准度和效果。

三、实时监测，灵活调整促销策略

（一）搭建实时监测体系

1. 多维度数据采集

企业需构建一个全面的数据采集系统，涵盖销售数据、客户行为数据、市场动态数据等多个维度，如图9-8所示。

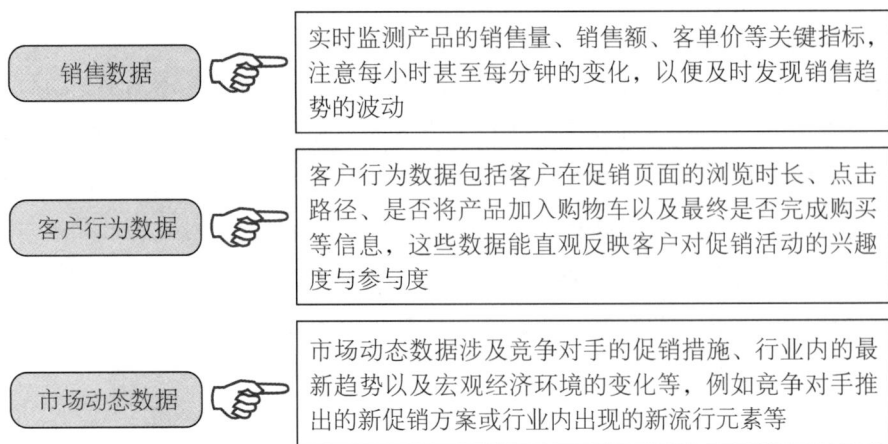

销售数据	☞	实时监测产品的销售量、销售额、客单价等关键指标，注意每小时甚至每分钟的变化，以便及时发现销售趋势的波动
客户行为数据	☞	客户行为数据包括客户在促销页面的浏览时长、点击路径、是否将产品加入购物车以及最终是否完成购买等信息，这些数据能直观反映客户对促销活动的兴趣度与参与度
市场动态数据	☞	市场动态数据涉及竞争对手的促销措施、行业内的最新趋势以及宏观经济环境的变化等，例如竞争对手推出的新促销方案或行业内出现的新流行元素等

图9-8　多维度数据信息

企业应通过多种渠道收集这些数据，如电商平台后台、社交媒体监测工具、专业市场调研机据等。

2. 建立关键指标预警机制

企业应基于采集的数据，为一系列关键指标设定预警阈值。对于销售额，若促销活动进行到一定阶段，实际销售额未达到预期目标的一定比例（如70%），系统会自动发出预警，提示企业调整促销策略。在客户转化率方面，若转化率低于历史同期水平或设定的标准值，也会触发预警。同样，当促销成本的支出在短时间内超出预算的一定比例（如15%），系统会及时提醒企业关注成本控制问题。通过这些预警机制，企业能迅速发现促销活动中潜在的问题，并及时调整营销策略。

（二）基于监测数据灵活调整策略

1. 优化促销渠道预算投放策略

企业可通过实时监测不同促销渠道带来的流量与转化效果，灵活调整预算投放策略。若某一社交媒体平台在促销活动期间，虽然带来了较大的流量，但实际购买转化率较低，企业可适当减少在该平台的广告投放，将资金重新分配到转化率较高的销售渠道。

例如，某美妆品牌在促销活动初期，在多个社交媒体平台投放了广告。经过实时监测发现，小红书平台上，用户对产品种草内容的互动性较强，但转化为购买的比例不高，而在淘宝直通车中，转化率明显高于平均水平。于是，该品牌及时调整策略，削减了小红书平台的广告投放预算，加大了淘宝直通车的投入，从而在不增加总体促销成本的情况下，提高了销售转化率，降低了单位获客成本。

2. 调整促销活动内容

企业可依据客户行为数据和市场反馈，灵活调整促销活动的具体内容。若监测到客户浏览促销页面时，对某类产品的关注度较高，但购买意愿不强，企业可针对该类产品推出更具吸引力的优惠方案，如增加赠品、提高折扣力度或设置满减门槛等。

比如，某服装企业在促销活动中发现，消费者对新款连衣裙的浏览量很大，但加入购物车后购买的人较少。经分析，可能是价格因素造成的，于是企业及时调整策略，针对该款连衣裙推出"满 300 减 80"的限时优惠活动，并在页面显著位置进行展示。这一调整使该款连衣裙的销售量迅速提升，不仅清空了库存，还带动了其他相关产品的销售，同时也避免了因过度降价导致的利润损失，有效降低了促销成本。

（三）以控制成本为导向

1. 精准定位目标客户群体

企业可实时监测客户数据，更精准地定位目标客户群体，避免资源浪费在无效客户身上。通过分析客户的年龄、性别、地域分布、消费习惯等特征，企业可将促销资源集中投放到最有可能产生购买行为的客户群体中。

例如，某母婴产品企业在促销活动中通过实时监测发现，居住在城市中心区域、年龄在 25 ~ 35 岁之间、有 0 ~ 3 岁宝宝的女性客户购买转化率最高。于是，企业调整广告投放策略，针对这一客户群体精准进行个性化推广，在当地母婴类 APP、社区论坛等平台定向投放广告，提高了促销活动的精准度，降低了不必要的营销成本。

2. 动态调整促销资源分配

企业可根据促销活动的实时进展和效果，动态调整促销资源的分配。在促销活动初期，若某一促销手段（如线上直播带货）效果显著，企业可及时加大该方面的资源投入，如增加直播场次、邀请有影响力的主播等；若另一促销手段（如线下门店促销）效果不佳，则可适当减少资源投入，如缩短活动时间、降低活动规模等。

例如，某电子产品企业在新品促销活动中发现，线上直播带货的销售额在短时间内迅速增长，而线下门店的客流量和销售额相对较低。于是，企业迅速调整资源分配比例，从原本线下门店促销的预算中，拿出一部分增加线上直播的推广，邀请知名数码博主参与直播，同时优化直播内容和互动环节。通过这种动态调整，企业在不增加总体促销成本的前提下，实现了销售额的大幅增长，提高了促销活动的整体效益。

四、活动后评估，再降促销成本

促销活动结束后，企业应对活动效果进行全面评估，除了关注销售额、利润等直接指标外，还需考量客户满意度、品牌知名度、客户忠诚度等间接指标。

　　例如，某品牌企业的一次促销活动，虽然使销售额有一定增长，但客户满意度却下降了，这可能是因为促销过程中的服务质量未跟上。通过全面评估，企业能更准确地了解促销活动的效果，为后续活动改进提供依据。

（一）设定全面的评估指标

1. 销售业绩指标

销售业绩指标如表9-1所示。

表9-1　销售业绩指标

序号	指标	定义	举例
1	销售额增长	这是最直观反映促销活动成果的指标。通过对比促销活动前后以及同期未促销时段的销售额，可计算增长幅度	例如，某品牌在促销活动前一个月的销售额为50万元，活动期间销售额达到80万元，增长了60%。较高的销售额增长表明，促销活动在吸引消费者购买方面较为成功，但还需结合其他指标综合判断
2	销售量变化	统计促销活动期间产品的销售数量，分析不同产品的销量分布。如果某一产品的销量大幅增长，可能是因为促销策略的针对性较强；若多种产品的销量均有提升，说明活动覆盖面较广	比如，某超市促销期间，饮料类产品销售量增长了30%，零食类产品销售量增长了25%，说明促销活动对不同品类都有一定拉动作用
3	客单价提升	客单价即平均每个客户的购买金额。若客单价在促销活动后有所上升，说明促销活动中的满减、组合销售等策略促使消费者增加了购买量或选择了更高价值的产品	例如，客单价原本为80元，促销后提升至100元，说明促销活动在引导消费者提高单次消费金额方面有积极效果

2. 成本指标

成本指标如表9-2所示。

表9-2　成本指标

序号	指标	定义
1	直接成本	涵盖促销活动的宣传推广费用，如线上广告投放费用、线下海报制作与张贴费用；赠品成本，包括赠品的采购、运输与包装费用；额外支出的员工加班费。例如，一场线上促销活动，广告投放费2万元，赠品成本1万元，员工加班费5000元，那么直接成本为3.5万元
2	边际成本	即每增加一单位销售量所增加的成本。对于制造企业，可能涉及原材料采购成本的增加、生产设备的额外损耗等；对于服务企业，可能涉及为满足新增客户的服务需求而增加的人力成本。若边际成本过高，则说明促销活动规模的扩大需要谨慎

3. 客户行为指标

客户行为指标如表 9-3 所示。

表 9-3　客户行为指标

序号	指标	定义	举例
1	新客户获取数量	即促销活动吸引新客户的能力。新客户的增加为企业未来发展奠定了基础。可通过新用户注册数量、新客户首次购买量等进行计算	例如，某电商平台在促销期间新增注册用户 5 万人，其中有 3 万人完成了首次购买，表明促销活动在促进新客户购买方面有一定成效
2	客户忠诚度	通过重复购买率、客户推荐率等指标衡量。重复购买率高，说明客户对产品或服务满意并愿意再次购买；客户推荐率高，则意味着客户对品牌认可并愿意向他人推荐	例如，某美容美发店促销后，客户重复购买率从 30% 提升至 40%，客户推荐率从 20% 提高到 30%，说明促销活动在增强客户忠诚度方面取得了积极效果

（二）深度分析评估结果

1. 对比分析

（1）与历史促销活动对比

企业应将本次促销活动的各项指标与以往类似促销活动进行对比，分析销售额增长幅度、成本投入水平、客户获取与留存情况等方面的差异。若本次促销活动销售额增长低于历史平均水平，但成本却高于以往，企业就应深入分析原因，判断是否是促销策略缺乏创新性、市场竞争加剧等造成的。

例如，过去几次促销活动的销售额平均增长 50%，本次仅增长 30%，而成本却增加了 20%，那么企业就应对促销方案进行全面剖析。

（2）与竞品促销对比

企业应关注竞争对手同期的促销活动，分析其促销手段、成本投入规模以及市场反应等内容。如果竞争对手采用低价策略吸引了大量客户，而企业自身的促销活动效果不佳，那企业可能需要调整价格策略或突出产品差异优势。

例如，竞争对手在某一时期推出大幅度折扣活动，导致企业产品市场份额下降，那么企业就应思考如何在后续促销中扭转局面。

2. 相关性分析

（1）促销手段与效果关联

企业应分析不同促销手段，如打折、满减、赠送产品、抽奖等与销售业绩、客户行为等指标之间的相关性，确定哪种促销手段对提高销售额、吸引新客户、增强客户忠诚度最有效，同时成本最低。

例如，某企业通过数据分析发现，赠品促销方式能显著提高客户购买意愿，且赠品成本相对较低，那么在后续促销活动中可加大赠品促销力度。

（2）促销时间与效果关联

企业应研究促销活动的时间安排与销售效果的关系，确定最佳的促销时间窗口。

例如，某餐饮企业通过数据分析发现，周末促销的客流量和销售额明显高于工作日，晚餐时段的促销效果优于午餐时段。

（三）优化后续活动

1. 优化促销策略

（1）精准定价

企业应根据评估分析结果，运用定价模型，确定最优价格折扣点，避免过度打折导致利润受损，同时确保价格具有吸引力。

例如，某企业对历史销售数据和客户价格敏感度分析发现，某产品在八折优惠时既能保证较高的销售量，又能实现利润最大化，那么后续促销活动可围绕这一价格折扣进行策划。

（2）优化赠品策略

企业应选择成本低但对客户吸引力大的赠品。可以根据不同产品的特点、目标客户群体的喜好来挑选赠品。

例如，针对年轻女性客户，可选择时尚的小饰品作为赠品；针对家庭消费者，可选择实用的家居用品。

2. 合理分配促销资源

（1）调整销售渠道

企业应根据促销效果的评估，将资源集中在效果好、成本低的销售渠道上，减少或停止在低效销售渠道的投入。

例如，线上社交媒体平台的促销活动带来了较高的销售额和客户转化率，而线下传单发放的促销效果不佳，那么企业可将更多资源投入线上社交媒体平台上。

（2）调整活动规模

企业应依据促销活动效果和成本效益分析，合理调整活动规模。如果小型促销活动能够达到预期效果，且成本较低，企业可适当减少大规模促销活动的开展频次。

例如，某企业通过多次小规模的主题促销活动，在控制成本的同时实现了销售额的稳步增长，那么后续可继续采用这种小规模的促销活动。

第十章 人力成本迷局破解：从节流到增值

在当今的市场竞争环境中，人力成本优化已成为企业提升核心竞争力和增加净利润的重要途径。破解人力成本迷局，企业需全面了解人力成本的构成要素及其对企业运营产生的影响，这是有效管控人力成本的基础。预算控制成为锁定成本红线的关键手段，通过精准规划人力成本预算，可确保企业的人力成本不超出合理范围，避免资源浪费。而要想真正实现人力成本的有效管理，不能局限于简单的节流，更要着眼于人力资源管理全过程的降本。从人才招聘环节减少无效招聘成本，到员工培训与发展阶段提升员工工作效率，再到绩效管理过程激励员工创造更大的价值，全方位优化人力资源管理流程，从而实现从节流到增值的跨越，破解人力成本迷局，助力企业提升竞争力。

* * *

第一节 人力成本全面解析

人力成本是指企业在一定时期内，在生产、经营和提供劳务等活动中，因使用劳动力而支付的所有直接费用与间接费用的总和。它是企业运营成本的重要组成部分，直接影响企业的盈利能力和市场竞争力。

一、深度剖析人力成本的构成

根据人员从进入企业到离开企业的整个过程，人力成本可分为取得成本、开发成本、使用成本与离职成本。

（一）取得成本

取得成本是指企业在招募和录用员工的过程中发生的成本，主要包括招聘、选拔、录用和安置等环节的费用，具体如图10-1所示。

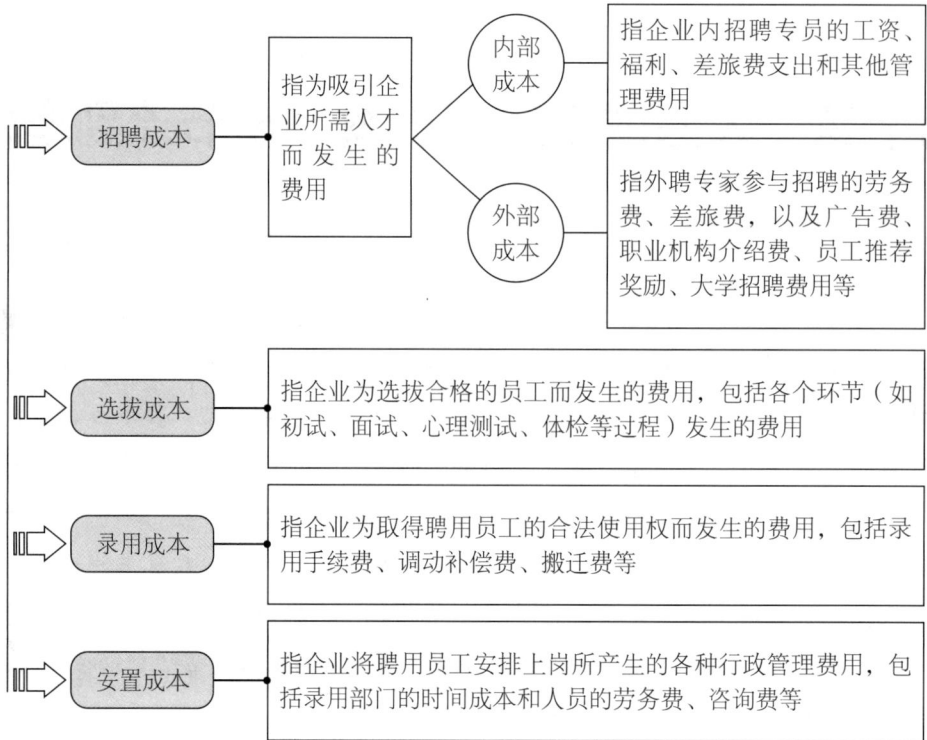

图 10-1　取得成本的构成

（二）开发成本

开发成本是指企业为了提高员工的业务能力、工作效率及综合素质而发生的费用或付出的成本，主要包括岗前培训成本、岗位培训成本和脱产培训成本，具体如图 10-2 所示。

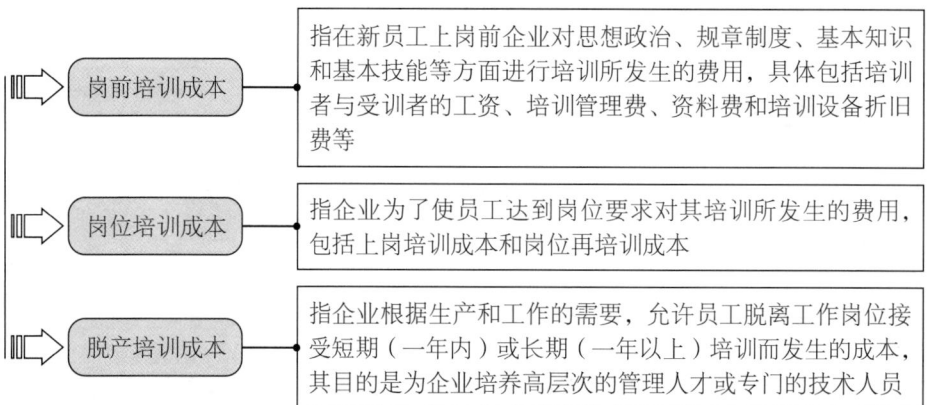

图 10-2　开发成本的构成

（三）使用成本

使用成本是指企业在使用员工的过程中发生的费用，主要包括工资、奖金、津贴、补贴、社会保险费用、福利费用、劳动保护费用、住房费用、工会费、存档费和残疾人保障金等，具体如图10-3所示。

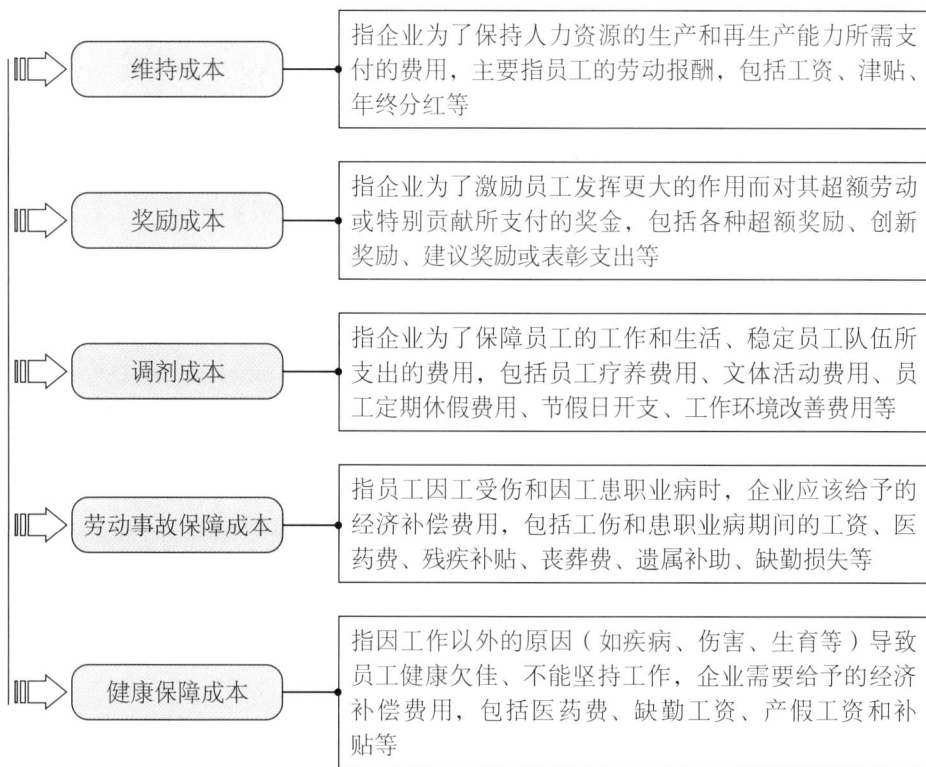

▷	维持成本	指企业为了保持人力资源的生产和再生产能力所需支付的费用，主要指员工的劳动报酬，包括工资、津贴、年终分红等
▷	奖励成本	指企业为了激励员工发挥更大的作用而对其超额劳动或特别贡献所支付的奖金，包括各种超额奖励、创新奖励、建议奖励或表彰支出等
▷	调剂成本	指企业为了保障员工的工作和生活、稳定员工队伍所支出的费用，包括员工疗养费用、文体活动费用、员工定期休假费用、节假日开支、工作环境改善费用等
▷	劳动事故保障成本	指员工因工受伤和因工患职业病时，企业应该给予的经济补偿费用，包括工伤和患职业病期间的工资、医药费、残疾补贴、丧葬费、遗属补助、缺勤损失等
▷	健康保障成本	指因工作以外的原因（如疾病、伤害、生育等）导致员工健康欠佳、不能坚持工作，企业需要给予的经济补偿费用，包括医药费、缺勤工资、产假工资和补贴等

图10-3　使用成本的构成

（四）离职成本

离职成本是指企业在员工离职时需要支付给员工的离职津贴、生活费、离职交通费等费用，主要包括解聘、辞退费用及工作暂停而造成的损失等，具体如图10-4所示。

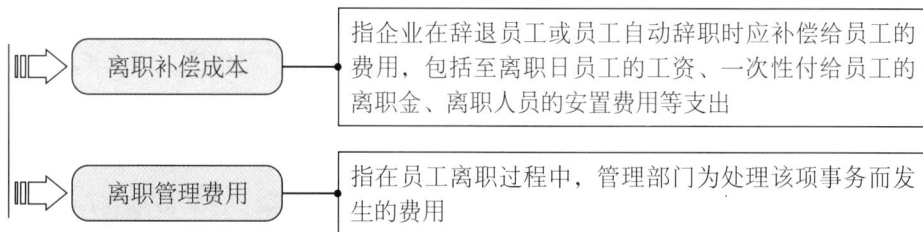

▷	离职补偿成本	指企业在辞退员工或员工自动辞职时应补偿给员工的费用，包括至离职日员工的工资、一次性付给员工的离职金、离职人员的安置费用等支出
▷	离职管理费用	指在员工离职过程中，管理部门为处理该项事务而发生的费用

图10-4

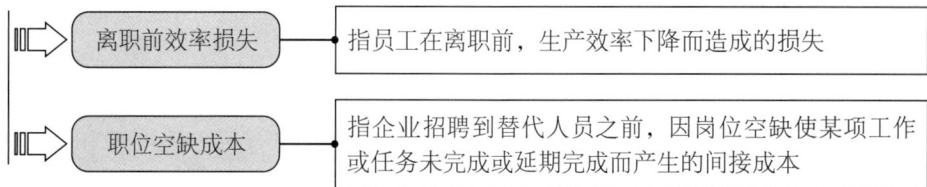

图 10-4 　离职成本的构成

综上所述，人力成本的构成涉及多个方面，企业在制定人力成本预算和管理策略时，需要综合考虑这些因素，以实现对人力成本的有效控制和优化。

二、从"成本负担"到"价值源泉"的观念转变

在以往的企业管理中，人力资源成本往往被视为一项重要的开支，甚至被视为企业的"成本负担"。然而，随着时代的发展，企业需要重新审视人力资源成本，将其从"成本负担"转变为"价值源泉"。

（一）传统观念下的"成本负担"

在过去，许多企业将人力资源成本视为纯粹的支出，认为降低人力成本是提高企业盈利能力的关键。这种观念导致企业在招聘、培训、薪酬等方面采取保守策略，忽视了人力资源在价值创造方面的重要作用。

（二）现代观念下的"价值源泉"

然而，随着知识经济时代的到来，人力资源已经成为企业最宝贵的资源之一。员工的知识、技能、创新能力和团队协作精神等，都是企业创造价值和保持竞争优势的关键因素。因此，企业需要将人力资源成本观念从"成本负担"转变为"价值源泉"。

1. 人才是企业发展的核心动力

在现代企业中，人才是推动企业发展的核心动力。高素质、高技能的员工队伍，能够为企业带来更高的生产效率和创新能力，从而推动企业持续发展。

2. 投资人才就是投资于未来

将人力资源成本视为投资而非负担，意味着企业愿意在员工招聘、培训、薪酬等方面投入更多资源。这些投资将为企业带来长期回报，如提高员工满意度、降低离职率、提升工作效率等。

3. 人力资源成本与企业绩效正相关

研究表明，人力资源成本与企业绩效之间存在正相关关系。如果企业愿意在人力资源方面投入更多资源，那么能够获得更好的绩效表现。这是因为高素质的员工队伍能够为企

业创造更多的价值，从而推动企业持续发展。

（三）如何实现观念转变

要想实现人力资源成本观念从"成本负担"到"价值源泉"的转变，企业应采取相应的措施。

1. 从战略层面来看

（1）树立正确成本观

不能仅将人力成本视为一种支出，而是应将其看作是一种投资。降低人力成本不是简单地削减工资、减少人员数量，而是要通过合理的人力资源配置，提高人员工作效率，使人力成本的投入获得更大的产出回报，实现人力资源的价值最大化。

（2）与企业战略匹配

人力成本管理要与企业的整体战略相结合。如果企业处于扩张期，可能需要适当增加人力投入，以支持业务增长；而企业在成熟期或衰退期，则需要更注重成本控制，可通过优化流程、提高效率等方式来降低人力成本，确保企业在不同发展阶段都能保持良好的成本结构和竞争力。

2. 从人才管理角度来看

从人才管理角度来看，需要采取图 10-5 所示的措施，实现从"成本负担"到"价值源泉"观念的转变。

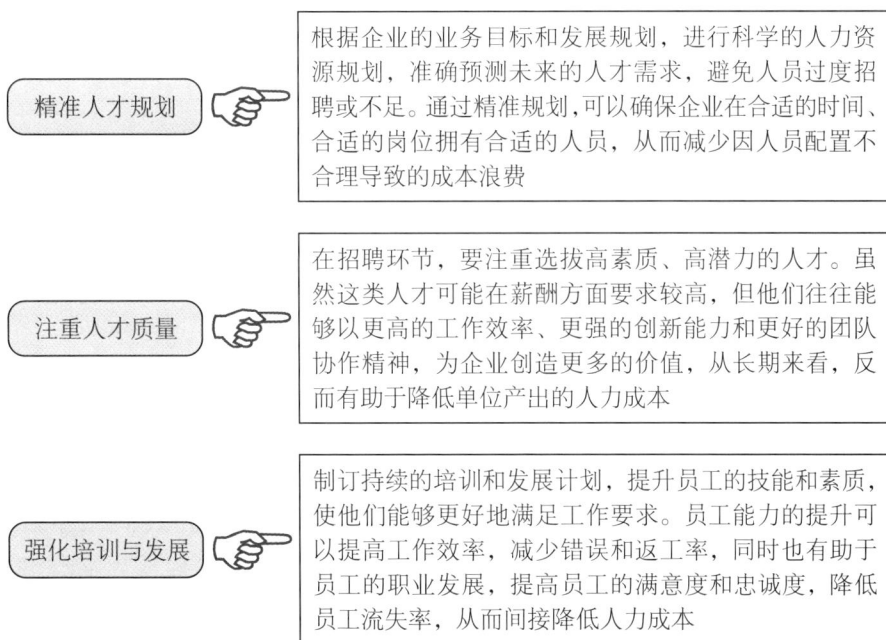

精准人才规划	根据企业的业务目标和发展规划，进行科学的人力资源规划，准确预测未来的人才需求，避免人员过度招聘或不足。通过精准规划，可以确保企业在合适的时间、合适的岗位拥有合适的人员，从而减少因人员配置不合理导致的成本浪费
注重人才质量	在招聘环节，要注重选拔高素质、高潜力的人才。虽然这类人才可能在薪酬方面要求较高，但他们往往能够以更高的工作效率、更强的创新能力和更好的团队协作精神，为企业创造更多的价值，从长期来看，反而有助于降低单位产出的人力成本
强化培训与发展	制订持续的培训和发展计划，提升员工的技能和素质，使他们能够更好地满足工作要求。员工能力的提升可以提高工作效率，减少错误和返工率，同时也有助于员工的职业发展，提高员工的满意度和忠诚度，降低员工流失率，从而间接降低人力成本

图 10-5

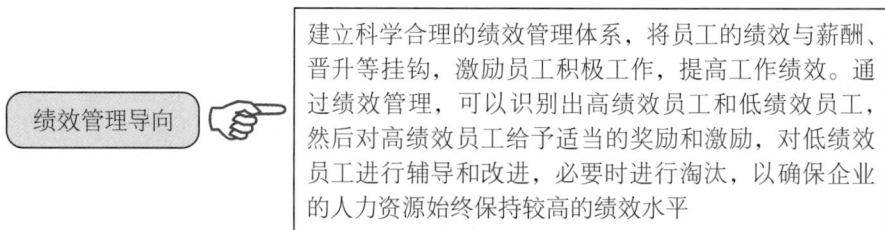

建立科学合理的绩效管理体系，将员工的绩效与薪酬、晋升等挂钩，激励员工积极工作，提高工作绩效。通过绩效管理，可以识别出高绩效员工和低绩效员工，然后对高绩效员工给予适当的奖励和激励，对低绩效员工进行辅导和改进，必要时进行淘汰，以确保企业的人力资源始终保持较高的绩效水平

图 10-5　从人才管理角度采取的措施

3. 从运营管理角度来看

（1）优化组织架构

企业应定期对组织架构进行评估和优化，去除冗余的环节和岗位，简化工作流程，提高组织运行效率。合理的组织架构可以使信息传递更加顺畅，决策更加迅速，工作衔接更加紧密。

（2）灵活用工模式

根据业务需求，可采用灵活多样的用工模式，如临时工、兼职人员、劳务派遣、业务外包等。对于一些临时性、季节性或非核心业务，可以通过灵活用工的方式来满足人力需求，避免长期雇佣带来的固定成本压力，提高企业应对市场变化的灵活性和适应性。

（3）利用技术手段

积极引入先进的信息技术和自动化工具，可实现业务流程的自动化和信息化，减少人工操作和干预。例如，采用人力资源管理系统（HRMS）可以提高人力资源管理的效率，减少人力资源部门的行政工作；利用自动化生产设备和机器人可以提高生产效率，降低生产环节的人力成本。

4. 从企业文化角度来看

（1）树立成本意识

应在企业内部营造一种注重成本控制的文化氛围，使每一位员工都意识到降低成本是企业生存和发展的重要因素，与自身利益息息相关。可通过培训、宣传等方式，提高员工的成本意识，鼓励员工在日常工作中积极寻找降低成本的方法，形成全员参与成本控制的良好局面。

（2）培养团队合作精神

一个团结协作的团队，能够更好地发挥员工的优势，提高工作效率，减少内耗和冲突。企业可通过组织开展团队建设活动、加强沟通与协作等方式，培养员工的团队合作精神，使员工能够相互支持、相互配合，共同完成工作任务，从而提高整体的工作效率，降低人力成本。

第二节　人力资源管理全过程降本

人力资源成本的降低措施是多方面的，涉及招聘、培训、绩效管理、组织架构等多个环节。

一、人力资源规划环节成本降低

（一）人力资源规划环节的成本构成

人力资源规划环节的成本构成如表 10-1 所示。

表 10-1　人力资源规划环节的成本构成

类别	细分	说明
信息收集与分析成本	数据收集成本	企业为了进行人力资源规划，需要收集各类数据，包括内部的人员信息、岗位信息、绩效数据等，以及外部的劳动力市场数据、行业人才供需信息等。收集内部数据可能需要投入人力对员工档案进行整理、对各部门进行调研等，会产生人力成本。收集外部数据可能需要购买专业的市场调研报告、订阅行业数据服务等，涉及购买费用
	数据分析成本	对收集的数据进行分析，需要专业的数据分析人员或数据分析软件。企业可能会聘请专业的人力资源分析师，并支付其薪酬；也可能购买数据分析软件，软件购买费用和后续维护费用都属于数据分析成本
规划制订成本	人力投入成本	通常由人力资源部门牵头，组织各部门负责人及相关专家开展人力资源规划的制订工作，他们在这个过程中投入的时间和精力都构成了人力成本，如人员的工资、奖金、福利，以及召开会议、进行讨论等产生的时间成本等
	咨询与研讨成本	当企业内部缺乏相关经验或专业知识时，可能会聘请外部咨询机构或专家提供专业意见和建议，因此需要支付咨询费。此外，为了确保规划的科学性和合理性，企业可能会组织召开内部研讨会议，邀请各方人员参与讨论，会议期间产生的场地租赁费、餐饮费也属于规划制订成本
方案调整成本	动态监测成本	在人力资源规划实施过程中，企业需要对规划的执行情况进行动态监测，收集执行数据并与规划目标进行对比分析。这需要建立专门的监测机制，安排专人负责数据的收集和分析工作，因此会产生人力成本和数据收集工具的使用成本等
	调整优化成本	当发现实际情况与计划存在偏差时，需要对人力资源规划进行调整和优化。这可能涉及重新进行数据收集和分析、组织相关人员进行讨论和决策等工作，因此产生与规划制订类似的成本，如人力成本、会议费用等

类别	细分	说明
沟通协调成本	内部沟通成本	人力资源规划的制订需要各部门之间不断进行沟通和协调，以确保规划内容符合各部门的实际需求和发展目标。这包括组织跨部门会议、进行一对一沟通、发送邮件和文件等，会产生会议场地租赁费用、通信费用、人员的时间成本等
	外部沟通成本	企业在进行人力资源规划时，还需要与外部机构和相关利益方进行沟通，如与高校、职业培训机构商讨人才培养和输送事宜，与政府部门沟通人才政策等。这可能会产生差旅费、接待费等费用
培训与宣贯成本	培训成本	为了确保人力资源规划能够得到有效实施，需要对相关人员进行培训，使其了解规划的目标、内容和实施方法。培训过程会产生培训师授课费、培训资料费、培训场地租赁费等
	宣贯成本	通过各种渠道和方式向全体员工宣传人力资源规划的内容和意义，如制作宣传海报、发布内部通知、组织宣贯会议等，会产生宣传材料制作费用、会议组织费用等

（二）人力资源规划环节的降本措施

在人力资源规划环节，可在信息收集与分析、规划制订、方案调整、沟通协调、培训与宣贯等方面采取措施来降低成本。

1. 信息收集与分析

信息收集与分析方面的降本措施如图 10-6 所示。

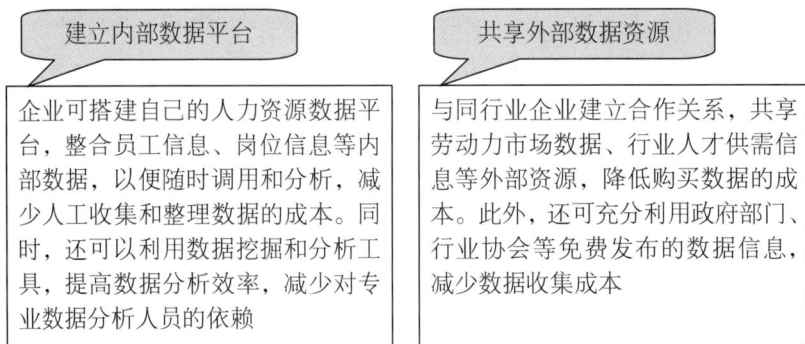

图 10-6　信息收集与分析方面的降本措施

2. 规划制订

规划制订方面的降本措施如图 10-7 所示。

内部专家主导	参考以往的案例和模板
充分挖掘企业内部具有丰富人力资源管理经验和专业知识的人员，组成规划制订团队，减少对外部咨询机构的依赖，降低咨询费用。同时，鼓励各部门积极参与规划制订，提供必要的数据支持，提高规划的准确性和可行性，减少因规划不合理而导致的反复修改成本	借鉴企业过去成功的人力资源规划经验和模板，根据当前的企业战略和发展需求进行适当调整和优化，减少重新制订规划的时间和人力成本。同时，关注行业内优秀企业的人力资源规划案例，借鉴其先进的经验和做法，提高规划的质量和效率

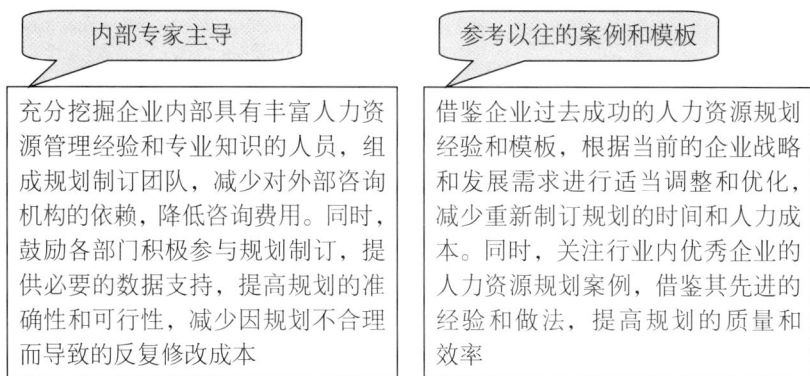

图 10-7　规划制订方面的降本措施

3. 方案调整

方案调整方面的降本措施如图 10-8 所示。

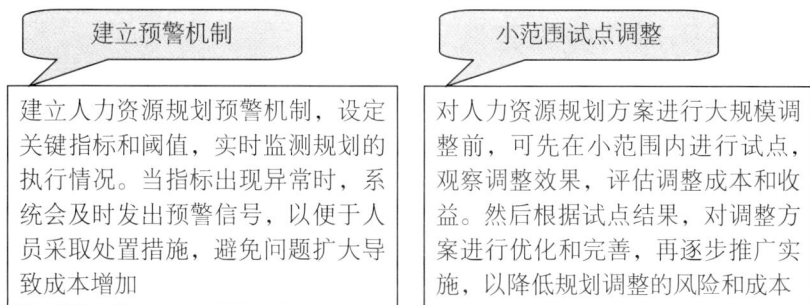

建立预警机制	小范围试点调整
建立人力资源规划预警机制，设定关键指标和阈值，实时监测规划的执行情况。当指标出现异常时，系统会及时发出预警信号，以便于人员采取处置措施，避免问题扩大导致成本增加	对人力资源规划方案进行大规模调整前，可先在小范围内进行试点，观察调整效果，评估调整成本和收益。然后根据试点结果，对调整方案进行优化和完善，再逐步推广实施，以降低规划调整的风险和成本

图 10-8　方案调整方面的降本措施

4. 沟通协调

沟通协调方面的降本措施如图 10-9 所示。

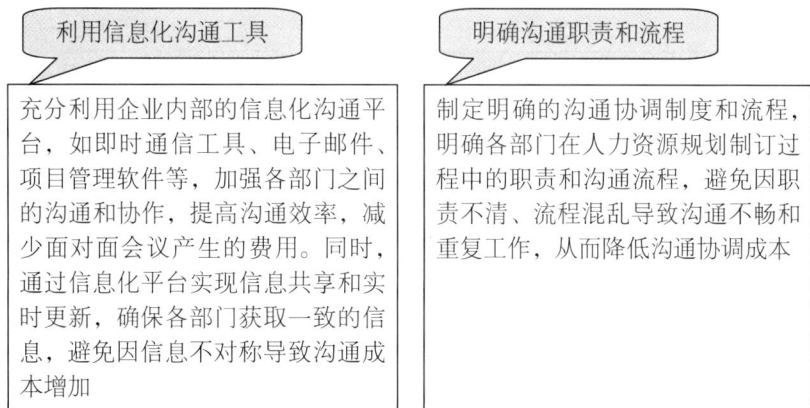

利用信息化沟通工具	明确沟通职责和流程
充分利用企业内部的信息化沟通平台，如即时通信工具、电子邮件、项目管理软件等，加强各部门之间的沟通和协作，提高沟通效率，减少面对面会议产生的费用。同时，通过信息化平台实现信息共享和实时更新，确保各部门获取一致的信息，避免因信息不对称导致沟通成本增加	制定明确的沟通协调制度和流程，明确各部门在人力资源规划制订过程中的职责和沟通流程，避免因职责不清、流程混乱导致沟通不畅和重复工作，从而降低沟通协调成本

图 10-9　沟通协调方面的降本措施

5. 培训与宣贯

培训与宣贯方面的降本措施如图 10-10 所示。

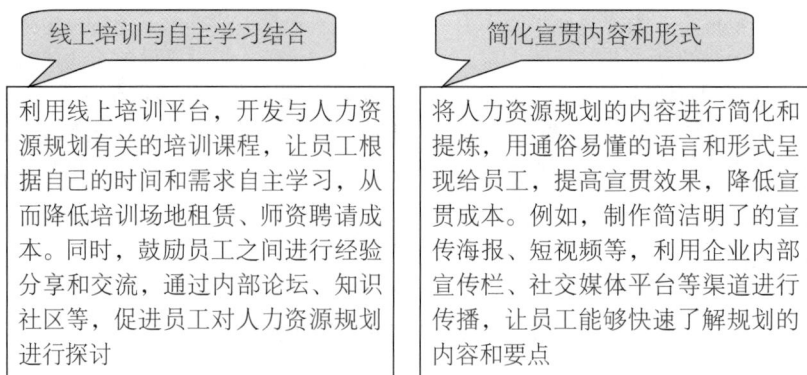

线上培训与自主学习结合	简化宣贯内容和形式
利用线上培训平台，开发与人力资源规划有关的培训课程，让员工根据自己的时间和需求自主学习，从而降低培训场地租赁、师资聘请成本。同时，鼓励员工之间进行经验分享和交流，通过内部论坛、知识社区等，促进员工对人力资源规划进行探讨	将人力资源规划的内容进行简化和提炼，用通俗易懂的语言和形式呈现给员工，提高宣贯效果，降低宣贯成本。例如，制作简洁明了的宣传海报、短视频等，利用企业内部宣传栏、社交媒体平台等渠道进行传播，让员工能够快速了解规划的内容和要点

图 10-10　培训与宣贯方面的降本措施

二、招聘录用环节成本降低

（一）招聘录用环节的成本构成

招聘录用环节的成本构成较为复杂，主要包括表 10-2 所示的几个方面。

表 10-2　招聘录用环节的成本构成

类别	细分	说明
招募成本	渠道费用	企业为发布招聘信息，需要向招聘网站、社交媒体平台、人才市场等支付费用。例如，在主流招聘网站上发布一个月的招聘信息，可能需花费数千元；参加大型线下招聘会，摊位费也可能需要数千元
	宣传费用	制作招聘海报、宣传册、视频等资料，以及在各类媒体上进行宣传推广，都需要费用。例如，制作精美的招聘宣传视频，可能需投入数万元的费用；在社交媒体上投放招聘广告，也需支付一定的推广费用
	人力成本	即企业内部的招聘团队开展招聘工作所投入的时间和精力，包括招聘人员的工资、奖金、福利等费用
选拔成本	测评工具费用	企业可能会使用各种测评工具对候选人进行评估，如在线测评系统、心理测试软件、面试评价表等，购买或租赁这些工具，会产生相应费用。专业人才测评系统每年的使用费用可能为数万元
	面试成本	包括面试官的时间成本、面试场地租赁费用、面试过程中的材料和设备费用等。如果需要进行多轮面试，成本会相应增加
	背景调查成本	企业可能需要委托专业的背景调查公司对候选人进行背景调查，因此需要支付调查费用。通常一份背景调查报告的费用在几百元到数千元不等，具体取决于调查的内容和难度

续表

类别	细分	说明
录用成本	录用通知费用	即制作和发送录用通知的费用，包括纸质通知印刷和邮寄费用、电子通知的平台使用费用等。如果需要向大量候选人发送录用通知，这部分费用也不可忽视
	入职手续办理成本	为新员工办理入职手续，包括签订劳动合同、办理社保与公积金、准备工作用品等，需要投入人力和时间。企业可能还需要为新员工支付体检费用
	新员工培训费用	新员工入职后，通常需要对其进行入职培训，包括企业文化培训、岗位技能培训等。培训过程中的师资费用、培训资料费用、培训场地费用等都属于录用成本
其他成本	机会成本	在招聘过程中，由于未能及时招到合适的人员，导致岗位空缺，可能会影响工作进度和业务开展，从而带来机会成本。例如，一个关键岗位空缺一个月，可能导致项目延误，造成数万元甚至更高的经济损失
	风险成本	如果招聘到不合适的人员，可能会给企业带来多种风险和损失，如工作失误导致的经济损失、团队氛围破坏，重新招聘产生的费用等。据统计，招聘失误给企业带来的损失可能是招聘成本的数倍甚至更高

（二）招聘录用环节降低成本的措施

在人力资源招聘过程中，降低成本可以从招聘渠道选择、招聘流程优化、精准化人才评估、灵活用工等方面入手。

1. 招聘渠道选择

招聘渠道选择方面的降本措施如图 10-11 所示。

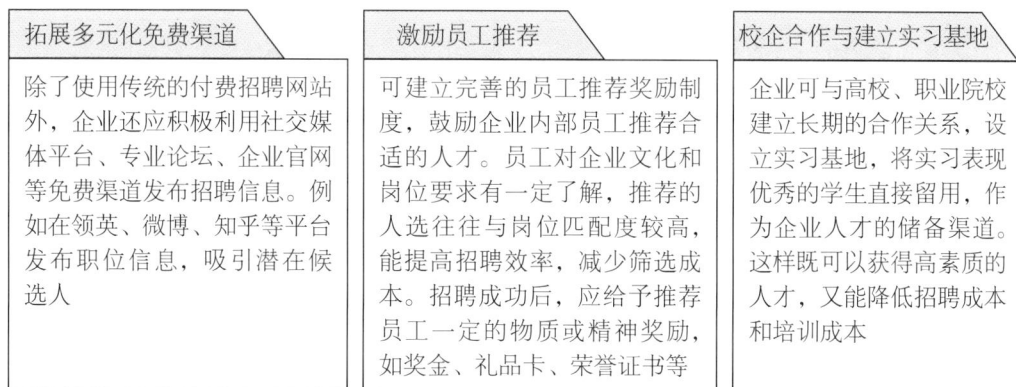

拓展多元化免费渠道	激励员工推荐	校企合作与建立实习基地
除了使用传统的付费招聘网站外，企业还应积极利用社交媒体平台、专业论坛、企业官网等免费渠道发布招聘信息。例如在领英、微博、知乎等平台发布职位信息，吸引潜在候选人	可建立完善的员工推荐奖励制度，鼓励企业内部员工推荐合适的人才。员工对企业文化和岗位要求有一定了解，推荐的人选往往与岗位匹配度较高，能提高招聘效率，减少筛选成本。招聘成功后，应给予推荐员工一定的物质或精神奖励，如奖金、礼品卡、荣誉证书等	企业可与高校、职业院校建立长期的合作关系，设立实习基地，将实习表现优秀的学生直接留用，作为企业人才的储备渠道。这样既可以获得高素质的人才，又能降低招聘成本和培训成本

图 10-11　招聘渠道选择方面的降本措施

2. 招聘流程优化

（1）明确岗位需求

在招聘前，应与用人部门充分沟通，明确岗位的职责、技能要求、任职资格等，并制定详细、准确的岗位说明书，以免因岗位需求不清而招聘到不合适的人员，增加后续的招聘成本和培训成本。

（2）简化招聘流程

企业应去除烦琐、不必要的招聘环节，如重复面试、过度测评等，根据岗位的重要性和复杂性，合理设计招聘流程，提高招聘效率。例如，对于一些基础岗位，可以采用一面加笔试的方式，快速筛选出合适的人才。

（3）集中招聘与批量处理

对于有大量人员需求的情况，如业务扩张，可以采用集中招聘的方式，统一组织宣讲、笔试、面试等，批量处理招聘事务，从而提高资源利用效率，降低单次招聘的成本。

3. 精准化人才评估

精准化人才评估也有助于人力资源成本的降低，具体如图10-12所示。

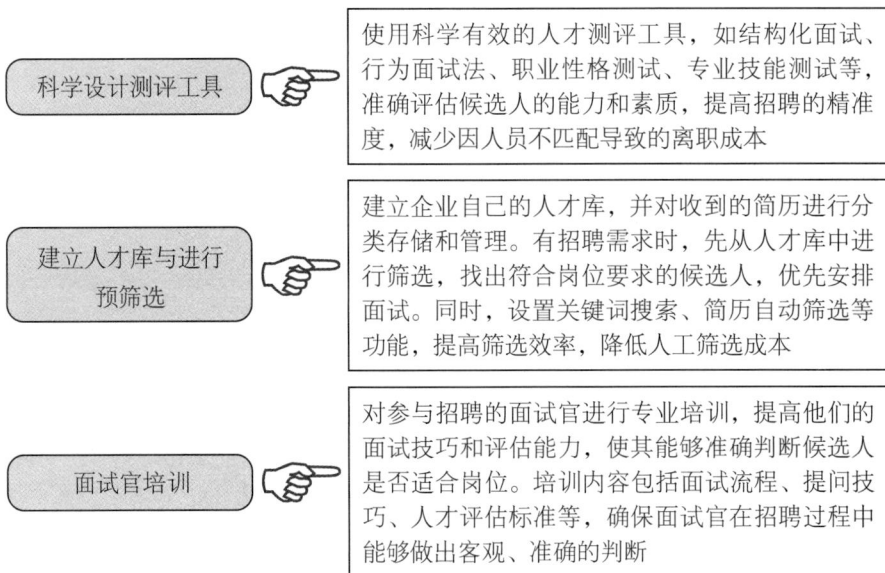

科学设计测评工具	☞ 使用科学有效的人才测评工具，如结构化面试、行为面试法、职业性格测试、专业技能测试等，准确评估候选人的能力和素质，提高招聘的精准度，减少因人员不匹配导致的离职成本
建立人才库与进行预筛选	☞ 建立企业自己的人才库，并对收到的简历进行分类存储和管理。有招聘需求时，先从人才库中进行筛选，找出符合岗位要求的候选人，优先安排面试。同时，设置关键词搜索、简历自动筛选等功能，提高筛选效率，降低人工筛选成本
面试官培训	☞ 对参与招聘的面试官进行专业培训，提高他们的面试技巧和评估能力，使其能够准确判断候选人是否适合岗位。培训内容包括面试流程、提问技巧、人才评估标准等，确保面试官在招聘过程中能够做出客观、准确的判断

图10-12　精准化人才评估的措施

4. 灵活用工

对于一些临时性、季节性或项目性的工作，可采用兼职、临时工、劳务派遣等灵活用工方式，根据业务需求随时调整用工规模，减少长期雇佣产生的固定成本。

三、培训与发展环节成本降低

（一）培训与发展环节的成本构成

培训与发展环节的成本构成主要包括以下几个方面。

1. 直接成本

直接成本的构成如表 10-3 所示。

表 10-3 直接成本的构成

类别	细分	说明
培训课程设计与开发成本	内部设计成本	企业内部培训团队或相关人员为设计培训课程所投入的时间和精力成本，包括需求调研、课程内容规划、教学方法设计等工作。如果涉及培训教材、课件、视频等资料，还需考虑制作费用
	外部采购成本	当企业从外部购买培训课程或请外部机构协助开发课程时，需要支付相应的购买费用或服务费用
培训师资成本	内部师资成本	企业内部选拔和培养的培训师，虽然其基本工资已包含在企业整体人力成本中，但在培训期间，仍需向其支付授课而产生的额外费用，如课时补贴等
	外部师资成本	邀请外部专家、学者或专业培训师来企业授课，需要支付授课费、差旅费、住宿费等相关费用
培训场地与设备成本	场地租赁费用	如果企业没有专门的培训场地，需要租赁外部会议室、培训教室等，由此会产生租赁费用
	设备购置与租赁费用	培训过程中可能需要使用各种设备，如投影仪、音响设备、电脑、实验器材等。购买这些设备需要一定的资金投入，若选择租赁，则需支付租赁费用
	场地布置与维护费用	为营造良好的培训氛围，需要对培训场地进行布置，如购买绿植、装饰物品等，同时还需要定期对场地和设备进行维护保养，这些都产生了成本
	教材编写与印刷费用	企业自制培训教材时，需要投入人力进行编写、审核，并支付印刷费用
	资料购买费用	购买培训教材、参考书籍、学习资料等支付的费用，都属于培训教材与资料成本
培训评估成本	评估工具开发与购买成本	设计和开发培训效果评估工具如调查问卷、测试题等，或购买专业的评估工具，都需要一定的费用
	评估人员成本	安排专人或聘请外部机构进行培训效果评估，需支付评估人员薪酬或服务费用
	评估实施成本	在评估过程中，可能需要组织考试、开展问卷调查、进行实地考察，由此会产生考试场地租赁费、问卷印刷费、交通费用等

2. 间接成本

间接成本的构成如表10-4所示。

表10-4　间接成本的构成

类别	细分	说明
员工参训时间成本	生产效率损失	员工参加培训期间，无法正常工作，会导致一定的生产效率损失。尤其是生产型企业或业务繁忙的部门，这种损失可能较为明显
	机会成本	员工参加培训可能会错过一些工作机会，这也是一种机会成本
培训管理成本	培训计划与组织成本	即企业培训管理人员制订培训计划、协调培训资源、组织培训活动等所花费的时间和精力
	培训档案管理成本	建立和维护员工培训档案，需要投入人力和物力成本
培训后续跟进成本	培训效果转化成本	为了确保培训内容能够在工作中得到应用和转化，企业可能需要提供后续的辅导、支持和监督，这需要投入一定的人力和时间成本
	员工职业发展规划成本	为员工制订个性化的职业发展规划，需要人力资源部门和各级管理者投入时间和精力进行沟通、指导和跟踪

（二）培训与发展环节降低成本的措施

在培训与发展环节降低人力成本，可从培训需求分析、培训方式选择、培训资源利用、培训效果评估等多个方面入手。

1. 精准进行培训需求分析

（1）基于岗位与绩效的分析

通过对岗位职责和员工绩效进行深入研究，可精准找出员工在业务技能和工作能力方面的不足，从而确定有针对性的培训内容，避免浪费资源。

（2）员工自我评估与反馈

鼓励员工进行自我能力评估，可以通过问卷调查、面谈等方式，让员工主动提出自己工作中的短板，使培训内容更贴合员工实际需求，从而提升培训效果，减少无效培训成本。

2. 选择合适的培训方式

（1）线上培训平台利用

可搭建或借助现有的线上培训平台，提供丰富的课程资源，让员工可以根据自己的时间和需求自主学习。线上培训不仅可以节省场地租赁、培训设备购买等费用，还能提高培训的灵活性和覆盖面。

（2）内部培训师培养

可挖掘企业内部具有丰富经验和专业知识的员工，将他们培养成内部培训师。内部培训师对企业文化、业务流程等更加熟悉，能够使培训内容更贴合工作实际。企业应对内部培训师进行专业的培训和认证，以提高他们的授课水平。

（3）实践与案例教学

注重实践操作、案例分析等的培训，让员工在模拟环境中学习，能够提高员工的学习积极性和实际操作能力。

比如，在新设备操作培训中，可以让员工直接在设备上进行练习，同时结合实际案例向其讲解操作要点和常见问题处理。

（4）以老带新培训

建立导师制，让经验丰富的老员工带新员工，进行一对一的指导和帮助，既能传承经验与技能，又能在一定程度上减少正式培训的成本。

3. 优化培训资源

优化培训资源的措施如图 10-13 所示。

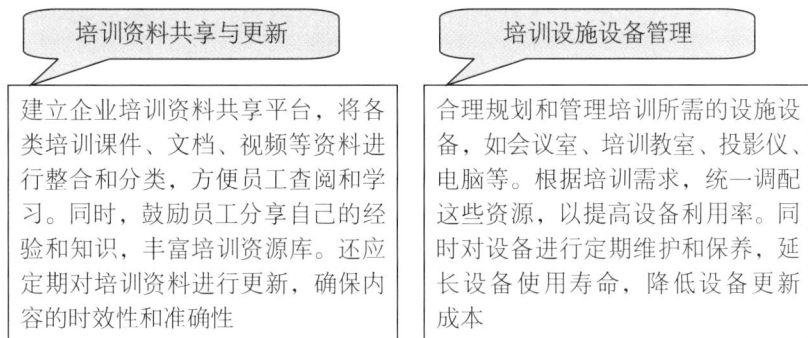

培训资料共享与更新	培训设施设备管理
建立企业培训资料共享平台，将各类培训课件、文档、视频等资料进行整合和分类，方便员工查阅和学习。同时，鼓励员工分享自己的经验和知识，丰富培训资源库。还应定期对培训资料进行更新，确保内容的时效性和准确性	合理规划和管理培训所需的设施设备，如会议室、培训教室、投影仪、电脑等。根据培训需求，统一调配这些资源，以提高设备利用率。同时对设备进行定期维护和保养，延长设备使用寿命，降低设备更新成本

图 10-13 优化培训资源的措施

4. 建立培训效果评估机制

建立培训效果评估机制的措施如图 10-14 所示。

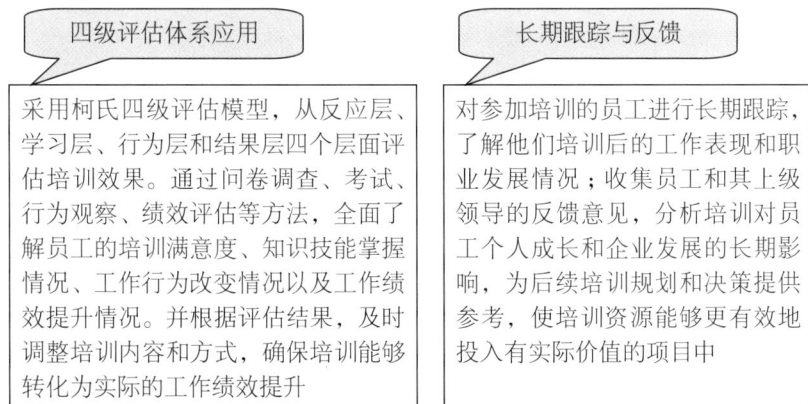

四级评估体系应用	长期跟踪与反馈
采用柯氏四级评估模型，从反应层、学习层、行为层和结果层四个层面评估培训效果。通过问卷调查、考试、行为观察、绩效评估等方法，全面了解员工的培训满意度、知识技能掌握情况、工作行为改变情况以及工作绩效提升情况。并根据评估结果，及时调整培训内容和方式，确保培训能够转化为实际的工作绩效提升	对参加培训的员工进行长期跟踪，了解他们培训后的工作表现和职业发展情况；收集员工和其上级领导的反馈意见，分析培训对员工个人成长和企业发展的长期影响，为后续培训规划和决策提供参考，使培训资源能够更有效地投入有实际价值的项目中

图 10-14 建立培训效果评估机制的措施

四、绩效管理成本降低

（一）绩效管理成本的构成

绩效管理成本是企业在实施绩效管理过程中所发生的各种费用，主要由表10-5所示的几个部分组成。

表10-5　绩效管理成本的构成

类别	细分	说明
绩效计划制订成本	沟通协调成本	即管理者与员工就绩效目标、指标、标准等进行沟通所花费的时间和精力。例如，为制订年度绩效计划，部门经理与每位下属进行一小时的沟通，部门经理每小时的人工成本为300元，10个下属的沟通成本就是3000元
	目标设定与指标设计成本	企业需要投入人力和时间来研究、制定合理的绩效目标和指标，可能会参考行业标准、企业战略规划等资料，有时还会聘请外部专家进行咨询，这些都会产生费用。比如，聘请外部咨询公司协助设计关键绩效指标（KPI）体系，可能需支付数万元的咨询费
绩效评估成本	评估工具取得成本	企业使用各种绩效评估工具，如360度评估软件、绩效考核量表等，都需要费用。以360度评估软件为例，每年购买软件的费用可能达数万元，加上后续的维护与升级，费用会更高
	评估人员培训成本	为确保评估人员能够准确、公正地进行绩效评估，需要对其进行培训，会产生培训师授课费、培训场地租赁、培训资料印刷费等费用。例如，对50名评估人员进行绩效评估培训，共两天的培训课程，培训讲师每天的费用5000元，场地租赁每天3000元，资料印刷等费用1000元，总培训费用约1.7万元
	评估时间成本	评估人员花时间对员工进行绩效评估，以及员工配合评估所花费的时间，都属于绩效评估的时间成本。例如，一个企业有500名员工，每位员工的绩效评估时间约为2小时，按评估人员每小时人工成本200元计算，则评估时间成本为20万元
绩效反馈与沟通成本	反馈面谈成本	包括管理者与员工进行绩效反馈面谈所花费的时间和精力，以及占用场地的费用。假设每次反馈面谈平均需要1小时，管理者每小时人工成本为300元，一个部门有20名员工，则反馈面谈的人工成本为6000元
	绩效改进计划制订成本	针对员工绩效评估结果，制订个性化的绩效改进计划，需要管理者投入时间和精力；有时还可能需要为员工提供额外的培训，这些都构成了成本
绩效奖励与惩罚成本	奖励成本	指企业为激励员工达到或超越绩效目标，设立的奖金、奖品、晋升机会等。例如，企业设立年度绩效奖励机制，根据绩效等级发放不同金额的奖金，这将是一笔不小的开支

类别	细分	说明
绩效奖励与惩罚成本	惩罚成本	对未达到绩效目标的员工进行惩罚，如扣减工资、降职等，可能带来潜在损失，包括员工士气低落、工作效率下降等间接成本，以及员工不满而引发劳动纠纷的处理成本
绩效管理系统维护成本	系统更新与升级成本	企业使用的绩效管理信息系统需要定期进行更新和升级，以适应企业发展和管理的需求，这涉及软件购买升级费用、硬件设备更新费用等
	数据管理与分析成本	对绩效数据进行收集、整理、存储和分析，需要投入人力和技术资源，涉及数据管理人员的薪酬、数据分析软件的使用费用等。例如，企业聘请的专业数据分析师年薪可能在 10 万元以上，再加上数据分析软件的费用，每年的数据管理与分析成本比较高

（二）绩效管理成本降低的措施

在绩效管理环节，降低人力成本可从优化绩效指标、简化绩效评估流程、强化绩效反馈与辅导、建立绩效激励与约束机制等方面着手。

1. 优化绩效指标

优化绩效指标的措施如图 10-15 所示。

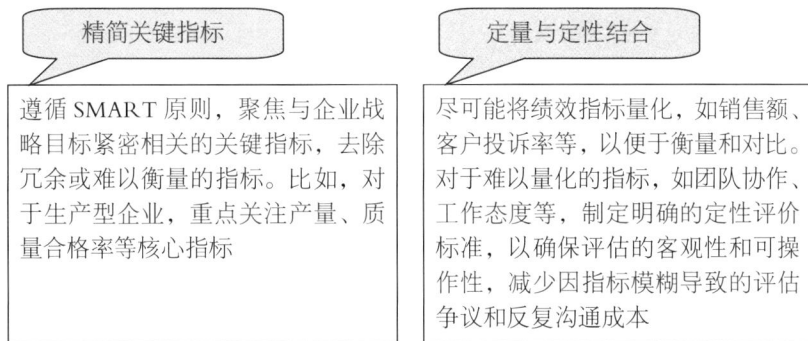

精简关键指标

遵循 SMART 原则，聚焦与企业战略目标紧密相关的关键指标，去除冗余或难以衡量的指标。比如，对于生产型企业，重点关注产量、质量合格率等核心指标

定量与定性结合

尽可能将绩效指标量化，如销售额、客户投诉率等，以便于衡量和对比。对于难以量化的指标，如团队协作、工作态度等，制定明确的定性评价标准，以确保评估的客观性和可操作性，减少因指标模糊导致的评估争议和反复沟通成本

图 10-15　优化绩效指标的措施

2. 简化绩效评估流程

（1）减少评估层级

优化评估流程，减少不必要的中间环节和审批流程。

例如，采用直接上级评估与隔级审核相结合的方式，避免多层级评估带来的时间和人力浪费，提高评估效率。

（2）应用线上评估系统

引入绩效管理软件或线上评估系统，实现绩效评估的信息化操作。员工在线提交绩效数据和自评报告，上级领导在线进行评估和反馈，系统可自动进行数据统计和分析。这样不仅提高了评估的准确性和及时性，还能减少人工操作和纸张使用等成本。

3. 强化绩效反馈与辅导

强化绩效反馈与辅导的措施如图 10-16 所示。

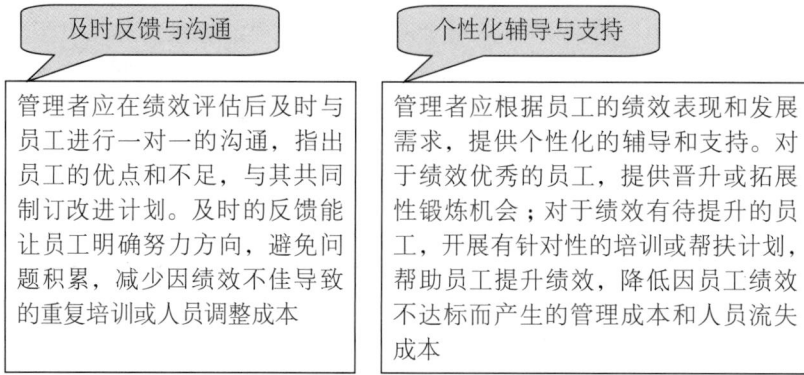

及时反馈与沟通

管理者应在绩效评估后及时与员工进行一对一的沟通，指出员工的优点和不足，与其共同制订改进计划。及时的反馈能让员工明确努力方向，避免问题积累，减少因绩效不佳导致的重复培训或人员调整成本

个性化辅导与支持

管理者应根据员工的绩效表现和发展需求，提供个性化的辅导和支持。对于绩效优秀的员工，提供晋升或拓展性锻炼机会；对于绩效有待提升的员工，开展有针对性的培训或帮扶计划，帮助员工提升绩效，降低因员工绩效不达标而产生的管理成本和人员流失成本

图 10-16　强化绩效反馈与辅导的措施

4. 建立绩效激励与约束机制

建立绩效激励与约束机制的措施如图 10-17 所示。

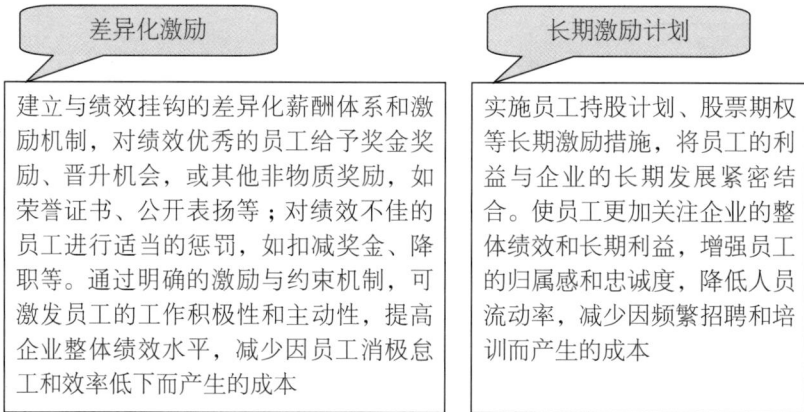

差异化激励

建立与绩效挂钩的差异化薪酬体系和激励机制，对绩效优秀的员工给予奖金奖励、晋升机会，或其他非物质奖励，如荣誉证书、公开表扬等；对绩效不佳的员工进行适当的惩罚，如扣减奖金、降职等。通过明确的激励与约束机制，可激发员工的工作积极性和主动性，提高企业整体绩效水平，减少因员工消极怠工和效率低下而产生的成本

长期激励计划

实施员工持股计划、股票期权等长期激励措施，将员工的利益与企业的长期发展紧密结合。使员工更加关注企业的整体绩效和长期利益，增强员工的归属感和忠诚度，降低人员流动率，减少因频繁招聘和培训而产生的成本

图 10-17　建立绩效激励与约束机制的措施

五、薪酬福利成本降低

（一）薪酬福利成本的构成

薪酬福利成本的构成如表 10-6 所示。

表 10-6 薪酬福利成本的构成

类别	细分	说明
薪酬成本	基本工资	即企业按照劳动合同约定向员工支付的固定工资，是薪酬成本的主要组成部分
	绩效工资	即根据员工的工作表现和业绩完成情况向员工支付的浮动工资，可激励员工提高工作效率和质量
	奖金与津贴	包括年终奖金、项目奖金、岗位津贴、加班补贴等，这些也是薪酬成本的重要组成部分
福利成本	法定福利	企业必须依法为员工缴纳社会保险、住房公积金等费用，一般按照员工工资的一定比例计算
	企业福利	如商业保险、节日福利、员工体检、带薪休假等福利

（二）薪酬福利成本降低的措施

在薪酬福利方面降低成本，可以从薪酬体系优化、福利项目调整、成本管控机制建立等多方面入手。

1. 优化薪酬体系

优化薪酬体系的措施如图 10-18 所示。

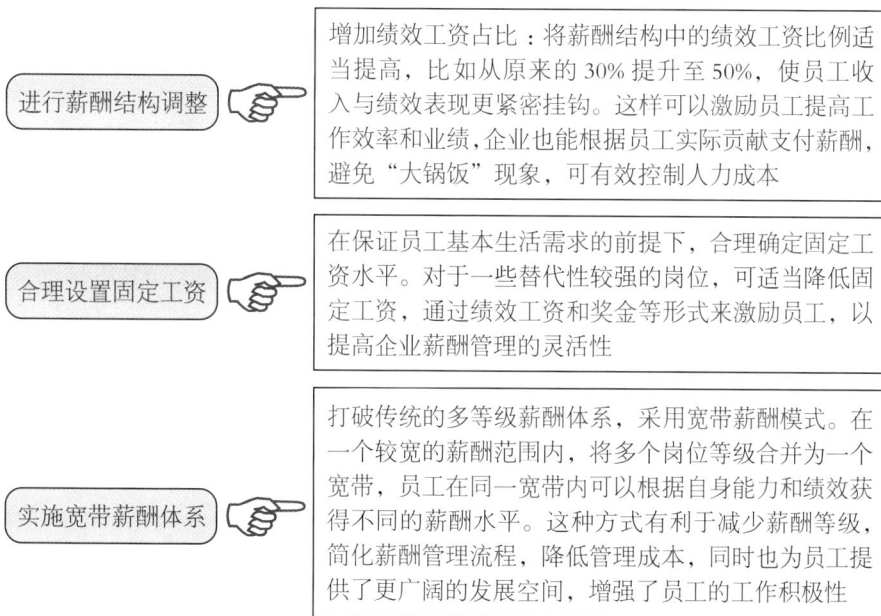

进行薪酬结构调整 ☞ 增加绩效工资占比：将薪酬结构中的绩效工资比例适当提高，比如从原来的 30% 提升至 50%，使员工收入与绩效表现更紧密挂钩。这样可以激励员工提高工作效率和业绩，企业也能根据员工实际贡献支付薪酬，避免"大锅饭"现象，可有效控制人力成本

合理设置固定工资 ☞ 在保证员工基本生活需求的前提下，合理确定固定工资水平。对于一些替代性较强的岗位，可适当降低固定工资，通过绩效工资和奖金等形式来激励员工，以提高企业薪酬管理的灵活性

实施宽带薪酬体系 ☞ 打破传统的多等级薪酬体系，采用宽带薪酬模式。在一个较宽的薪酬范围内，将多个岗位等级合并为一个宽带，员工在同一宽带内可以根据自身能力和绩效获得不同的薪酬水平。这种方式有利于减少薪酬等级，简化薪酬管理流程，降低管理成本，同时也为员工提供了更广阔的发展空间，增强了员工的工作积极性

图 10-18 优化薪酬体系的措施

2. 调整福利项目

调整福利项目的措施如图 10-19 所示。

采用弹性福利制度 ☞	设计一套包含多种福利项目的福利菜单，如健康保险、带薪休假、培训机会、节日礼品等，让员工根据自己的需求和偏好进行选择。这样既能满足员工的个性化需求，提高员工对企业的满意度；又能避免统一福利造成的资源浪费。企业可以根据员工的选择情况，合理控制福利成本
评估福利项目的有效性 ☞	定期对现有福利项目进行评估，了解员工对各项福利的需求程度和使用频率。对于那些需求不高、成本较高的福利项目，可以考虑取消或调整为更实用的福利项目
增加低成本福利 ☞	提供一些低成本但能提升员工幸福感的福利，如免费健身课程、心理健康咨询服务、员工特色食堂等。这些福利不仅可以增强员工的归属感和忠诚度，还能在一定程度上替代高成本的福利项目，降低人力成本

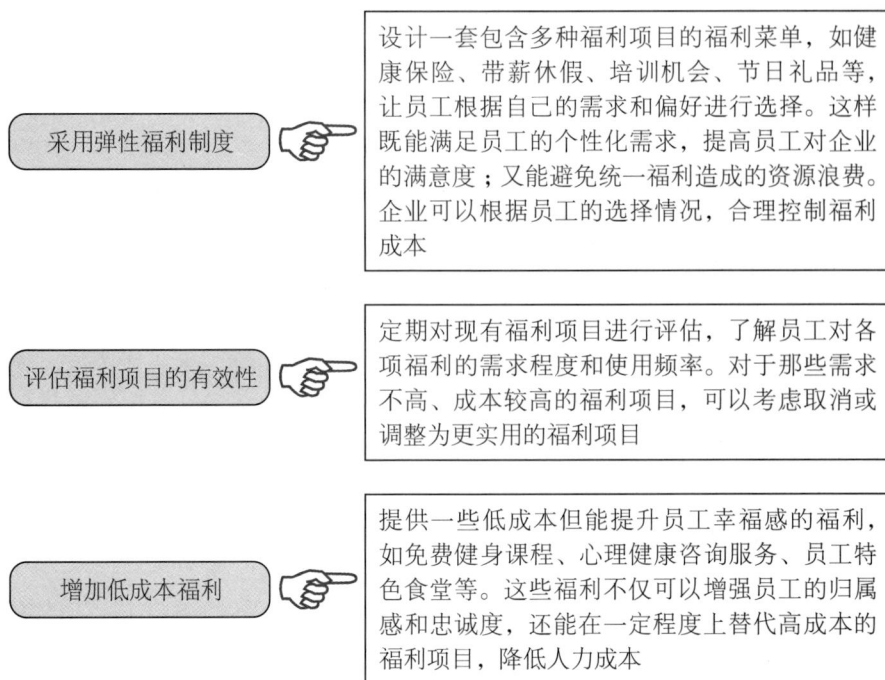

图 10-19　调整福利项目的措施

3. 建立成本管控机制

建立成本管控机制的措施如图 10-20 所示。

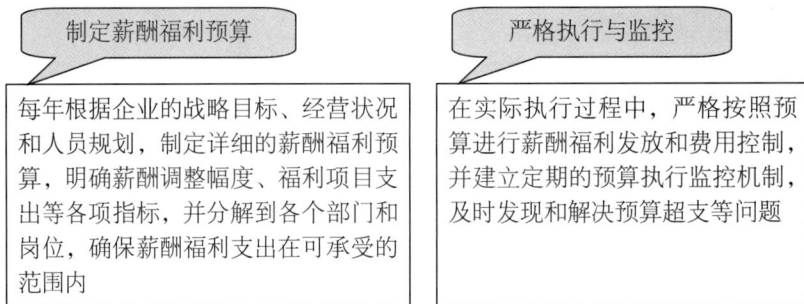

| 制定薪酬福利预算 | 严格执行与监控 |
| 每年根据企业的战略目标、经营状况和人员规划，制定详细的薪酬福利预算，明确薪酬调整幅度、福利项目支出等各项指标，并分解到各个部门和岗位，确保薪酬福利支出在可承受的范围内 | 在实际执行过程中，严格按照预算进行薪酬福利发放和费用控制，并建立定期的预算执行监控机制，及时发现和解决预算超支等问题 |

图 10-20　建立成本管控机制的措施

六、劳动关系管理成本降低

（一）劳动关系管理成本的构成

劳动关系管理成本是企业在建立、维护和终止劳动关系过程中所发生的各项费用总和，主要包括表 10-7 所示的几个方面。

表10-7　劳动关系管理成本的构成

类别	细分	说明
日常管理成本	人力投入	（1）人力资源部门：人力资源部门的员工负责劳动合同管理、员工关系维护、政策制定与执行等工作，其薪酬、福利等构成日常管理成本的一部分 （2）直线经理：直线经理在管理下属员工、处理员工问题等方面花费的时间和精力，也应列入劳动关系管理成本
	办公费用	（1）文件管理费用：劳动合同、员工档案等文件存储、保管和维护的费用，包括文件柜、档案袋、纸张等办公用品的费用 （2）沟通与协调费用：企业为促进内部沟通，组织召开员工会议、活动等所发生的费用，如会议室租赁、活动场地布置等费用
劳动纠纷处理成本	法律费用	（1）咨询费用：企业在处理劳动纠纷时，向律师事务所等专业机构咨询，需支付咨询费 （2）诉讼费用：如果劳动纠纷进入诉讼程序，企业需要支付诉讼费、律师费等，案件复杂程度不同，费用差异较大，可能从数万元到数十万元不等
	时间成本	（1）内部处理时间：企业内部人力资源部门、法务部门等在调查、协商处理劳动纠纷过程中所花费的时间 （2）诉讼时间：劳动纠纷案件的诉讼过程可能较长，从几个月到几年不等，企业需要投入大量的时间和精力应对，会对企业的经营管理产生一定的干扰
	赔偿成本	（1）经济补偿：根据法律规定，企业在某些情况下与员工解除劳动合同，需要支付经济补偿金，金额根据员工的工作年限和工资水平确定 （2）赔偿金：如果企业存在违法解除劳动合同等行为，可能需要支付赔偿金，一般为经济补偿金的两倍

（二）劳动关系管理成本降低的措施

1.熟悉并遵守法律法规

企业应安排专人或相关部门深入学习《中华人民共和国劳动法》《劳动合同法》等法律法规，确保各项人力资源管理制度和操作流程符合法律要求，避免违法违规行为导致的罚款、赔偿等额外成本。

例如，在制定员工手册时，要确保其中的规定不与法律相抵触，在进行员工调岗、降薪等操作时，要遵循法定程序。

2.规范合同与文件管理

建立完善的劳动合同和员工档案管理制度，确保劳动合同的签订、续签、变更、解除等都有规范的流程和书面记录。对员工的入职材料、考勤记录、绩效评估结果、奖惩记录等文件要进行妥善保存，以便在出现劳动纠纷时将其作为有力证据。

3.构建和谐劳动关系

构建和谐的劳动关系，有助于管理成本和人员流失成本的降低，具体措施如图10-21所示。

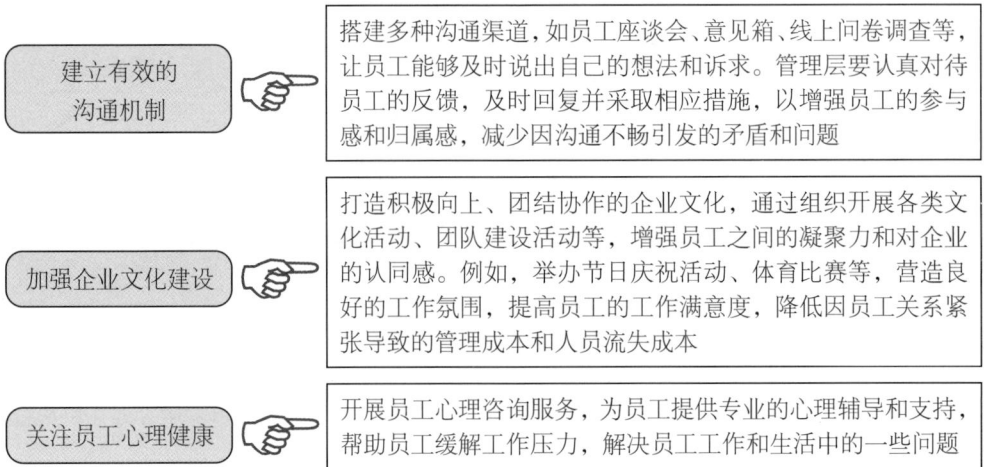

图 10-21　构建和谐劳动关系的措施

4. 信息化系统应用

利用人力资源管理信息系统，对员工信息、劳动合同、考勤、绩效等进行集中管理，实现数据的实时更新和共享，从而提高管理效率，减少人工操作和纸质文档管理带来的成本。同时，通过数据分析功能，为劳动关系管理决策提供数据支持，及时发现潜在问题并采取措施。

5. 引入第三方调解机构

当劳动纠纷发生时，优先考虑由第三方调解机构进行调解，如劳动争议调解委员会、行业协会调解组织等。调解机构的调解费用相对较低，且调解过程较为灵活，能够在较短的时间内解决纠纷，避免了进入诉讼程序给企业带来的高额成本和时间消耗。

七、离职管理成本降低

（一）离职管理成本的构成

离职管理成本是指在员工离职过程中以及离职后所产生的一系列费用和损失，主要包括表 10-8 所示的几个方面。

表 10-8　离职管理成本的构成

类别	细分	说明
离职面谈成本	时间成本	管理人员或人力资源专员需要花费时间与离职员工进行面谈，了解其离职原因、收集其意见建议等。一般一次离职面谈可能需要 30 分钟至 1 小时，这占用了人力资源专员的工作时间，影响了正常工作的开展，产生了时间成本
	人力成本	参与离职面谈的人员通常是具有一定管理经验或专业知识的员工，他们的时间成本较高。如果企业规模较大，离职人数较多，这部分人力成本会相应增加

续表

类别	细分	说明
手续办理成本	人力成本	人力资源部门需要安排专人办理离职员工的各项手续，如工资结算、社保与公积金停缴、公司财物归还、档案转移等。这些工作烦琐且需要一定的专业知识，办理过程中涉及多个部门的协作，会耗费大量的人力
	办公成本	离职手续办理过程中会涉及办公设备、纸张、油墨等的损耗，还可能产生邮寄费用，虽然单笔费用可能不高，但累计起来也是一笔不小的开支
工作交接成本	时间成本	离职员工与接手工作的员工需要进行工作交接，包括业务流程、客户信息、项目进展等方面。这个过程可能需要几天甚至几周的时间，期间双方的工作效率都会受到一定影响，导致工作延迟，产生时间成本
	培训成本	为了使接手工作的员工能够尽快熟悉工作内容，可能需要对其进行专门的培训，包括内部培训、外部培训等，这就产生了培训成本
潜在风险成本	法律风险成本	如果离职手续不规范，或者与员工发生劳动纠纷，企业可能需要支付法律诉讼费用、赔偿金等，从而增加企业的法律风险成本。据统计，劳动纠纷案件的法律费用和赔偿金可能从几千元到几十万元不等，具体金额取决于案件的复杂程度和赔偿标准
	商业机密泄露风险成本	离职员工可能掌握着企业的商业机密、技术资料等重要信息，如果其在离职后没有做好保密工作，或者故意泄露，可能会给企业带来巨大的经济损失，如市场份额下降、竞争力减弱等
重新招聘与培训成本	招聘成本	为了填补离职员工留下的岗位空缺，企业需要进行重新招聘，包括发布招聘信息、筛选简历、组织面试、背景调查等工作，从而投入大量的人力、物力和财力
	培训成本	新员工入职后，为了使其能够尽快适应工作环境、掌握工作技能，企业应对其进行培训，包括入职培训、岗位技能培训、企业文化培训等，这需要企业投入大量的成本

（二）离职管理成本降低的措施

1. 做好离职面谈

当员工提出离职时，企业应安排人力资源管理专员或员工的直接上级与员工进行离职面谈，了解员工离职的真实原因，对企业存在的问题及时进行改进。同时，争取与离职员工保持良好的沟通，避免因离职处理不当引发劳动纠纷。

2. 维护离职员工关系

鼓励离职员工在社交媒体平台上分享在企业的工作经历和对企业的正面评价，利用离职员工的口碑为企业树立良好的雇主形象，从而吸引潜在人才，降低企业的招聘成本和品牌推广成本。

3. 简化离职手续

（1）制定标准化离职流程

明确离职申请、审批、工作交接、财务结算等各个环节的责任人，制作离职手续办理清单，让员工和相关部门清楚了解每个环节的工作内容和时间节点，以提高离职手续办理效率，减少因流程烦琐导致的人力和时间浪费。

（2）采用信息化管理系统

利用人力资源管理系统或办公自动化系统，实现离职申请、审批等流程的线上操作。员工在线提交离职申请，相关领导和部门在线进行审批和反馈，系统可以自动记录流程进度，提高流程的透明度和可控性，降低管理成本。

例如，某企业利用 RPA 技术自动处理离职申请、工作交接、系统权限撤销等事项，减少了人工操作的错误和遗漏，提高了离职处理的效率和准确性，降低了因离职流程不当而给企业带来的潜在风险。

4.提高离职工作交接效率

提高离职工作交接效率的措施如图 10-22 所示。

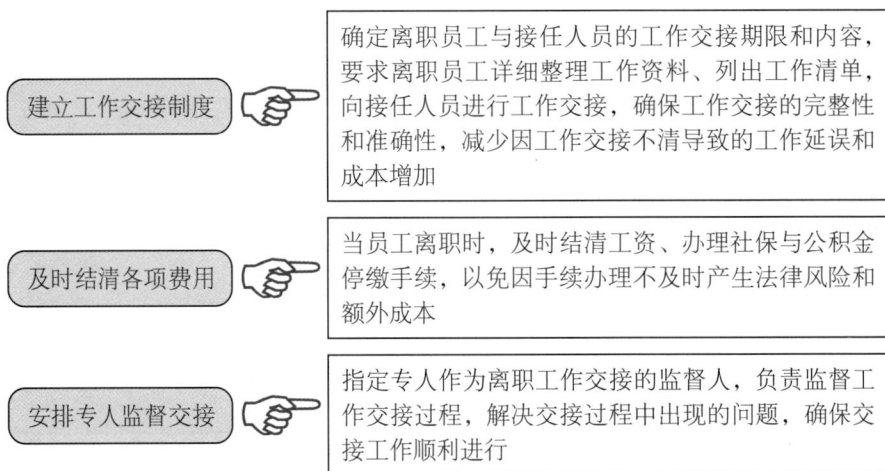

建立工作交接制度 ☞	确定离职员工与接任人员的工作交接期限和内容，要求离职员工详细整理工作资料、列出工作清单，向接任人员进行工作交接，确保工作交接的完整性和准确性，减少因工作交接不清导致的工作延误和成本增加
及时结清各项费用 ☞	当员工离职时，及时结清工资、办理社保与公积金停缴手续，以免因手续办理不及时产生法律风险和额外成本
安排专人监督交接 ☞	指定专人作为离职工作交接的监督人，负责监督工作交接过程，解决交接过程中出现的问题，确保交接工作顺利进行

图 10-22　提高离职工作交接效率的措施

5.离职员工数据分析

（1）建立离职员工数据库

将离职员工的基本信息、工作经历、离职原因等数据进行整理和存储，建立离职员工数据库，通过定期回访、发送节日问候等方式，与离职员工保持联系，了解其职业发展情况，有可能的话将合适的离职员工重新吸引回企业，以降低招聘和培训成本。

（2）建立离职数据分析机制

定期对离职数据进行分析，包括离职率、离职原因分布、不同部门和岗位离职情况等，找出离职的规律和趋势，为企业改进人力资源管理工作提供依据。

例如，如果发现某一部门的员工离职率较高，就要深入分析是部门管理问题、工作环境问题还是薪酬待遇问题，有针对性地采取措施加以解决。

第十一章 财务成本剖析：精打细算，积累财富

财务成本剖析涵盖多个关键层面。在资金成本方面，企业应深入分析融资渠道的成本构成，无论是银行贷款利息、债券融资利率，还是股权融资所涉及的股息分配等，都要精确计算资金获取与使用的成本，确保资金运用高效且成本较低。对于财务费用，像利息支出、汇兑损益、手续费等，企业需建立严格的管控机制，优化资金结构，合理安排资金收付时间，降低财务费用率。

* * *

第一节 资金成本，精细核算

企业可以通过优化资本结构、加强资金管理、合理使用金融工具等方法来控制资金成本，降低财务费用。

一、优化资本结构

企业可以通过图 11-1 所示的措施优化资本结构，降低财务成本。

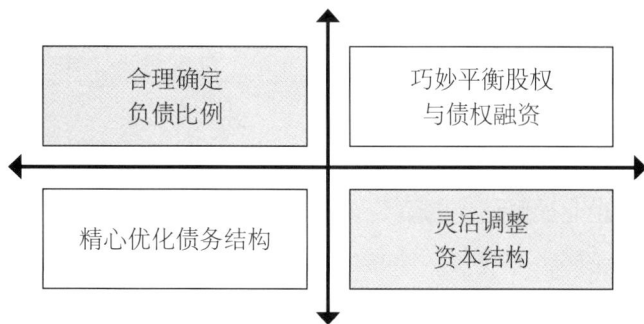

图 11-1 优化资本结构的措施

（一）合理确定负债比例

企业应深入剖析自身的经营情况、所处行业的特性以及宏观市场环境，对财务杠杆系数等关键指标进行准确计算与分析，精准确定适配的负债水平。通常而言，若企业经营态势平稳且现金流充裕，可适度提高负债占比，有效借助财务杠杆，提升股东收益。不过，企业一定要确保偿债能力处于可控范围内，谨防过度负债导致沉重的利息支出，给企业带来巨大的财务压力。

例如，一家成熟的家电制造企业通过对过往的财务数据进行梳理，并结合行业平均资产负债率、息税前利润等指标，借助财务杠杆系数计算发现，当前自身的负债水平还有一定的提升空间。在经营态势平稳且现金流充裕的情况下，企业决定适度提高负债占比。充分评估风险后，将负债比例从原本的 30% 提升至 35%。这一举措使企业在采购原材料时，能够凭借更多资金实现大规模采购，获得更优惠的价格，进而降低了产品成本，提升了利润空间，股东收益也随之显著增长。

（二）巧妙平衡股权与债权融资

企业应全面考量股权融资与债权融资的优劣以及成本差异，进行科学合理的搭配。股权融资虽无须支付固定利息，但会使股权被稀释；债权融资的成本相对较低，然而存在还本付息的压力。

一家处于成长期的软件研发企业为例，在发展初期，由于业务模式尚未完全成熟，市场前景存在一定的不确定性，此时股权融资成为主要的资金获取方式。通过引入多家风险投资机构，企业获得了充足的发展资金，可以投入大量资源进行技术研发和市场拓展，实现业务的快速扩张。随着业务逐渐步入稳定轨道，产品在市场上占据了一定份额，企业开始考虑调整融资结构。此时，债权融资的优势凸显出来，企业通过发行企业债券，利用相对较低的成本进行融资。债券融资不仅为企业带来了资金，而且由于利息可在税前扣除，产生了税盾效应，进一步降低了企业的整体资金成本。这种股权与债权融资的合理搭配，让企业在不同发展阶段都能以最优的方式获取资金，实现了资本结构的优化。

（三）精心优化债务结构

长期债务能够为企业提供稳定的资金保障，其利率虽相对较高，但波动较小；短期债务成本较低，但企业还款压力较大，且再融资风险较高。企业应依据资金需求在时间维度上的分布特点，对长期投资项目，合理匹配相应的长期债务；对季节性或临时性的资金需求，则采用短期债务加以解决。如此一来，债务结构与资产结构相互匹配，有效降低了资金成本的波动风险。

例如，某大型建筑企业承接了许多大型工程项目，项目周期长，资金需求大且持续时间久。对于这些长期投资项目，企业选择与银行签订长期贷款合同，使贷款期限与项目周期相匹配，确保在项目建设期间有稳定的资金支持。尽管长期贷款利率相对较高，但波动较小，企业无须担忧利率大幅波动带来的成本增加。而在项目施工期间，出现了季节性的资金周转需求，在施工旺季，原材料采购量增大，需要临时增加资金。这时，企业采用短期信用贷款来解决这部分资金需求。短期信用贷款审批流程相对简单、放款速度快，且成本较低，能够满足企业临时性的资金需求。

（四）灵活调整资本结构

1.定期评估资本结构

企业经营状况与市场环境始终处于动态变化之中，因而定期对资本结构开展评估极为必要。企业应该对财务指标、市场发展趋势、行业竞争格局等多方面因素进行综合分析，准确判断自身的资本结构是否合理。

例如，某家传统的纺织企业每年都会开展一次全面的财务分析。在某一年的评估中该企业发现，随着行业竞争加剧，产品毛利率有所下降，但资产负债率相对较高。经过综合分析，企业决定适当降低负债比例，通过引入战略投资者的方式，增加股权融资，优化资本结构，提升企业的抗风险能力。

2.根据市场变化及时调整

当市场利率、行业竞争格局、企业发展战略等出现重大变动时，企业必须及时对资本结构做出调整。比如，在市场利率下降时，企业可考虑提前偿还高利率债务、重新发行低利率债券或者进行再融资，来优化债务成本。再如，当企业决定开拓新的业务领域而需要大量资金时，应结合新业务的风险特性与预期收益，合理抉择融资方式，并相应调整资本结构。

例如，某家服装企业决定开拓电商业务领域，这需要大量的资金用于搭建电商平台、推广市场以及优化供应链等。该企业根据新业务的风险特性与预期收益，一方面引入战略投资，利用战略投资者的资金和资源优势，助力电商业务的发展；另一方面，向银行申请专项贷款，以满足短期资金周转需求。通过这种合理的融资方式和资本结构，企业成功解决了新业务发展的资金问题，为业务拓展奠定了坚实基础。

二、加强资金管理

（一）提高资金使用效率

1.准确预算，精准投放

加强预算管理至关重要，这样能帮助企业准确预测资金需求，合理安排资金投放，避免资金闲置或过度占用。例如，通过实施零基预算，对各项资金支出进行重新评估和排序，确保资金优先用于效益高的项目。

例如，某家大型制造企业以前采用传统预算方法，资金分配往往基于以往的支出，缺乏对效益的精准考量。后来，该企业引入零基预算模式，在制定预算时，对各项资金支出进行重新评估和排序。在筹备新产品生产线时，该企业通过零基预算分析发现，部分辅助设备的购置并不是很紧迫，且经济效益不高，而核心生产设备的升级却能大幅提升生产效率与产品质量，带来更高的收益。于是，该企业果断将资金优先投入核心设备的升级项目上。这一举措使核心设备提前升级，产品在市场上凭借优质低价迅速抢占份额，为企业带来了丰厚利润。

2. 优化流程，加速周转

优化业务流程也是提高资金使用效率的关键。企业可以通过优化业务流程、缩短生产经营周期、加快资金周转速度，如减少存货积压、缩短应收账款回收周期等，提高资金的使用效率，降低资金占用成本。

例如，某服装生产企业过去的生产经营周期较长，从原材料采购到成品销售，往往需要数月，大量资金积压在存货环节，资金周转缓慢。该企业通过优化生产流程、引入先进的生产管理系统，对供应链进行整合优化。一方面，加强与供应商合作，实现原材料的准时供应，减少了原材料的库存积压；另一方面，优化生产环节，缩短了产品的生产周期。同时，加大对应收账款的管理力度，通过完善客户信用评估体系，缩短应收账款回收周期。原本平均需要90天才能收回的账款，现在缩短至60天。经过一系列措施，该企业资金周转速度大幅加快，资金使用效率显著提升，资金占用成本降低了15%。

（二）强化营运资金管理

1. 优化现金管理

确定最佳现金持有量对企业来说至关重要。企业可以通过合理控制现金、存货、应收账款和应付账款等营运资金项目，确定最佳的现金持有量；还可以采用现金浮游量管理等方式，提高现金使用效率，降低财务成本。

例如，某家连锁零售企业过去的现金持有量较大，导致资金闲置，收益较低。后来该企业采用现金浮游量管理方式，对现金收支进行了精细化管理。一方面，与银行合作，优化现金结算流程，充分利用付款与收款之间的时间差。例如，合理安排支付供应商货款的时间，确保在不影响供应商关系的前提下，尽可能延长资金在企业内的停留时间；另一方面，加快销售款的回笼速度，与金融机构合作开展收款业务，使销售款能快速到账。通过这些措施，企业成功降低了现金持有量，将原本闲置的资金用于短期投资，获得了额外收益，提高了现金使用效率。

2. 科学管理存货

企业也可以优化存货管理，利用经济订货量模型降低存货成本。

例如，某电子产品制造企业以前的存货管理较为粗放，库存积压严重。为解决这一问题，该企业采用经济订货量模型来优化存货管理。通过对产品需求、采购成本、储存成本等数据进行准确分析，确定了每种原材料和零部件的最佳订货量与订货时间。同时，建立了库存预警系统，当库存水平低于安全库存时，系统自动提醒采购部门补货。这一举措使企业存货成本大幅下降，库存周转率提高了 30%，有效降低了资金在存货环节的占用成本。

3. 合理管控应收账款

企业还应该加强应收账款的催收，制定合理的信用政策，平衡销售增长与收款风险。

例如，某家具销售企业过去为了追求销售增长，信用政策较为宽松，导致应收账款的规模不断扩大，坏账风险增加。现在，该企业重新审视信用政策，根据客户的信用情况、购买历史等因素，将客户分为不同等级，并针对不同等级客户制定差异化的信用政策。对于信用良好的优质客户，给予适当的信用额度和账期；对于信用风险较高的客户，则采用预付款方式或缩短账期。同时，加强应收账款催收团队的建设，采用电话沟通、上门拜访、法律诉讼等多种方式进行催收。经过调整，该企业应收账款回收率显著提高，坏账损失减少了 20%，在保证销售增长的同时，降低了收款风险，提高了资金使用效益。

4. 巧妙利用应付账款

企业可以在不影响供应商关系的前提下，合理利用应付款账期，争取更有利的付款条件，增加企业资金的使用效益。

例如，某食品加工企业与供应商保持着长期良好的合作关系，采购原材料时，通过与供应商协商，在保证产品质量和供应时间的基础上，争取到了更有利的付款条件。将原本 30 天的付款账期延长至 45 天，利用这 15 天的时间，该企业可以将资金用于其他短期投资或生产运营，获得额外收益。同时，该企业严格遵守与供应商的付款约定，拥有了良好的商业信用，为后续合作奠定了坚实基础。

三、合理使用金融工具

（一）善用利率市场机遇

利率市场处于持续变化之中，犹如经济运行的脉搏，其波动对企业融资成本有着显著影响。企业应构建完善的利率监测机制，密切关注利率走势，精准把握利率市场带来的契机。当市场利率处于低位时，企业可适时增加长期债务的融资规模。

例如，某汽车零部件制造企业在利率下行周期，深入分析市场形势，果断决策，成功发行了长期债券，并向银行申请了长期贷款。通过这一系列操作，该企业有效锁定了较低的融资成本，显著降低了利息支出，增强了企业的财务稳健性。

在企业债务结构中，若存在浮动利率债务，那么利率波动的不确定性易使企业面临利息支出大幅变动的风险。在此情形下，企业可利用利率互换这一金融工具来进行风险管理。通过利率互换协议，企业可将浮动利率债务转换为固定利率债务，从而使未来的利息支付保持在一个稳定水平，无论市场利率后续如何上升，企业的利息负担均不会增加，这样有效规避了利率上升带来的风险，稳定了企业的财务成本。

（二）科学选择融资方式

企业的融资途径丰富多样，并不局限于银行贷款、债券发行及股权融资等传统方式。企业应依据自身的经营特点、财务状况、发展战略以及市场环境等多方面因素，综合权衡，选择最适配的融资方式。

（1）供应链金融作为一种新型融资模式，为企业提供了新的融资思路。

例如，在原材料采购环节，如果供应商对企业付款能力存在疑虑，可能会影响供货稳定性。而某服装制造企业借助与下游大型服装销售商的良好关系，采用供应链金融模式，及时从金融机构获得贷款支付给供应商。这一举措既解决了企业自身的资金短缺问题，又增强了供应商与企业合作的信心，保障了原材料供应的稳定性，实现了企业与供应链合作伙伴的互利共赢。

（2）融资租赁为企业购置设备提供了一种灵活的融资选择。

例如，一家小型物流公司计划购置一批新型运输车辆来拓展业务，但面临着资金短缺问题。若采用传统的一次性全额付款购买方式，资金压力巨大。于是该公司选择了融资租赁模式，从专业融资租赁公司租赁所需车辆，只需按照合同约定定期支付租金。租赁期满后，该公司还可根据自身发展情况选择是否购买这些车辆。这种方式有效缓解了资金压力，使该公司在资金有限的条件下实现了设备更新和业务扩张。

（3）资产证券化是企业盘活存量资产、拓宽融资渠道的有效手段。

例如，某企业积累了大量尚未收回的应收账款，这些账款虽代表未来的现金流入，但在回收之前则处于闲置状态。通过应收账款证券化，该企业将应收账款打包出售给特定的金融机构，金融机构经过结构化设计，将其包装成证券产品再出售给投资者。该企业通过这一操作，提前实现了应收账款的现金流变现，拓宽了融资渠道，同时降低了融资成本，提高了资金使用效率。

（三）有效管控外汇风险

对于开展跨境业务的企业，汇率波动犹如悬在头顶的"达摩克利斯之剑"，对企业资金成本和经营利润影响重大。企业需构建完善的外汇风险管理体系，合理运用各类金融工具，有效应对汇率波动风险。

（1）外汇远期合约是企业常用的外汇风险管理工具之一。

例如，一家主营出口业务的企业，其产品主要销往美国。鉴于汇率波动的不确定性，该企业担心美元贬值导致兑换人民币收入减少。为规避这一风险，该企业与银行签订外汇远期合约，提前锁定美元兑人民币的汇率。无论未来市场汇率如何波动，企业均可按照合约约定的汇率进行货币兑换，确保了收入的稳定性，有效降低了汇率贬值带来的损失。

（2）外汇期权为企业提供了更灵活的汇率风险管理方式。

例如，一家进口企业计划从国外进口一批关键设备，需支付欧元。由于担心欧元升值导致采购成本增加，企业购买了外汇期权。若欧元在未来升值，企业可选择执行期权，按照期权约定的汇率兑换欧元，从而降低采购成本；若欧元未升值，企业可选择不执行期权，仅损失期权购买费用。

（3）货币互换适用于有不同货币需求的企业。

例如，有一家国内企业和一家国外企业，国内企业有人民币资金需求，国外企业有外币资金需求。通过货币互换协议，双方互相交换了货币，并约定了互换利率。这种方式不仅满足了双方的资金需求，还通过锁定汇率和利率，降低了汇率波动带来的风险，减少了财务成本的不确定性，促进了企业跨境业务的稳定发展。

四、加强信用管理与合作

（一）提升企业信用等级

在商业领域，企业信用等级是企业信誉的直观体现。拥有良好信誉的企业，在融资过程中往往能获得诸多优势。

企业应规范财务管理，保持良好的财务状况和经营业绩，及时、准确地披露财务信息，遵守法律法规和市场规则，树立良好的企业形象，提升信用等级。较高的信用等级，有助于企业在融资时获得更优惠的利率条件和融资额度，并降低融资成本。

例如，F机械制造企业过去的财务管理较为松散，账目记录混乱，财务报表也无法准确反映企业真实的经营状况。这导致企业在与金融机构、合作伙伴打交道时，常常面临信任危机，信用等级也处于较低水平。为了改变这一局面，F机械制造企业决定对财务管理进行全面规范。他们聘请了专业的财务团队，建立了完善的财务制度，对每一笔资金的流入和流出都进行详细记录和严格审核。同时，企业积极拓展业务，通过技术创新和市场推广，提高产品质量和市场占有率，使经营业绩逐年攀升。

在信息披露方面，F机械制造企业也变得更加积极主动。以往，他们总是对财务信息遮遮掩掩，不愿与外界过多分享。现在，他们认识到及时、准确披露财务信息的重要性，不仅按时发布年度财务报告，还定期向投资者和合作伙伴分享企业的季度经营数据和发展动态。此外，该企业始终遵守法律法规和市场规则，在原材料采购、生产制造、产品销售等各个环节，都严格执行行业规范，杜绝任何违规操作。

经过一系列努力，F机械制造企业的形象得到显著提升，信用等级也从原本的B级跃升至A级。这一变化给该企业带来了实实在在的好处。在后续的融资过程中，银行给予其更为优惠的利率条件，贷款利率比之前降低了2个百分点；同时，融资额度也从原来的500万元提升至1000万元，大大降低了企业的融资成本，为企业的进一步发展提供了充足的资金支持。

（二）加强银企合作

企业与银行等金融机构之间的关系，如同鱼水一般，紧密相连。与银行等金融机构建立长期稳定的合作关系，对企业的发展至关重要。这样能让金融机构深入了解企业的经营状况和发展前景，从而在贷款审批、利率定价等方面给予企业更为有利的条件。企业还可与银行签订战略合作协议，获得一定的授信额度和优惠利率，从而降低融资成本和融资难度。

例如，某企业是一家专注于电子产品研发和生产的企业。早期，由于与银行缺乏深入沟通，银行对该企业的业务模式和发展潜力了解有限，在贷款审批时较为谨慎，给予的利率较高，且额度有限。为了改善这种状况，该企业主动加强与银行的联系。企业管理层定期与银行的客户经理会面，详细介绍企业的产品研发进展、市场销售情况以及未来的战略规划。同时，邀请银行工作人员实地参观企业的生产车间和研发中心，让他们亲身感受企业的实力和发展活力。

经过一段时间的沟通与交流，银行对该企业有了全新的认识，对企业的发展前景充满信心。双方最终签订了战略合作协议，银行给予该企业5000万元的授信额度，且贷款利率相较于市场平均水平低了1.5个百分点。这一合作不仅降低了该企业的融资成本，还简化了贷款审批流程，使该企业能够迅速获得资金支持，极大地缓解了企业的资金压力，并帮助企业在市场竞争中抢占了先机。

第二节　财务费用，严格管控

企业要想降低成本，还可以从利息支出、手续费、汇兑损失等财务费用的控制入手。

一、利息支出控制

在企业财务管理中，利息支出作为一项重要的成本，对企业的盈利能力和财务状况有着显著影响。通过科学合理的手段对利息支出进行有效控制，能够提升企业的资金使用效率，增强企业的竞争力。

（一）优化债务融资结构

1. 合理确定债务规模

企业在进行债务融资时，需综合考量自身的经营状况、投资计划以及偿债能力等因素，确定合理的债务融资规模。通过深入的财务分析和全面的预算编制，企业能够准确计算出自身所能承受的债务上限，从而有效规避过度负债引发的高额利息支出风险。

例如，某制造企业在制订年度经营计划时，对自身的财务状况进行了全面梳理。通过对以往年度的收入、成本、利润等数据进行分析，并结合未来的市场发展趋势和企业投资规划，预测出该企业未来一段时间的现金流入和流出情况。经测算，该企业在维持现有经营水平并推进既定投资项目的前提下，能够承受的债务上限为 5000 万元。基于此，该企业严格控制债务融资规模，在后续的融资活动中，将债务总额稳定在 5000 万元以内。如果该企业原本盲目扩大债务规模至 8000 万元，当时市场平均贷款利率以 6% 计算，则该企业每年将额外产生 180 万元［（8000-5000）×6%］的利息支出。通过合理确定债务规模，企业成功避免了这部分不必要的利息负担，确保了资金的有效利用。

2. 调整债务结构

合理调整长期债务和短期债务的比例，是优化债务结构的关键所在。长期债务的利率相对稳定，但成本较高；短期债务成本较低，却存在再融资风险和利率波动风险。

3. 选择合适的债务融资方式

不同融资方式的利率水平和融资成本存在显著差异，企业应紧密关注市场动态，结合自身信用状况，审慎选择融资方式。

例如，某大型企业集团在拓展业务时需要筹集大量资金，他们对市场上的各类融资方式进行了深入调研和分析。当时，银行贷款利率处于相对较高的水平，且给予企业的贷款额度较低，审批条件较为严格。该企业自身信用等级较高，在债券市场具有较强的融资能力。经过权衡，该企业决定通过发行债券进行融资。该企业发行了期限为 3 年、票面利率为 4.5% 的公司债券，成功筹集到所需资金。相比之下，若该企业选择银行贷款，当时银行贷款利率为 5.5%，那么每年将多支付大量利息。

（二）加强贷款管理

1. 争取最优的贷款利率

企业与银行等金融机构保持良好的合作关系至关重要。凭借良好的信用记录和稳健的经营业绩，企业能够在贷款谈判中争取到更为优惠的贷款利率。同时，企业应密切关注市场利率动态，抓住利率下降的有利时机，及时进行贷款融资或对现有高利率贷款进行置换。

例如，某优质民营企业长期以来注重信用管理，按时足额偿还各类贷款，在金融机构中树立了良好的信用形象。在向银行申请一笔新的贷款时，该企业凭借良好的信用记录和持续增长的经营业绩，获得了较市场平均利率低0.5个百分点的优惠贷款利率。如果该企业此次贷款金额为3000万元，贷款期限为2年，以市场平均利率5%计算，原本每年需支付利息150万元（3000×5%），享受优惠利率后每年仅需支付利息135万元（3000×4.5%），两年共节省30万元。此外，当市场利率出现下降趋势时，该企业及时捕捉到这一信息，对部分高利率贷款进行了置换，提前偿还了一笔年利率为5.5%的贷款，重新申请了一笔年利率为4.8%的等额度贷款，进一步降低了利息支出。

2. 合理安排贷款资金的使用进度

企业应根据项目建设或业务发展的实际需求，科学合理地安排贷款资金的使用进度，避免贷款资金闲置而产生不必要的利息支出。

例如，某基础设施建设企业承接了一项大型公路建设项目，项目总投资10亿元，其中通过银行贷款融资5亿元。该企业制订了详细的项目建设进度，并根据各阶段的资金需求，合理安排贷款资金的提取和使用。在项目前期，主要开展征地拆迁和项目规划设计等工作，资金需求相对较小，该企业按照实际进度提取贷款资金，避免了大量资金闲置。随着项目进入施工高峰期，资金需求大幅增加，该企业及时足额提取贷款资金，确保项目顺利推进。假设该企业未合理安排贷款资金使用进度，提前一次性提取全部贷款资金，在项目前期可能会有大量资金闲置，产生不必要的利息支出。

（三）提前还款与债务重组

1. 提前还款

当企业拥有闲置资金且提前还款不会产生高额违约金时，可考虑提前偿还部分高利率债务，以降低利息支出。

例如，某上市企业因业务拓展顺利，资金回笼较快，账面上积累了一定的闲置资金。该企业对自身债务结构进行分析后发现，有一笔年利率为6%的长期贷款，剩余本金为2000万元，提前还款需按剩余本金的1%支付违约金。经计算，提前还款的违约金为20万元（2000×1%）;而若继续按照原贷款期限还款，需支付利息300万元（2000×6%×2.5，假设剩余贷款期限为2.5年）。该企业权衡利弊后，决定提前偿还这笔贷款。通过提前还款，该企业节省了280万元（300-20）的利息支出，有效降低了财务成本。

2. 债务重组

若企业面临财务困难或现有债务结构不合理，与债权人协商进行债务重组不失为一种有效的解决方式。通过延长还款期限、降低利率、债转股等手段，企业能够减轻利息负担和偿债压力。

例如，某传统制造企业因市场竞争加剧、原材料价格上涨等因素影响，经营陷入困境，财务状况恶化，面临较大的偿债压力。该企业与主要债权人进行了积极沟通和协商，最终达成债务重组协议。债权人同意将该企业部分债务的还款期限延长 3 年，同时将年利率由 8% 降低至 6%。假设该企业重组债务本金为 3000 万元，按照原还款计划，每年需支付利息 240 万元（3000×8%），重组后每年仅需支付利息 180 万元（3000×6%），每年减少利息负担 60 万元。

二、手续费控制

在企业运营过程中，手续费支出的单笔金额可能较小，但长期累积下来，会对企业的财务成本产生不可忽视的影响。通过科学合理的手段对手续费进行有效控制，有助于企业提升资金使用效率，增强盈利能力。

（一）优化支付结算方式

1. 选择低成本支付工具

企业在选择支付结算方式时，需综合考量交易金额、交易频率以及交易对象等多方面因素，以确定最适宜的支付工具，实现手续费成本的有效控制。

（1）对于小额、高频的交易场景，电子支付方式具有显著优势。

例如，某电商零售企业的日常订单数量庞大，单笔交易金额相对较小。在以往的支付结算过程中，采用传统的现金支付或支票支付方式，不仅操作烦琐，且手续费成本较高。后经评估，该企业全面采用网上银行支付和第三方平台支付方式。通过网上银行支付，每笔交易的手续费相较于传统方式降低了约 0.5 元；而第三方支付平台针对高频交易提供了更为优惠的套餐服务，该企业每月支付固定费用，即可享受一定额度内的免费交易，超出部分的手续费也远低于传统支付方式。如果该企业每月有 10 万笔小额交易，采用电子支付方式后，每月手续费支出节省约 5 万元，极大地降低了支付成本，提升了资金运营效率。

（2）对于大额交易，企业则需要对不同支付方式的手续费进行比较。

例如，某大型建筑企业在进行原材料采购时，经常涉及大额资金支付。以往该企业采用电汇方式，手续费按照汇款金额的一定比例支付。随着业务规模的扩大，手续费支出日益增加。该企业财务部门经过调研发现，对于部分信誉良好且交易频繁的供应商，采用商业汇票支付更为划算。商业汇票手续费相对较低，且该企业可通过合理安排票据的承兑期限，获得一定的资金使用效益。假设该企业某次采购需支付 1000 万元货款，电汇手续费率为 0.1%，则手续费为 1 万元；若采用商业汇票支付，手续费率仅为 0.05%，手续费支出降至 5000 元。

2. 集中支付与批量处理

将分散的支付业务进行集中管理并采用批量支付的方式，是企业降低手续费支出的有效途径之一。企业应积极与银行协商，争取更优惠的批量支付手续费率，进一步提升成本控制效果。

例如，某连锁餐饮企业旗下有数百家门店，各门店采购款项、员工薪酬等支付业务均独立进行，不仅操作烦琐，而且每笔支付业务都需支付一定的手续费。于是该企业决定对支付业务进行集中管理，设立专门的资金结算中心，将各门店的支付需求进行汇总，采用批量支付方式。通过协商，鉴于企业的业务规模和良好信用，银行同意将批量支付手续费率从每笔 0.8 元降至 0.3 元。如果该企业每月集中支付 50000 笔业务，那么每月手续费支出从原来的 4 万元（50000×0.8）降至 1.5 万元（50000×0.3），有效降低了企业的运营成本。

（二）加强银行账户管理

1. 清理冗余账户

对企业的银行账户进行全面清查和梳理，及时清理不必要的账户，能够有效减少账户管理费用和相关手续费支出。

例如，某多元化集团企业在发展过程中，由于业务拓展和历史原因，在多家银行开设了银行账户。财务部门全面清查后发现，部分账户长期处于闲置状态，但仍需支付账户管理费、小额账户维护费等费用。该企业果断对这些冗余账户进行清理，共注销了 20 个闲置账户。以每个账户每年平均管理费 500 元计算，该企业每年可节省账户管理费用 1 万元。同时，账户数量减少后，该企业的资金管理更加高效。

2. 优化账户功能

根据企业的资金管理需求，合理配置银行账户功能，不仅能够提高资金使用效率，还能减少额外的手续费。

例如，某制造企业以往的资金管理较为分散，账户功能设置单一，导致资金流转效率低下，且频繁的资金划转也产生了较多的手续费。该企业对银行账户进行了重新规划，设置了资金归集账户和预算管理账户。资金归集账户将各分支机构的资金及时归集到总部，可方便资金的统一调配和使用；预算管理账户则用于对各项资金的支出进行严格管控，确保资金按计划使用。通过优化账户功能，该企业减少了不必要的资金划转，资金使用效率大幅提升。

（三）谈判与合作

1. 与金融机构谈判

企业定期与银行等金融机构就手续费标准进行谈判，是降低手续费成本的重要手段。

如果企业业务规模较大，或与金融机构保持良好的合作关系，那么通过谈判争取手续费优惠的空间更为可观。

例如，某大型上市企业与多家银行保持着长期合作关系，且业务往来频繁，资金流量大。该企业财务团队定期与合作银行就手续费标准进行沟通和谈判。在最近一次谈判中，企业凭借自身强大的业务规模和良好的信用记录，成功说服银行降低多项手续费率。例如，银行将该企业的对公账户管理费降低了 30%，汇款手续费率降低了 0.02 个百分点。如果该企业每年的对公账户管理费支出为 10 万元、汇款业务金额为 5 亿元，那么每年可节省对公账户管理费 3 万元、汇款手续费 10 万元，显著降低了财务成本。

2. 寻找合作伙伴

除传统金融机构外，企业还应密切关注新兴的金融科技公司和支付平台，比较不同机构的手续费水平和服务质量，选择更具性价比的合作伙伴。

例如，某互联网金融企业针对支付结算业务积极寻找合作伙伴。在对市场上多家金融科技公司和支付平台进行调研和评估后，企业发现一家新兴支付平台在手续费收取方面具有明显优势，且其提供的支付解决方案能够满足企业多样化的业务需求。该支付平台为企业的高频交易，推出了专属的手续费套餐，手续费率相较于原合作银行降低了约 20%。同时，该支付平台在支付安全、结算速度等方面表现出色。企业与该支付平台合作后，不仅有效降低了手续费支出，还提升了支付结算的效率和安全性。

三、汇兑损失控制

在经济全球化的背景下，企业的跨境业务日益繁多，汇率波动成为影响企业财务状况的重要因素。汇兑损失可能对企业的利润造成侵蚀，因此，有效控制汇兑损失对于企业的稳健运营至关重要。

（一）加强外汇风险管理

1. 汇率预测与风险评估

企业需高度关注国际政治经济形势、各国货币政策的变化等宏观因素，并据此对汇率走势进行深入分析与预测。借助专业的金融分析工具如彭博终端，以及权威市场研究机构的研究报告，企业能够更精准地评估汇率波动对自身财务状况的影响程度，进而制定有针对性的风险管理策略。

例如，某跨国制造企业在全球多个国家设有生产基地和销售网络，业务涉及多种货币结算。为有效管理外汇风险，该企业组建了专门的外汇风险管理团队，对国际政治局势、宏观经济数据以及各国央行的货币政策进行密切跟踪。通过对大量数据的分析，该团队预测出未来一段时间欧元兑美元汇率将呈现下行趋势。该企业在欧洲市场有大量以欧元计价的应收账款，为避免欧元贬值导致汇兑损失，该企业提前制定了相应的风险管理策略，加快欧元应收账款的回收速度，并针对部分尚未到期的欧元应收账款与银行签订外汇远期合约，锁定欧元兑美元的汇率。

2. 运用外汇套期保值工具

企业应依据自身外汇风险的实际情况，合理运用外汇远期合约、外汇期权、货币互换等套期保值工具，有效锁定汇率，规避汇率波动带来的汇兑损失。

例如，某出口企业主要向美国市场出口产品，出口业务均以美元结算。由于人民币汇率波动较大，企业面临较大的汇兑损失风险。为应对这一风险，企业对自身的外汇风险敞口评估后，决定利用外汇远期合约进行套期保值。在接到一笔金额为100万美元的订单后，企业与银行签订了一份外汇远期合约，约定在三个月后以固定汇率6.5（假设）将收到的100万美元兑换成人民币。三个月后，若人民币升值，市场汇率变为6.3，按照市场汇率兑换，企业只能获得630万元人民币，但通过外汇远期合约，企业仍可按照约定汇率兑换，获得650万元人民币，成功避免了20万元人民币的汇兑损失。

又如，某大型跨国企业C与国外合作伙伴有长期的合作项目，涉及多币种资金往来。为降低汇率波动风险，C企业采用货币互换的方式，将部分外币债务转换为人民币债务，锁定了汇率和利率，有效控制了汇兑损失和利息成本。

（二）优化外汇收支管理

1. 调整结算货币

在国际贸易活动中，企业可根据汇率走势以及自己在交易中的地位，审慎选择对自身有利的结算货币。当人民币升值预期较为强烈时，对于进口业务，企业应尽量争取以人民币结算；对于出口业务，则可与客户协商采用美元等相对强势的货币结算。

例如，某进口企业主要从欧洲进口原材料，在人民币升值预期强烈的情况下，企业凭借与供应商良好的合作关系和较强的谈判能力，成功将结算货币从欧元转换为人民币。以往企业进口一批价值100万欧元的原材料，按照当时欧元兑人民币汇率8.0计算，需支付800万元人民币。调整结算货币后，若欧元兑人民币汇率变为7.8，企业仍按照约定的人民币金额支付，比之前节省了20万元人民币。

同样，另一出口企业在人民币升值期间，积极与美国客户沟通，将部分出口业务的结算货币从人民币改为美元。该企业出口一批价值500万元人民币的产品，若按照人民币结算，当人民币升值后，企业收到的美元兑换成人民币的金额会减少；而采用美元结算，企业按照当时的汇率将产品定价为约75万美元（假设当时汇率为6.67），即使人民币升值，企业收到的美元金额也不会不变，避免了因人民币升值导致的汇兑损失。

2. 加快外汇资金周转

企业应强化外汇资金管理，采取有效措施加快外汇账款的回收和支付速度，减少外汇资金的占用时间，从而降低汇率波动风险。

例如，某外贸企业通过优化内部财务管理流程、加强与客户和供应商沟通等措施，加快了外汇资金的周转速度。在应收账款回收方面，企业建立了完善的客户信用评估体系，对信用良好的客户给予一定的付款折扣，鼓励客户提前付款；同时，加大对应收账款的跟踪和催收力度，缩短收款周期。在应付账款支付方面，企业在不影响供应商关系的前提下，合理利用付款账期，避免过早地支付外汇资金。通过这些措施，企业将外汇资金的平均占用时间从原来的 60 天缩短至 40 天，有效降低了汇率波动对企业的影响，减少了潜在的汇兑损失。

参考文献

[1] 唐政 . 企业增量绩效管理实战全案 . 北京：化学工业出版社，2023.

[2] 唐政 . 企业年度经营计划与全面预算管理 .2 版 . 北京：人民邮电出版社，2022.

[3] 李建军 . 世界 500 强企业绩效考核管理工具 . 北京：人民邮电出版社，2013.

[4] 任康磊 . 人力资源管理实操从入门到精通 . 北京：人民邮电出版社，2020.

[5] 财务小豆芽 . 降本增效：用内部控制提升企业竞争力 . 北京：人民邮电出版社，2024.

[6] 王天江 . 极简降本增效：制造业成本管理新干法 . 北京：中华工商联合出版社，2024.

[7] 白睿 . 降本增效 3 板斧 7 要务：重新打造企业竞争力 . 北京：中国铁道出版社，2022.

[8] 任鑫苗，汪黎敏，朱蒋航 . 老板降本增效实战：公司降本增效的方法和措施 . 北京：中国商业出版社，2024.